# 经学视野下的
# 《史记》与《周易》《春秋》

叶文举◎著

安徽师范大学出版社

·芜湖·

责任编辑:潘　安
装帧设计:陈　爽
责任印制:郭行洲

**图书在版编目(CIP)数据**

经学视野下的《史记》与《周易》《春秋》/ 叶文举著. —芜湖:安徽师范大学出版社,2015.5
ISBN 978-7-5676-1999-9

Ⅰ.①经… Ⅱ.①叶… Ⅲ.①经学－研究－中国 Ⅳ.①Z126

中国版本图书馆CIP数据核字(2015)第117915号

经学视野下的《史记》与《周易》《春秋》

叶文举　著

出版发行:安徽师范大学出版社
　　　　芜湖市九华南路189号安徽师范大学花津校区　　邮政编码:241002
网　　址:http://www.ahnupress.com/
发 行 部:0553-3883578 5910327 5910310(传真)　　E-mail:asdcbsfxb@126.com
印　　刷:虎彩印艺股份有限公司
版　　次:2015年5月第1版
印　　次:2015年5月第1次印刷
规　　格:700 mm×1000 mm　1/16
印　　张:11.25
字　　数:200千
书　　号:ISBN 978-7-5676-1999-9
定　　价:23.50元

# 目　　录

# 摘　　要

　　司马迁在《司马相如列传》论赞中写道："《春秋》推见至隐，《易》本隐之以显。"太史公认为《春秋》与《周易》之间有着深层的内在关系。而司马迁本人认为自己撰写的《史记》是要"绍明世，正《易传》，继《春秋》"（《太史公自序》）。从学术思想而言，《史记》与《周易》《春秋》之间存在着深层的内在联系，受到了《周易》《春秋》的深刻影响。

　　司马迁的易学思想继承父亲司马谈的家学渊源，而司马谈受教于注重大谊主旨的杨何易学，在司马迁身上能够看到杨氏易学的影子。《史记》"通古今之变"的修史宗旨，接受了《周易》"通变"思想的影响，其"观古今之变""协古今之变""通古今之变"和《周易》"变易""易简""不易"三个层次之间保持着对应的关系。司马迁通过历史事件的记载鲜明地透露历史"长于变"及"其所由来者渐矣"的渐变思想，提出考察历史要"见盛观衰"。司马迁接受《周易》"终则有始"的思想，提出认识历史要"综其终始"，《史记》甚至带有历史循环论的色彩。受到《易经》卜筮传统的濡染，《史记》记录了诸多的卜筮、相事，而且司马迁都表示了信服的态度。当然在卜筮之外，太史公更相信德性的重要性，也反映司马迁在天命与人事两者关系认识上的矛盾。《太史公自序》提出"《易》著天地阴阳四时五行"，司马迁在《天官书》中探讨了天运之变与人事变动之间的关系，有"天人感应"的倾向，但同时也强调德性在天人关系上的重要性。在人生观上，《史记》所表现出的"立功名于天下""见几而作""谦让""进退盈缩，与时变化"等人生的诸多品格在《周易》思想中都能找到深刻影响的因素。《外戚世家》所提出的"《易》基《乾》《坤》"观念对司马迁夫妇伦理观影响甚大，从王朝政治的角度来说，夫妇关系处理得当与否是国家兴衰的重要因素。《周易》"致天下之民，聚天下之货"的交换观念对《史记》的经济思想影响甚大，这在《货殖列传》《平准书》等传记中有鲜明的反映，但司马迁在当代功利性非常浓重的情境下，又提出了"以礼义防于利"。《周易》"同归而殊途，一致而百虑"的思想又成为《史记》论学、论治、论术的重要方式，同时《史记》运用较为繁富的《易》语来评价历史事件或人物①，《周易》的忧患意识也渗透在司马迁《史记》的编撰过程之中。司马迁从《周易》中吸收营养，形成自己的独特史观。

司马迁以孔子作《春秋》的使命感来要求自己编撰《史记》，其在《太史公自序》中所提出的关于《春秋》的一些观念在《史记》文本中都有鲜明的体现，并在此基础上有所发展。《春秋》"上明三王之道"，在《史记》中表现为对王道核心的"德""礼"的推崇，特别是司马迁提出"亲民""礼让"在政治生活中的重要性，表明司马迁以儒家为主的思想基调。司马迁认为《春秋》"辩是非，故长于治"，《史记》继承《春秋》经世致用的思想，其"劝善惩恶"的理念、"刺讥"的精神，都表明《史记》的编撰是"述往事，思来者"，可以成为"百王大法"。司马迁继承《春秋》"一字寓褒贬""微言大义"的笔法并加以发展，尤其从"君子曰"形式到"太史公曰"形式的发展，在传中人物的安排以及篇目的设置上，《史记》表现出子书的鲜明特性。司马迁认为孔子作《春秋》"欲载之空言，不如见之于行事之深切著明也"，在叙事中有所寄托，但《春秋》叙事较为简单，《史记》在纪事上更为繁富。更为重要的是，司马迁思想主要寄托在纪事之中，形成了"于序事中寓论断"的特点：叙小事，以见大处；实录其言行，以见其人；以事例对比，彰显其旨；重点人物与事件不断关注；"重言"使用；借助传中其他人物的言语来评价人物；等等。这形成其"于序事中寓论断"的多重具体方式。相对于《春秋》而言，司马迁的《史记》个人主体性更强，主要原因是"发愤以抒情"思想的渗透。

从司马迁"绍明世，正《易传》，继《春秋》"的作史目的来看，《史记》的精神主要是受儒家思想的影响。《史记》实际上是一部特殊形态的思想著作（经书）。它秉承先秦的学术传统，整合百家思想，自铸伟辞，以演变的历史和人物的活动为载体，以文学的样式为表现手段，阐明关于治乱规律的认识和对天人之际的反思。

---

① 《史记》称《周易》为《易》，为了行文方便，本书有时将《周易》简称为《易》。

# 绪　　论

　　司马迁接受了父亲的遗命,要绍继并效法孔子作《春秋》[①],司马迁的心灵深处一直蓄积着做第二个孔子的理想。他在《太史公自序》中强调《春秋》的内容、作用与精神,"夫《春秋》,上明三王之道,下辨人事之纪,别嫌疑,明是非,定犹豫,善善恶恶,贤贤贱不肖,存亡国,继绝世,补敝起废,王道之大者也"[②]。而在孔子那里,《春秋》与《周易》又有着深层的内在联系。司马迁在《史记·孔子世家》中写道:"孔子晚而喜《易》,……读《易》,韦编三绝。曰:'假我数年,若是,我于《易》则彬彬矣。'"[③]《论语·述而》则载孔子曰:"加我数年,五十以学《易》,可以无大过矣。"[④]邢昺疏:"孔子言己四十七学《易》可以无过咎矣……至五十……穷理尽性以至于命。"可以说孔子思想之所以出现飞跃的发展,主要是得益于对《周易》的学习。《周易》对孔子的哲学、科学、政治思想产生了巨大而又深刻的影响。孔子在《易经》的基础上,吸收了前人的研究成果,使之由卜筮之书变成了一部哲理之书[⑤]。后来才作《春秋》,"子曰:'……吾何以自见于后世哉?'乃因史记作《春秋》"[⑥]。司马迁多

---

　　① 甚至有人认为司马迁在处理史料的问题上也是遵守孔子的精神,如清人李晚芳谈到太史公剪裁史料时说道:"序三代而以五帝陪起,盖三代皆出五帝也。通篇以阙疑慎传为骨,以孔子论次为宗,以殷以前之略,陪起周以来之详。夫子所'弗论'者,固不敢妄增,即经夫子所序,亦阙则从阙,不失及见阙文之意。讫于共和,仍以五帝带结。寥寥短幅,不过百三十余字,亦具如此章法,如是结构,立论措辞,不离孔子家法。宜《史记》继麟经,而千古不磨也。"(李晚芳:《三代世表序》,《读史管见》卷一,见于《李菉猗女史全书》,齐鲁书社2014年版,第36页)

　　② 司马迁撰,裴骃集解,司马贞索隐,张守节正义:《史记》卷一百三十,中华书局1982年版,第3297页。

　　③《史记》卷四十七,中华书局1982年版,第1937页。

　　④ 魏何晏等注,宋邢昺疏:《论语注疏》卷七,《十三经注疏》,浙江古籍出版社1998年版,第2482页。

　　⑤ 关于《十翼》是否为孔子所作,争论较大。孔颖达云:"文王既繇六十四卦分为上下二篇,其先后之次,其理不见。故孔子就上下二经,各序其相次之义。"(魏王弼、韩康伯注,唐孔颖达等正义:《周易正义》卷九,《十三经注疏》,浙江古籍出版社1998年版,第95页)我们暂取孔子作《十翼》之说。观《左传·昭公二年》知《易》与《春秋》皆掌于鲁太史,所以孔子有足够条件对《易》与《春秋》进行推衍和整理。

　　⑥《孔子世家》,《史记》卷四十七,中华书局1982年版,第1943页。

次揭橥《周易》对《春秋》思想的影响，司马迁在《田敬仲完世家》的赞语中写道："太史公曰：盖孔子晚而喜《易》。《易》之为术，幽明远矣，非通人达才孰能注意焉！"①《易》探讨宇宙运行的宏观大道，孔子则将它运用到历史中去观察春秋时代历史兴亡的变化而作了《春秋》，也就是说，《春秋》是把天道接应到人事上来，对天道在人事层面的表现做了具体的考察。《太史公自序》又说："《易》以道化，《春秋》以道义。"② 司马迁在《司马相如列传》后面的赞语中写道："《春秋》推见至隐，《易》本隐之以显。"③从表面上来看，《春秋》是史学著作，《易》是哲学著作，两者似乎没有关系，但《司马相如列传》最后的论赞明显是在向我们传递《春秋》与《易》的内在关系问题。司马迁认为，史学与哲学是可以相通的，只不过表现的方式不一样，一个彰显、一个隐晦而已。司马贞《史记索隐》引韦昭语："《易》本阴阳之微妙，出为人事乃更昭著也。"并引虞喜《志林》曰："《春秋》以人事通天道，是推见以至隐也。《易》以天道接人事，是本隐以之明显也。"④《春秋》通过人事的记载，隐含了天道的内容，人事不过是天道的表象，而《易》是讨论天道的，却是由人事来显现，《易》只是做了深沉的隐括而已。用我们今天的哲学理论术语来说，《春秋》是形而下的，《易》是形而上的。《春秋》和《易》一样都包含了天道的内容，两部书正是表里的关系，都一致指向天道。所以在司马迁看来，《春秋》绝对是经学著作，而不单纯是史学著作，其中蕴涵了深刻的经世之道。换而言之，《周易》主要讨论宏观宇宙运行的大道，孔子则把它运用到历史中去考察春秋时代历史兴亡的变化并编撰《春秋》，他把天道接应到人事上来进行具体的考察。司马迁本人可以说正是在领会孔子所编《春秋》与《周易》之间内在的深刻关系基础上编撰《史记》并以此为指导，由此《史记》与《周易》之间产生深层的内在关系。本书正是在此基础上结合《史记》文本来探讨《史记》与《周易》《春秋》之间的深层关系。

---

① 《史记》卷四十六，中华书局1982年版，第1903页。
② 《史记》卷一百三十，中华书局1982年版，第3297页。
③ 《史记》卷一百一十七，中华书局1982年版，第3073页。
④ 《史记》卷一百一十七，中华书局1982年版，第3073页。

# 上　篇

## 《史记》与《周易》

# 第一章 《史记》与正《易传》
## ——兼论司马迁的易学渊源

考察《周易》对司马迁《史记》编撰的影响，前提是司马迁本人是否接受了易学思想的濡染，因此本书首先讨论的是司马迁的易学渊源问题。

司马迁在《太史公自序》里曾说："太史公（笔者按：这里指司马谈）学天官于唐都，受《易》于杨何，习道论于黄子。"①他父亲的易学知识是源于菑川人杨何的传授。司马迁有深厚的家学渊源，他对父亲非常尊敬，从小就受到父亲的文化教育。他接受了父亲的熏陶，并承续父亲未尽的著史事业，要"绍明世，正《易传》，继《春秋》"②。父亲所接受的杨何易学无疑会对司马迁的思想产生深刻的影响，可以说，父子两代同传杨何易学。司马迁在《仲尼弟子列传》中曾特别交代了孔门易学传授的统系，"孔子传《易》于瞿，瞿传楚人馯臂子弘，弘传江东人矫子庸疵，疵传燕人周子家竖，竖传淳于人光子乘羽，羽传齐人田子庄何，何传东武人王子中同，同传菑川人杨何。何元朔中以治《易》为汉中大夫"③。在司马迁看来，杨何是孔子易学正宗而唯一的传人。杨何是司马谈的直接易学老师，自己也就名正言顺地接受了正统的易学教育。康有为曾说："《易》不经焚为完书，上自商瞿为嫡派，下至田何、杨何，太史迁为杨何再传弟子，其为孔子之传尤确矣。"④康氏认为司马迁和孔子易学之间保持了醇正的传承关系，作为司马迁易学师祖的杨何就是一个关键的人物，直接影响了司马迁的易学思想，故而我们首先从杨何其人其学谈起。

---

① 《史记》卷一百三十，中华书局1982年版，第3288页。

② 《太史公自序》，《史记》卷一百三十，中华书局1982年版，第3296页。

③ 检阅《仲尼弟子列传》，我们可以发现，司马迁在这一传记中只交代了孔子《易》学的传授过程，其他五经的传授均未交代，从中我们也可见司马迁对《易》学的重视程度，司马迁的《易》学也带有家学的意味。请参见《史记》卷六十七，中华书局1982年版，第2211页。

④ 康有为：《新学伪经考》，中华书局1988年版，第24页。

《易》作为卜筮之书，不在秦始皇禁毁书籍之列。《秦始皇本纪》记载始皇下令焚书的状况时写道："非博士官所职，天下敢有藏《诗》、《书》、百家语者，悉诣守、尉杂烧之。有敢偶语《诗》《书》者弃市。……所不去者，医药卜筮种树之书。"①很显然，《易》的流传并未受到多少人为因素的阻隔，没有遭到如同其他儒家典籍被禁毁的命运②，故一直比较单纯地流传到汉初。

因此班固《汉书·儒林传》认为："及秦禁学，《易》为筮卜之书，独不禁，故传受者不绝也。"③司马迁在《儒林列传》中再次写到汉代易学的传承情况："自鲁商瞿受《易》孔子，孔子卒，商瞿传《易》，六世至齐人田何，字子庄，而汉兴。田何传东武人王同子仲，子仲传菑川人杨何。何以《易》，元光元年征，官至中大夫。齐人即墨成以《易》至城阳相。……临菑人主父偃，皆以《易》至二千石。然要言《易》者本于杨何之家。"④（按：着重号为笔者所加，下同。）杨何者，大抵与汉武帝同时，《汉书·艺文志》记录说他有《易注》两卷。从《儒林列传》的记载可以看出杨何当时影响之大，汉代说《易》者都潜在地受到杨何易学思想的濡染。在司马迁看来，汉时易学的传授，根柢都应当源于杨何，杨何在司马迁的心目中有极其崇高的地位。《易》作为五经之一，武帝时之所以能够设立博士，完全应当归功于杨何。清人王先谦认为："武帝立五经博士，《易》惟杨何。"⑤

可惜杨何的《易注》两卷现在已经亡佚，因此我们很难体察到杨氏本人易学思想的具体内涵。班固说："至成帝时，刘向校书，考《易》说，以为诸《易》家说皆祖田何、杨叔[元]、丁将军，大谊略同，唯京氏为异。"⑥尽管我们同样不知田何的易学到底有怎样的特点，但丁将军（宽）的易学特征，我们却能有所了解。《汉书·儒林传》写道："（宽）作

---

① 《史记》卷六，中华书局1982年版，第255页。

② 秦始皇三十四年，焚书事起。"始皇下其议。丞相李斯曰：'……所不去者，医药卜筮种树之书。……'制曰：'可。'"（《史记》卷六《秦始皇本纪》，中华书局1982年版，第254—255页）卜筮之书不在烧毁的范围之内，当然包括《易》在内。故《隋书·经籍志》说："及秦焚书，《周易》独以卜筮得存。"（魏徵、令狐德棻撰：《隋书》卷三十二，中华书局1973年版，第912页）

③ 班固撰，颜师古注：《儒林传》，《汉书》卷八十八，中华书局1962年版，第3597页。

④ 《史记》卷一百二十一，中华书局1982年版，第3127页。

⑤ 王先谦：《汉书补注》卷八十八，中华书局1983年版，第1516页。

⑥ 班固撰，颜师古注：《汉书》卷八十八，中华书局1962年版，第3601页。

《易说》三万言,训故举其大谊而已①,今《小章句》是也。"②由此推知,杨何的易学特点大抵也是较注重于大谊主旨,解说平实通达,不拘泥于琐碎的文字章句注解。从司马父子和杨何易学的传承关系来说,司马氏的易学思想应该同样具有这样的特质。

司马迁在《史记》中提出自己著史的另外一项重要任务就是"厥协《六经》异传,整齐百家杂语"③。他立志要对前代学术进行一次全面的整理、批判、总结。他自以为是孔门易学的嫡传,《太史公自序》中的"正《易传》"之言充满严肃的责任感,《周易》内在的思想也深刻地影响了《史记》的编撰。

---

① 颜师古注曰:"故,谓经之旨趣也。它皆类此。"(见班固撰,颜师古注:《汉书》卷八十八,中华书局1962年版,第3598页)也就是说,丁宽对《易》的解说,只是着眼于《易》的经义大旨,并不拘泥于饾饤琐碎之言,旨意较为通脱。

②《汉书》卷八十八,中华书局1962年版,第3597-3598页。

③《史记》卷一百三十,中华书局1982年版,第3319-3320页。

# 第二章 《周易》对《史记》"通古今之变"修史宗旨的影响

《易纬·乾凿度》论曰:"易一名而含三义,所谓易也,变易也,不易也。"郑玄依此义,作《易赞》及《易论》云:"《易》一名而含三义:易简,一也;变易,二也;不易,三也。"①易学也就包含了三个层面的内涵:所谓变易,指世间万象,没有不变动不居的;所谓不易则是从至变中,得其不变之则;所谓简易,是从极复杂的现象中求得一种统驭于极简单的原理②。实际上,司马迁所讲的"古今之变"也有三个层次:"观古今之变""协古今之变""通古今之变"。他要极力从历史演变中"察其终始""谨其终始""综其终始"。(按:这里值得注意的是,司马迁没有采用"始终"这一个概念,而使用了"终始"一词,因为"终始"这一概念本身就包含了事物由结束到开始再到结束又到开始这样不断发生变化的动态过程。)下面我们具体谈谈这三个层次的变化与《周易》之间的内在关系。

## 一、"变易"与"观古今之变"

### (一)"长于变"

司马迁在《太史公自序》中写他与壶遂争论时曾说过"《易》著天地阴阳四时五行,故长于变"③,阐明了《易》"变"的特点及其成因。司马迁认为天地阴阳四时五行本身就有多样的变化,如此才有各种各样的天运、天变、天数,《天官书》《律书》等就详尽地记载了天地阴阳四时五行诸种变化的现象,司马迁依此推导出《易》本身就记载了关于天地阴阳四时五行变化的诸多道理,具有"长于变"的特点。《太史公自序》又

---

① 参见郑玄注《易纬·乾凿度》,商务印书馆1937年版,第2页。
② 具体内涵请参见吕思勉:《先秦学术概论》,东方出版中心1985年版,第77页。
③《史记》卷一百三十,中华书局1982年版,第3297页。

说:"《易》以道化。"①同样传达了《易》讲究变化的哲理。司马氏在《滑稽列传》又引用了孔子的话"《易》以神化"②,也表达了《易》"长于变"的观点。当然,这样的思想并不是司马迁的独创,它无疑和《易》"变"的精神是相一致的。《易》最基本的观点就是"变",《系辞上》说:"在天成象,在地成形,变化见矣。"③变化是世界万物的普遍法则,唐代孔颖达总结《易》的思想精髓时说道:"夫易者,变化之总名,改换之殊称。自天地开辟,阴阳运行,寒暑迭来,日月更出,孚萌庶类,亭毒群品,新新不停,生生相续,莫非资变化之力、换代之功。"④正因为有了变化,世界才有纷纭的万象和动态的发展。

司马迁在记载历史事件的时候隐含了"长于变"的易学思想,换而言之,"长于变"的思想对其创作《史记》产生了深刻的影响。"变"是他考察历史事件的一个指导原则,"究天人之际,通古今之变"的修史宗旨,本身就鲜明地体现了司马迁"长于变"的易学认识。《太史公自序》还说:"故礼因人质为之节文,略协古今之变"⑤;"切近世,极人变。作《律书》第三"⑥;"作《平准书》以观事变"⑦;"兵权山川鬼神,天人之际,承敝通变"⑧。"故汉兴,承敝易变,使人不倦,得天统矣"⑨"变所从来,亦多故矣"⑩等也多次表明了司马迁易学中"长于变"的思想。所以一部《史记》主要是"天变""时变""人变""事变"等诸多变化的形象记载。

泛而言之,司马迁"长于变"的观念反映到现实中主要有两层考察:一是物事的变迁。如《平准书》中在谈到物价的变化时说道:"农工商交易之路通,而龟贝金钱刀布之币兴焉。所从来久远,自高辛

----

①《史记》卷一百三十,中华书局1982年版,第3297页。

②《史记》卷一百二十六,中华书局1982年版,第3197页。

③ 魏王弼、韩康伯注,唐孔颖达等正义:《周易正义》卷七,《十三经注疏》,浙江古籍出版社1998年版,第76页。

④ 魏王弼、韩康伯注,唐孔颖达等正义:《周易正义》卷一,《十三经注疏》,浙江古籍出版社1998年版,第7页。

⑤《史记》卷一百三十,中华书局1982年版,第3304页。

⑥《史记》卷一百三十,中华书局1982年版,第3305页。

⑦《史记》卷一百三十,中华书局1982年版,第3306页。

⑧《史记》卷一百三十,中华书局1982年版,第3319页。

⑨《高祖本纪》,《史记》卷八,中华书局1982年版,第394页。

⑩《郑世家》,《史记》卷四十二,中华书局1982年版,第1777页。

氏之前尚矣,靡得而记云。故《书》道唐虞之际,《诗》述殷周之世,安宁则长庠序,先本绌末,以礼义防于利,事变多故而亦反是。是以物盛则衰,时极而转,一质一文,终始之变也。《禹贡》九州,各因其土地所宜,人民所多少而纳职焉。汤武承弊易变,使民不倦,各兢兢所以为治,而稍陵迟衰微。齐桓公用管仲之谋,通轻重之权,徼山海之业,以朝诸侯,用区区之齐显成霸名。魏用李克,尽地力,为强君。自是之后,天下争于战国,贵诈力而贱仁义,先富有而后推让。故庶人之富者或累巨万,而贫者或不厌糟糠;有国强者或并群小以臣诸侯,而弱国或绝祀而灭世。以至于秦,卒并海内。虞夏之币,金为三品,或黄,或白,或赤;或钱,或布,或刀,或龟贝。及至秦,中一国之币为二等,黄金以溢名,为上币;铜钱识曰半两,重如其文,为下币。而珠玉、龟贝、银锡之属为器饰宝藏,不为币。然各随时而轻重无常。于是外攘夷狄,内兴功业,海内之士力耕不足粮饷,女子纺绩不足衣服。古者尝竭天下之资财以奉其上,犹自以为不足也。无异故云,事势之流,相激使然,曷足怪焉。"①二是人事的变迁。因为下文要详细讨论,这里姑且不再详述。

　　事物发展总是在矛盾中进行的,随着时间、环境的变化,某些原来正确的方面必然会出现弊端,就必须加以改变,司马迁常常严厉批判那些"不合时变""不知时变"的人。如他非常肯定变法对历史发展的推动作用,他在描述符合民意的变法时往往不惜泼墨如水,详尽地描绘变法的进程,他强调时代前进,法制必然要随着变更,变法就适应了历史发展的必然趋势,赵武灵王的胡服骑射改革、商鞅之变法等,都是前进对守旧、变法对因循的胜利,司马迁说:"利不百,不变法;功不十,不易器。"②可见变法的重要性。由此我们不难理解司马迁为何要给"取人多暴"的秦王朝予以充分的肯定,正是所谓的"世异变,成功大"③。司马迁所设立"表"的体式,用意之一正是以谱牒的形式全面展示社会的变迁、人事的变化,如他在谈到编撰《六国年表》时说道:"独有《秦记》,又不载日月,其文略不具。然战

　　①《史记》卷三十,中华书局1982年版,第1442-1443页。

　　②《商君列传》,《史记》卷六十八,中华书局1982年版,第2229页。

　　③《六国年表》,《史记》卷十五,中华书局1982年版,第686页。

国之权变亦有可颇采者,何必上古。"①

当然,从哲学的内涵来说,司马迁"长于变"的思想承继了《易》学和阴阳之间有紧密关联的内在因素。"天变"如地震的发生就是一个重要表现,周幽王二年(前780),三川之地发生了地震,伯阳甫曾论道:

> 夫天地之气,不失其序;若过其序,民乱之也。阳伏而不能出,阴迫而不能蒸,于是有地震。今三川实震,是阳失其所而填阴也。阳失而在阴,原必塞;原塞,国必亡。夫水土演而民用也。土无所演,民乏财用,不亡何待!②

伯阳氏不仅说明了阴阳失序可能导致自然灾害的发生,更进一步说明了其甚至能够导致亡国的发生③。

(二)"见盛观衰"

司马迁"见盛观衰"(《太史公自序》)考察历史的方法同样受到《周易》的影响。《周易》认为自然和社会的变化表现了盛衰变动,《丰》曰:"日中则昃,月盈则食。天地盈虚,与时消息。而况于人乎?况于鬼神乎?"④《泰·九三》爻辞:"无平不陂,无往不复。"⑤盛衰变化是宇宙运动的一个普遍法则,事物总是会经历从萌芽、发展、兴盛,再至衰落,然后重新开始的这样一个过程。《乾》卦就是以龙的"潜""见""跃""飞""亢"等变化来形象地隐喻事情的盛衰发展变化过程。由此司马迁在吸收了前人思想的基础上,总结出事物演化的规律:"物盛而衰,固其变

①《史记》卷十五,中华书局1982年版,第686页。

②《史记》卷四,中华书局1982年版,第145页。

③ 司马迁的《易》著天地阴阳四时五行"思想和阴阳家思想本质上是有内在联系的,阴阳家的主张本来有其合理性,《封禅书》载:"自齐威、宣之时,驺子之徒论著终始五德之运,及秦帝而齐人奏之,故始皇采用。而宋毋忌、正伯侨、充尚、羡门高最后皆燕人,为方仙道,形解销化,依于鬼神之事。驺衍以阴阳主运显于诸侯,而燕齐海上之方士传其术不能通,然则怪迂阿谀苟合之徒自此兴,不可胜数也。"(《史记》卷二十八,中华书局1982年版,第1368–1369页)只是这种合理性的解释最后被方术之士歪曲了。"阴阳"学术后来被神秘化,甚至谶纬化了,司马迁的阴阳思想更多是基于对天地人现象客观变化的认识而形成的。

④ 魏王弼、韩康伯注,唐孔颖达等正义:《周易正义》卷六,《十三经注疏》,浙江古籍出版社1998年版,第67页。

⑤ 魏王弼、韩康伯注,唐孔颖达等正义:《周易正义》卷二,《十三经注疏》,浙江古籍出版社1998年版,第28页。

也。"①(《平准书》)司马迁将其运用到历史现象的考察上。如朝代兴衰,《殷本纪》记载商朝历史时就写道:

> 帝太戊赞伊陟于庙,言弗臣,伊陟让,作《原命》。殷复兴,诸侯归之,故称中宗。
>
> 河亶甲时,殷复衰。
>
> 帝祖乙立,殷复兴。
>
> 帝阳甲之时,殷衰。
>
> 行汤之政,然后百姓由宁,殷道复兴。
>
> 帝小辛立,殷复衰。
>
> 帝武丁即位,思复兴殷,……武丁修政行德,天下咸欢,殷道复兴。
>
> 帝甲淫乱,殷复衰。
>
> 帝乙立,殷益衰。②

他记载商朝的历史,就是从盛衰的变化详细叙述了其兴、衰、复兴、复衰、复兴、益衰等不断变化的过程。考察宏观的社会状况如此,考察个人的身世遭际同样运用了见盛观衰的方法,如在《李斯列传》中就详细叙写了李斯如何由一个"上蔡布衣",到走向相国权力顶峰,又怎样终至身败的过程,指出了"物极则衰"的人生道理。

正因为任何事物都有盛衰变化的过程,所以太史公注意从事物发展变化的源头上开始说起,司马迁在《六国年表》前面写道:"余于是因《秦记》,踵《春秋》之后,起周元王,表六国时事,讫二世,凡二百七十年,著诸所闻兴坏之端。后有君子,以览观焉。"③明确提出考察历史要

① 司马迁这一思想是其在《平准书》中讨论物质财富聚集到一定程度会对人心产生一定影响认识后上升到理念性的提炼,《平准书》的原文如此:"至今上即位数岁,汉兴七十余年之间,国家无事,非遇水旱之灾,民则人给家足,都鄙廪庾皆满,而府库余货财。京师之钱累巨万,贯朽而不可校。太仓之粟陈陈相因,充溢露积于外,至腐败不可食。众庶街巷有马,阡陌之间成群,而乘字牝者傧而不得聚会。守闾阎者食粱肉,为吏者长子孙,居官者以为姓号。故人人自爱而重犯法,先行义而后绌耻辱焉。当此之时,网疏而民富,役财骄溢,或至兼并豪党之徒,以武断于乡曲。宗室有土公卿大夫以下,争于奢侈,室庐舆服僭于上,无限度。物盛而衰,固其变也。"(《史记》卷三十,中华书局1982年版,第1420页)盛极而衰是万物发展的一个规律。

② 《史记》卷三,中华书局1982年版,第100-104页。

③ 《史记》卷十五,中华书局1982年版,第687页。

从事件发生的源头开始考察。司马迁创设"表"的重要用意之一就是要读者能够体察到事件发展盛衰变化的过程。如关于《汉兴以来诸侯王年表》，司马迁说："臣迁谨记高祖以来至太初诸侯，谱其下益损之时，令后世得览。"①关于《高祖功臣侯者年表》，其云："（于是）谨其终始，表其文，颇有所不尽本末；著其明，疑者阙之。后有君子，欲推而列之，得以览焉。"②关于《惠景间侯者年表》，司马迁又云："咸表始终，当世仁义成功之著者也。"③

从事物发展的角度上来说，"物盛则衰"是一个客观规律，这也反映了司马迁通变观重要的思想主旨之一。上文所讨论的《平准书》就充分阐明了司马氏的这一观点，对此，后人评价也甚高。明人杨慎说："此篇叙事错综，全在缴结呼唤，结前生后，为此血脉。……其曰：'物盛而衰，固其变也'，则为诸结语之纲要。骄溢武断，奢侈僭上，于极盛之际已兆衰之端矣。'武力进用，法严令具'，结上文事四夷而废养民任人之法。下句'兴利之臣自此始'，为桑弘羊等言利张本。凡榷盐铁，算缗钱舟车，平准以笼天下之货者，皆该其中。而'烹弘羊，天乃雨'之句，乃毕此意而断之也，亦借其辞以断制兴利之臣之罪，而'功利'二字该尽武帝所行事。三言'作者数万人'，而以各历二三期，功未就，费亦巨万十数总之。……前以应'兴利之臣'，后以起平准之事。'自高辛之前尚矣，故《书》道唐虞，《诗》述殷周，安宁则长庠序，先本绌末，以礼义防于利，事变多故而亦反是'，此数语一篇命意之要。而'物盛则衰'一语，又为此数语之要。"④杨氏认为《平准书》就是通过历史事件的发展充分阐释了"物盛则衰"的变化之理。

①《史记》卷十七，中华书局1982年版，第803页。关于《史记》五体中的"表"具有见盛观衰的功用，前人已经有所认识，近人刘咸炘说："合年月世谥为谱而述盛衰大指，兼历人数家而凭儒者，以综始终也。因记十二诸侯本《春秋》，故叙《春秋》以明己之家法。"（《太史公书知意·表·十二诸侯年表》，《推十书》（增补全本），上海科学技术文献出版社2009年版，第46页）从某种意义上来看，因为"表"是通过谱牒的形式反映古今大事的变化，较为明晰，使得我们更清楚地看到了历史演变的概况，故而朱东润先生就认为："读史之功，莫甚于读表，其所得往往有出于纪、传、世家以外者。余读《高祖功臣侯年表》，知诸侯功状，史迁皆有所本以资移录，其间存亡攻守之故，迁亦未能尽悉。"（《〈高祖功臣侯年表〉书后》，《史记考索》，武汉大学出版社2009年版，第57页）

②《史记》卷十八，中华书局1982年版，第878页。

③《史记》卷十九，中华书局1982年版，第977页。

④杨慎：《总纂升庵合集》卷一〇三，清光绪八年（1882年）刻本。

### (三)"其所由来者渐矣"

司马迁还强调历史之"变"是一个渐进的过程,而非旦夕之间所发生的突变,任何事物的盛衰变化都是矛盾不断积累之后所导致的,这也是受到《周易》思想的影响。《坤·初六》爻辞云:"履霜,坚冰至。"①《文言》进一步阐发了这一思想:"积善之家,必有余庆,积不善之家,必有余殃,臣弑其君,子弑其父,非一朝一夕之故,其所由来者渐矣,由辩之不早辩也。《易》曰:'履霜,坚冰至。'"②司马迁在《史记》中通过历史事件的记载形象地阐述这样一个观点,历史大变动是矛盾长期积累的结果,是一个"渐变"的过程。如周代社会的发展就是一个鲜明的例证,"幽厉之后,周室衰微,诸侯专政","春秋之后,陪臣秉政,强国相王",并变通地引用了上述《文言》中的话:"臣弑君,子弑父,非一旦一夕之故也,其渐久矣。"③司马迁在《秦楚之际月表》中又写道:"太史公读秦楚之际,曰:初作难,发于陈涉;虐戾灭秦,自项氏;拨乱诛暴,平定海内,卒践帝祚,成于汉家。五年之间,号令三嬗,自生民以来,未始有受命若斯之亟也。昔虞、夏之兴,积善累功数十年,德洽百姓,摄行政事,考之于天,然后在位。汤、武之王,乃由契、后稷修仁行义十余世,不期而会孟津八百诸侯,犹以为未可,其后乃放弑。秦起襄公,章于文、缪、献、孝之后,稍以蚕食六国,百有余载,至始皇乃能并冠带之伦。以德若彼,用力如此,盖一统若斯之难也。"④也是意在说明王朝的更替绝非一朝一夕之间完成的,它是一个渐变的过程。

对于春秋战国时代诸侯国的兴衰渐变过程,司马迁在传记的书写过程中也时常有意识地加以彰显。在司马氏看来,诸侯国渐变的一个重要表现就是公族势力消弱,卿大夫的力量增强,他在传记中充分展开了记载。如鲁国家族力量的兴起,削弱了公族势力,司马迁就在《鲁周公世家》里写道:"冬十月,襄仲杀子恶及视而立俀,是为宣公。哀姜归齐,哭而过市,曰:'天乎!襄仲为不道,杀适立庶!'

---

① 魏王弼、韩康伯注,唐孔颖达等正义:《周易正义》卷一,《十三经注疏》,浙江古籍出版社1998年版,第18页。

② 魏王弼、韩康伯注,唐孔颖达等正义:《周易正义》卷一,《十三经注疏》,浙江古籍出版社1998年版,第19页。

③《史记》卷一百三十,中华书局1982年版,第3303页,第3298页。

④《史记》卷十六,中华书局1982年版,第759页。

市人皆哭,鲁人谓之'哀姜'。鲁由此公室卑,三桓强。"①从季友的出生命运走向,到这里的废嫡长、立庶出,就是公族势力变弱的一个表现。司马迁在其后借助了春秋史家的口吻加以了回应。其云:"定公立,赵简子问史墨曰:'季氏亡乎?'史墨对曰:'不亡。季友有大功于鲁,受鄪为上卿,至于文子、武子,世增其业。鲁文公卒,东门遂杀适立庶,鲁君于是失国政。政在季氏,于今四君矣。民不知君,何以得国! 是以为君慎器与名,不可以假人。'"②再如晋国的发展趋势是:"昭公六年卒。六卿强,公室卑。子顷公去疾立。顷公六年,周景王崩,王子争立。晋六卿平王室乱,立敬王。"③《晋世家》又载:"昭侯元年,封文侯弟成师于曲沃。曲沃邑大于翼。翼,晋君都邑也。成师封曲沃,号为桓叔。靖侯庶孙栾宾相桓叔。桓叔是时年五十八矣,好德,晋国之众皆附焉。君子曰:'晋之乱其在曲沃矣。末大于本而得民心,不乱何待!'"④《晋世家》通过"君子曰"的评论(实际上是带有预叙的性质)告知读者桓叔的势力超过晋国国君的势力,很可能要代替晋国国君成为新的国君,果不其然,《史记》以下一连串事件的记载,用意就是传达这样一个历史事件的渐变发展过程:"七年,晋大臣潘父弑其君昭侯而迎曲沃桓叔。桓叔欲入晋,晋人发兵攻桓叔。桓叔败,还归曲沃","鄂侯六年卒。曲沃庄伯闻晋鄂侯卒,乃兴兵伐晋。周平王使虢公将兵伐曲沃庄伯,庄伯走保曲沃","孝侯八年,曲沃桓叔卒,子鳝代桓叔,是为曲沃庄伯。孝侯十五年,曲沃庄伯弑其君晋孝侯于翼。晋人攻曲沃庄伯,庄伯复入曲沃","哀侯八年,晋侵陉廷。陉廷与曲沃武公谋,九年,伐晋于汾旁,虏哀侯","小子元年,曲沃武公使韩万杀所虏晋哀侯。曲沃益强,晋无如之何","晋小子之四年,曲沃武公诱召晋小子杀之。周桓王使虢仲伐曲沃武公,武公入于曲沃,乃立晋哀侯弟缗为晋侯","晋侯二十八年,齐桓公始霸。曲沃武公伐晋侯缗,灭之,尽以其宝器赂献于周釐王。釐王命曲沃武公为晋君,列为诸侯,于是尽并晋地而有之。曲

① 《史记》卷三十三,中华书局1982年版,第1536页。
② 《史记》卷三十三,中华书局1982年版,第1543页。
③ 《史记》卷三十九,中华书局1982年版,第1684页。同样在《魏世家》中,司马迁这样写道:"献子事晋昭公。昭公卒而六卿强,公室卑。"(《史记》卷四十四,中华书局1982年版,第1837页)
④ 《史记》卷三十九,中华书局1982年版,第1638页。

沃武公已即位三十七年矣,更号曰晋武公。晋武公始都晋国,前即位曲沃,通年三十八年"①。曲沃的封主一方面增强了自己的势力,另一方面通过贿赂的手段游说周天子,最终取得了晋国的全部领土。司马迁对整个历史事件这样总结道:"武公称者,先晋穆侯曾孙也,曲沃桓叔孙也。桓叔者,始封曲沃。武公,庄伯子也。自桓叔初封曲沃以至武公灭晋也,凡六十七岁,而卒代晋为诸侯。"②作者以时间为经线,展示前后事件的连贯变化,潜在之意也在告诉读者,万事万物有一个发展的过程,并非突如其来地变化。明代凌稚隆评曰:"晋之乱自桓叔命名时,晋人即曰:'此后晋其能毋乱乎?'及封曲沃,又曰:'晋之乱其在曲沃矣。'至此,武公果灭晋。而太史公结之曰:'自桓叔初封曲沃,以至武公灭晋,凡六十七岁,而卒代晋。'固以证二说之不诬,亦以见乱之所从来者远也。"③故而司马迁在《晋世家》的论赞中这样写道:"晋文公,古所谓明君也,亡居外十九年,至困约,及即位而行赏,尚忘介子推,况骄主乎?灵公既弑,其后成、景致严,至厉大刻,大夫惧诛,祸作。悼公以后日衰,六卿专权。故君道之御其臣下,固不易哉!"④一方面通过晋国的盛衰表现了君臣关系的相处之难,另一方面实际也表现了晋国的衰亡是一个渐变过程。

王朝的兴起、家族势力的崛起是一个渐变的过程,而在司马迁看来,这个渐变的成因往往与主政者实施德政的行为所产生潜移默化的影响有深刻的内在关系。齐国田氏势力的日益壮大就是一个鲜明的体现。《田敬仲完世家》载:"田釐子乞事齐景公为大夫,其收赋税于民以小斗受之,其粟予民以大斗,行阴德于民,而景公弗禁。由此田氏得齐众心,宗族益强,民思田氏。晏子数谏景公,景公弗听。已而使于晋,与叔向私语曰:'齐国之政其卒归于田氏矣。'"后"田常复修釐子之政,以大斗出贷,以小斗收。齐人歌之曰:'妪乎采芑,归乎田成子!'"⑤齐国的君位之所以最后被田氏所替代,与田氏主动实施爱民尚德的举动有重要关联。

---

① 《史记》卷三十九,中华书局1982年版,第1638-1640页。

② 《史记》卷三十九,中华书局1982年版,第1640页。

③ 明凌稚隆辑校,明李光缙增补,于亦时整理:《史记评林》(第四册)卷三九,天津古籍出版社1998年版,第48-49页。

④ 《史记》卷三十九,中华书局1982年版,第1687-1688页。

⑤ 《史记》卷四十六,中华书局1982年版,第1881,1883页。

汉代分封同姓诸侯的兴衰同样反映了历史是一个渐变过程。司马迁在《五宗世家》论赞写道:"高祖时诸侯皆赋,得自除内史以下,汉独为置丞相,黄金印。诸侯自除御史、廷尉正、博士,拟于天子。自吴楚反后,五宗王世,汉为置二千石,去'丞相'曰'相',银印。诸侯独得食租税,夺之权。其后诸侯贫者或乘牛车也。"①汉代诸侯地位的升降表现的正是事物发展过程的渐变特点。故而《五宗世家》反映的也正是诸侯消弱的状况。清人吴汝纶认为:"此篇以侵消诸侯为主。"②一语中的。

汉代外戚势力的消长变化同样如此。《外戚世家》表现了因为女子被封为皇后,而外戚封侯者逐渐发生的变化,太史公如此书写显然是有深刻意味的。凌稚隆说:"传中历叙薄氏侯一人,窦氏三人为侯,王氏三人为侯,卫氏五人为侯,见外戚之宠,以渐而升。"③这种"渐升"的趋势同样反映了事件"渐变"的变化特点,当然也透视出国家潜藏着外戚专权的可能性,司马迁对此表露了自己的担忧。

当然,司马迁有时也在表明,社会在渐变的过程中总会有其自身发展的趋势,这种发展的趋势也不是某一个人的力量可以扭转的。司马迁在《魏世家》论赞中这样写道:"吾适故大梁之墟,墟中人曰:'秦之破梁,引河沟而灌大梁,三月城坏,王请降,遂灭魏。'说者皆曰魏以不用信陵君故,国削弱至于亡,余以为不然。天方令秦平海内,其业未成,魏虽得阿衡之佐,曷益乎?"④日渐强大的秦国最后统一中国是历史发展的趋势,并不是哪一个人能够阻挡得了的,司马迁作为一个"实录"的史家,秉持的完全是一个较为客观的评价态度。

这种"渐变"的历史观在历史的宏观考察上是如此,在人物命运的

---

① 《史记》卷五十九,中华书局1982年版,第2104页。

② 吴汝纶:《桐城吴先生点勘史记》卷五九,南宫邢氏刊本。

③ 凌稚隆辑校《史记评林》(第四册)卷四九,天津古籍出版社1998年版,第558页。

④ 《史记》卷四十四,中华书局1982年版,第1864页。三国时代谯周认为:"所谓天之亡者,有贤而不用也,如用之,何有亡哉?使纣用三仁,周不能王,况秦虎狼乎?"(谯周:《古史考》,见司马贞《史记索隐·魏世家》,参见《史记》卷四十四之三家注文,中华书局1982年版,第1864页)唐代刘知几也认为:"《魏世家》太史公曰:'说者皆曰魏以不用信陵君,故国削弱至于亡。余以为不然。……魏虽得阿衡之徒,曷益乎?'夫论成败者,固当以人事为主,必推命而言,则其理悖矣。"(《史通》卷十六《杂说上》,参见唐刘知几撰,清浦起龙释:《〈史通〉通释》,上海古籍出版社1978年版,第462页)都主观认为司马迁在这里讲的是天命,其实并非如此,司马迁只是从当时天下发展趋向一统的大势来推测历史发展的进程,意在说明这种进程并非某一个人的力量能够扭转的。

微观探究上也毫不例外。在考察晁错的悲剧人生时，司马迁说："至孝景，不复忧异姓，而晁错刻削诸侯，遂使七国俱起，合从而西乡，以诸侯太盛，而错为之不以渐也。及主父偃言之，而诸侯以弱，卒以安。"①晁错没有看到，削藩是一个渐进的过程，而请汉天子立即削地以尊京师，骤然采取了突变的措施，激起了"七国之乱"，却不幸地导致了自己的死无完身。而到了主父偃的时候，因为诸侯国的力量已经非常衰弱，主父偃此时提出削藩，诸侯的反抗也无力，故而能够身全。

进而言之，人际关系的变化同样存在一个渐变的过程，司马迁在为人物立传时也常常关注这一点，如司马迁之所以将张耳、陈余两人放在一起合传，除了两人身上有很多共同点，如对富贵功名的渴求，两人从年轻时就纠结在一起，甚至早年娶妻的状态都非常相似，其实更重要的考察视点是放在两人关系的发展变化上，代表了处友之道变质的一种范型。太史公也是放在渐变的视野上去体察、叙写。初始，两人关系甚为融洽，"余年少，父事张耳，两人相与为刎颈交"②。但是到了后来，秦兵围赵于巨鹿，张耳与赵王歇被困，张耳向陈余请求救兵，然而陈余考虑到自己与秦军力量过于悬殊，即使救援，也无异于以肉委饿虎，故而不肯发兵，导致两人关系开始紧张，出现了裂痕，"张耳大怒，怨陈余"③。乃至在巨鹿之围被项羽解除之后，"张耳与陈余相见，责让陈余以不肯救赵，及问张黡、陈泽（按：张耳之前派出向陈余求救的人）所在。陈余怒曰：'张黡、陈泽以必死责臣，臣使将五千人先尝秦军，皆没不出。'张耳不信，以为杀之，数问陈余。陈余怒曰：'不意君之望臣深也！岂以臣为重去将哉？'乃脱解印绶，推予张耳"，"张耳乃佩其印，收其麾下。而陈余还，亦望张耳不让，遂趋出。张耳遂收其兵。陈余独与麾下所善数百人之河上泽中渔猎"。司马迁在下面作了交代："由此陈余、张耳遂有郤。"自此之后，两人关系越来越僵硬，后项羽立张耳为常山王，"陈余愈益怒"，甚至兵戈相见，"陈余因悉三县兵袭常山王张耳，张耳败走"④。陈余后来提出与刘邦汉兵联盟的前提条件是"汉杀张耳乃从"，在发现刘邦以"类张耳"的首级来代替张耳之后，

①《孝景本纪》，《史记》卷十一，中华书局1982年版，第449页。
②《张耳陈余列传》，《史记》卷八十九，中华书局1982年版，第2571页。
③《张耳陈余列传》，《史记》卷八十九，中华书局1982年版，第2579页。
④《张耳陈余列传》，《史记》卷八十九，中华书局1982年版，第2580—2581页。

陈余马上背弃汉王,最终,"汉三年,韩信已定魏地,遣张耳与韩信击破赵井陉,斩陈余泜水上"①。交好的友人竟然死在对方的手中,是何等悲哀!司马迁在探讨友道渐变的过程中,提出了其根本原因是因为"以势利交",而并非真正出于友爱的真诚情感。就这一点,与张耳、陈余同时代的蒯通其实看得也很清楚,《淮阴侯列传》载蒯通曾言:"始常山王、成安君为布衣时,相与为刎颈之交,后争张黡、陈泽之事,二人相怨。常山王背项王,奉项婴头而窜,逃归于汉王。汉王借兵而东下,杀成安君泜水之南,头足异处,卒为天下笑。此二人相与,天下至欢也。然而卒相禽者,何也?患生于多欲而人心难测也。"②"多欲"、利益之争使两人的关系并不是很单纯。另外,他们也缺少了吴太伯、季札公子等君子的谦让精神。同样《魏其武安侯列传》太史公论赞也阐发了魏其武安侯人际关系变化而导致悲剧命运的成因:"魏其、武安皆以外戚重,灌夫用一时决筴而名显。魏其之举以吴楚,武安之贵在日月之际。然魏其诚不知时变,灌夫无术而不逊,两人相翼,乃成祸乱。武安负贵而好权,杯酒责望,陷彼两贤。呜呼哀哉!迁怒及人,命亦不延。众庶不载,竟被恶言。呜呼哀哉!祸所从来矣!"③

司马迁认为,任何渐变的开始往往会有征兆显现,这种征兆可能从微小的事象中就能表现出来。如商纣王德性的变化是可以从其对日常器物的使用表现出来的,《宋微子世家》载:"箕子者,纣亲戚也。纣始为象箸,箕子叹曰:'彼为象箸,必为玉杯;为杯,则必思远方珍怪之物而御之矣。舆马宫室之渐自此始,不可振也。'"商纣王使用非常昂贵的象牙做成了筷子,这是非常奢靡的生活行为,箕子从中发现了商纣王品行可能有所变化。后来商纣王的其他举动印证了果然如此,"纣为淫泆"④。再如对于"七国之乱"中吴国造反的认识,司马迁是这样评价的:"吴王之王,由父省也。能薄赋敛,使其众,以擅山海利。逆乱之萌,自其子兴。争技发难,卒亡其本;亲越谋宗,竟以夷陨。"⑤吴王刘濞私自铸钱,这显然是将自己的身份等同于君王,这表明了吴王自

①《史记》卷八十九,中华书局1982年版,第2582页。
②《史记》卷九十二,中华书局1982年版,第2624页。
③《史记》卷一百七,中华书局1982年版,第2856页。
④《史记》卷三十八,中华书局1982年版,第1609页。
⑤《史记》卷一百六,中华书局1982年版,第2836页。

身的行为就预示了其有谋反的迹象。

## 二、"易简"与"协古今之变"

司马迁力求从"古今之变"中寻求不变的内质,所谓"协古今之变""谨其终始",正是司马迁这一思想要求的表露。"协"者,有合谐、调和之意,《尚书·舜典》曰:"协时月正日,同律度量衡。"孔传云:"合四时之气节,月之大小,日之甲乙,使齐一也。"[①]"协"正是合同、齐一的意思。

《史记》记载了上下两千余年的历史,穷尽古今,旷览时变。阮芝生先生曾将《史记》所观古今之大变整理为三点:封建改郡县;礼乐之真废;儒术之污坏[②]。这是有一定道理的。但更为深刻的是,司马迁对古今历史的演变有自己独特的看法和认识,那就是司马迁还极力想从这大变中求得其不变之则。吕思勉先生曾经对《周易》"不易"之则做过这样的解说:"致治之道,虽贵因时制宜,而仍有其不得与民变革者,所谓有改制之名,无改道之实;而亦彰往所以能知来,所由百世以俟圣人而不惑也。"[③]司马迁将其应用到历史之变的观察上,认为历史演变的过程应该有一些不变的东西贯穿其中,其中最为重要的就是"礼"。《史记》是提倡"礼"的。礼是他"协古今之变"的一个最基本的手段。他说:"维三代之礼,所损益各殊务,然要以近性情,通王道,故礼因人质为之节文,略协古今之变。"[④]他在《平准书》的论赞中就说:"以礼义防于利。"[⑤]"礼"应当是亘古不变的东西(当然,作为儒家思想,"礼"往往和"德""仁""义"等诸多因子结合在一起)。《史记》在传记次序的安排上也隐含了司马迁对"礼"的重视。五体的见首之作(如同《诗经》的"四始"一样,它们代表了各体的总的意旨)都体现了这个思想。如《五帝本纪》,《太史公自序》云:"维昔黄帝,法天则地,四圣遵序,各成法

①参见魏王弼、韩康伯注,唐孔颖达等正义:《尚书正义》卷三,《十三经注疏》,浙江古籍出版社1998年版,第127页。

②阮芝生:《试论司马迁所说的"通古今之变"》,《沈刚伯先生八秩荣庆论文集》,台湾联经出版事业公司1966年版,第260-267页。

③吕思勉:《先秦学术概论》,东方出版中心1985年版,第56页。

④《史记》卷一百三十,中华书局1982年版,第3304页。

⑤《史记》卷三十,中华书局1982年版,第1442页。

度;唐尧逊位,虞舜不台;厥美帝功,万世载之。"①五帝的成功是依靠修德,故而太史公在《五帝本纪》的最后特别提出"以章明德"②四个大字,连起以后诸篇。《吴太伯世家》写了太伯让国的事情,并写道:"孔子言:'太伯可谓至德矣,三以天下让,民无得而称焉。'"③"让"又是"礼"的核心,可见吴太伯是崇礼的。最值得称颂的是伯夷,他以让国而逃,终以饿死首阳山,看起来是非常迂腐的举动,但司马迁借乃父司马谈之言,断之为"义人",实际上是表明自己对礼让思想的尊崇。故而司马迁在《伯夷列传》的论赞中写道:"末世争利,维彼奔义;让国饿死,天下称之。"④阮芝生先生说:"所争之至大者不过是国与天下,然则所让之至大者也不过是国与天下。"⑤司马迁将《伯夷列传》放在列传的首位,当然是有其特别用意的。综而言之,司马迁放在五体之首的(除表较为特殊外),传主都是"为国以礼"、其言有让的人物,这在《史记》的思想主旨上是有导向意义的,表明了司马迁在千变万化的历史事况中追求其中不变的东西,那就是"德""礼"。故而,司马迁在一连串的人物传记中,颂美的都是有礼有义的人,王侯者如延陵季子、宋襄公等人,士庶如豫让、王蠋、孟舒、田叔诸辈。

从司马迁批判的眼光来看,一个国君有礼与否,甚至会影响到一个国家的兴衰存亡。如《魏世家》记载:"文侯受子夏经艺,客段干木,过其闾,未尝不轼也。秦尝欲伐魏,或曰:'魏君贤人是礼,国人称仁,上下和合,未可图也。'文侯由此得誉于诸侯。"⑥正是因为魏文侯守仁敦礼的影响,扩大了魏国在诸侯国中的地位。

不过,"礼"是要讲上下等级次序的。在汉景帝时期的诸王之中,梁孝王的地位是最高的,财富也是最多的,景帝非常厚待他,"王入则

---

① 《史记》卷一百三十,中华书局1982年版,第3301页。

② 《史记》卷一,中华书局1982年版,第45页。《史记集解》转引徐广言:"《外传》曰:'黄帝二十五子,其得姓者十四人。'虞翻云'以德为氏姓'。又虞说以凡有二十五人,其二人同姓姬,又十一人为十一姓,酉、祁、已、滕、葴、任、荀、釐、姞、儇、衣是也,余十二姓德薄不纪录。"(参见《史记》卷一之三家注文,中华书局1982年版,第45-46页)说明司马迁有意突出以德为主来表现五帝之后世系的传承。

③ 《史记》卷三十一,中华书局1982年版,第1475页。

④ 《太史公自序》,《史记》卷一百三十,中华书局1982年版,第3312页。

⑤ 阮芝生:《试论司马迁所说的"通古今之变"》,《沈刚伯先生八秩荣庆论文集》,台湾联经出版事业公司1966年版,第276页。

⑥ 《史记》卷四十四,中华书局1982年版,第1839页。

侍景帝同辇,出则同车游猎,射禽兽上林中"①。梁孝王难免就有飞扬跋扈的举动,司马迁一方面看到了这种状况客观存在的原因,另一方面也对梁孝王自身越礼的行为提出了批评。《梁孝王世家》论赞写道:"梁孝王虽以亲爱之故,王膏腴之地,然会汉家隆盛,百姓殷富,故能植其财货,广宫室,车服拟于天子。然亦僭矣。"②言语之中就有了委婉的批评之意。

故而,司马迁深痛上古的礼崩乐坏,特作《礼书》《乐书》,以保存古今礼乐演变的梗概,从形而上的角度进行了反思与总结。他说:"维三代之礼,所损益各殊务,然要以近性情,通王道,故礼因人质为之节文。"③礼的制作首先在于息乱止争,因为"忿而无度量则争,争则乱。先王恶其乱,故制礼义以养人之欲……故礼者养也"④。而礼、乐往往是联系在一起的,所以他也要"比《乐书》以述来古,作《乐书》第二"⑤,"声音之道,与正通矣","乐者,德之华也","德音之谓乐","唯君子为能知乐。是故审声以知音,审音以知乐,审乐以知政,而治道备矣","先王之制礼乐也,非以极口腹耳目之欲也,将以教民平好恶而反人道之正也"⑥。司马迁在《礼书》中实际提出了"礼"是"王道""人道"根本的理念,故他在《太史公自序》中写道:"《春秋》者,礼义之大宗也。夫礼禁未然之前……而礼之所为禁者难知。"⑦"礼"的有无对一个国家的治理与等级关系的稳固会产生深刻的影响,"夫不通礼义之旨,至于君不君,臣不臣,父不父,子不子"⑧。

当然,司马迁所崇尚之"礼"是三代的古礼,而非汉礼。清人方苞曾对司马迁"礼"的思想有所阐发:"《礼书》:'虽不合圣制,其尊君抑臣,朝廷济济,依古以来,至于高祖,光有四海,叔孙通颇有所增益减损,大抵皆袭秦故。'(按:以下是方氏自己对这一段话的评论)秦人以私意背天理,故不合圣人制礼之意;其尊君抑臣,即所谓不合圣

---

①《梁孝王世家》,《史记》卷五十八,中华书局1982年版,第2084页。

②《史记》卷五十八,中华书局1982年版,第2089页。

③《太史公自序》,《史记》卷一百三十,中华书局1982年版,第3304页。

④《礼书》,《史记》卷二十三,中华书局1982年版,第1161页。

⑤《太史公自序》,《史记》卷一百三十,中华书局1982年版,第3305页。

⑥《乐书》,《史记》卷二十四,中华书局1982年版,第1181,1184,1214,1223页。

⑦《史记》卷一百三十,中华书局1982年版,第3298页。

⑧《史记》卷一百三十,中华书局1982年版,第3298页。

制者,而仪法则依托于古;称其'朝廷济济',以汉袭秦故,故不敢斥言其非也。"并又说:"是篇之义,盖痛古礼遭秦而废,历汉五世而终不能兴也。盖秦有天下,杂采六国礼仪,而尽弃三代之旧,本以自便其淫侈;而汉诸帝半挟私意,而安秦仪,故首揭其旨。以谓先王制礼,所以宰制万物,役使群众者,皆出于天理之自然,而非人力所强设也。……使高帝有志复古,文献非无征者,而叔孙通希世度务,虽有损益,大抵皆袭秦故。……武帝虽好儒术,实不能用。太初所定,不过改正朔,易服色,以文封禅。其宗庙百官之仪,袭秦之故,不合圣制者,遂著为典常,而垂之于后。过此以往,则去古愈远,复之愈难矣。……子长盖深病乎此,而未敢斥言之,故伤其心于往事,而称孔子以正名不合于卫,其徒卒以沉湮而志痛焉。"①"自是天下遂安于秦仪,而不知三代所损益为何物矣!'洋洋美德乎!'其尚可复见也哉? 此子长所以痛也。"②清人陈三立则认为:"太史公当以三代礼乐已废坏,不可深考……鲁两生不云乎:'礼乐百年然后兴。'太史公其盖喟然而所待矣。"③身处汉代的司马迁可能是面对汉代礼乐废缺的现实,期待着古礼乐的复兴④。在司马迁看来,"礼"最高规范的确立,应当是缘情依性,而不是通过人为的强制性加以规定。故而司马迁在《礼书》中才会这样写道:"洋洋美德乎! 宰制万物,役使群众,岂人力也哉? 余至大行礼官,观三代损益,乃知缘人情而制礼,依人性而作仪,其所由来尚矣。"⑤司马迁在《礼书》的开头对"礼"的兴衰演变进行了考察,总体上他认为,古礼的沦丧是从春秋开始的,到战国时代衰亡到极致。到了秦王朝统一天下的时候,则是杂采了六国礼仪,尽废了三代之礼。诚如太史公在序中所说:"仲尼没后,受业之徒沉湮而不举,或适齐、楚,或入河海,岂不痛哉!"⑥司马迁实际上是认为古"礼"没有很好地得到传承,太史公潜在地对后世不知

---

① 方苞:《书〈礼书·序〉后》,《望溪先生文集》卷二,上海古籍出版社1983年版,第40—41页。

② 方苞:《又书〈礼书·序〉后》,《望溪先生文集》卷二,上海古籍出版社1983年版,第42页。

③ 陈三立著,钱文忠校点《散原精舍文集》卷五,辽宁教育出版社1998年版,第66页。

④ 当然,司马迁要求恢复的主要是古代礼乐的精神,而不是完全走向复古的道路上去,因为从司马迁主张历史"长于变"的观点,可以推断所谓的"三代之礼"也有损益,而作"缘人情而制礼,依人性而作仪"(《礼书》,《史记》卷二十三,中华书局1982年版,第1157页)的制礼精神却是不能改变的。

⑤ 《史记》卷二十三,中华书局1982年版,第1157页。

⑥ 《史记》卷二十三,中华书局1982年版,第1159页。

三代礼损益为何物表示了深沉的悲哀!

## 三、"不易"与"通古今之变"

司马迁不仅要使所考察的"古今之变"得到一种协合,而且在《自序》中明确提出"通古今之变"。《说文解字》云:"通,达也。"①《释名》曰:"通,洞也,无所不贯洞也。"②《周易·系辞上》则写道:"推而行之谓之通。"③司马迁同样将《周易》"通变"的精神运用到历史的考察中去,就是要在"古今之变"的历史事况中寻求一种"通则久"的最简易的规则,正如《周易》要寻求一种能够统驭极复杂现象的极简单的原理,"感而遂通天下之故"④,这就是"易"的第三个层次,即所谓的"简易"之则。不难看出,《易传》对发展、变化的看法,最后归结为"终则有始"⑤的理念。《周易·系辞下》云:"惧以终始,其要无咎,此之谓《易》之道也。"⑥在赞叹《恒》卦"终则有始"的思想时说:"观其所恒而天地万物之情可见矣!"⑦在称道《复》卦"无往不复"的思想时说道:"复,其见天地之心乎?!"⑧故而《周易·序卦》把六十四卦终于《未济》卦,旨在说明"物不可穷"、终则复始的过程。

司马迁将其应用到历史的考察中,就是其"综其终始"的思想,要从更宏观的层面上总结历史回环往复的过程。"综"本字有总集、聚合之意味。《周易·系辞上》云:"错综其数。"孔颖达疏:"错谓交错,综谓总

---

①许慎撰,段玉裁注:《〈说文解字〉注》二篇下,上海古籍出版社1988年版,第71页。

②刘熙撰,王先谦撰集:《〈释名〉疏证补》卷四,上海古籍出版社1984年版,第86页。

③魏王弼、韩康伯注,唐孔颖达等正义:《周易正义》卷七,《十三经注疏》,浙江古籍出版社1998年版,第83页。

④《系辞上》,魏王弼、韩康伯注,唐孔颖达等正义:《周易正义》卷七,《十三经注疏》,浙江古籍出版社1998年版,第81页。

⑤《恒》,魏王弼、韩康伯注,唐孔颖达等正义:《周易正义》卷四,《十三经注疏》,浙江古籍出版社1998年版,第47页。

⑥魏王弼、韩康伯注,唐孔颖达等正义:《周易正义》卷八,《十三经注疏》,浙江古籍出版社1998年版,第90页。

⑦魏王弼、韩康伯注,唐孔颖达等正义:《周易正义》卷四,《十三经注疏》,浙江古籍出版社1998年版,第47页。

⑧魏王弼、韩康伯注,唐孔颖达等正义:《周易正义》卷三,《十三经注疏》,浙江古籍出版社1998年版,第39页。

聚。"①司马迁在《史记》中把"终始"思想作为思考历史人事变化规律的方法,就是要求人们能够动态地、全面地去体察事物变化的本质原因及其演变规律。

司马迁首先对历史演进的考察就贯穿了"原始察终"的方法。《报任安书》写道:"网罗天下放失旧闻,略其行事,综其终始,稽其成败兴坏之理。"②《太史公自序》再一次提出认识历史事件要能够"原始察终",强烈地表明太史公将"原始察终"作为考察历史状况的方法论思想以及由此所形成的"终始"观的本体理念。他在《惠景间侯者年表》说:"咸表始终,当世仁义成功之著者也。"③对那些不能考察始终的人,司马迁认为目光是非常短浅的。《六国年表》序云:"学者牵于所闻,见秦在帝位日浅,不察其终始,因举而笑之,不敢道,此与以耳食无异。悲夫!"④《十二诸侯年表》又云:"儒者断其义,驰说者骋其辞,不务综其终始。"⑤故而司马迁在谈到秦称帝的历史事实时,认为秦人称帝的欲望一直可以追溯到周平王东迁,在那时秦已经流露出意欲称帝的想法,《六国年表》云:"太史公读《秦记》,至犬戎败幽王,周东徙洛邑,秦襄公始封为诸侯,作西畤用事上帝,僭端见矣。"⑥实际上就是认为秦人此时已经开始表露了不尊奉周天子而自立为帝的野心。这就是原始察终之方法的实际运用。后人对司马迁考察历史带有通变性质的方法赞誉甚高。明代郝敬就曾大加褒奖,其云:"太史公论:'战国之权变亦有可颇采者,何必上古……此与耳食无异。'子长此论,可谓达时变,不随人唯诺者矣。以秦之短祚,称其成功大。汉五年成帝,而谓秦之禁足以益贤者为驱除。亦犹沛公入关,先叙项羽河北之功之意。若子长,可谓推见终始矣。"⑦

---

① 魏王弼、韩康伯注,唐孔颖达等正义:《周易正义》卷七,《十三经注疏》,浙江古籍出版社1998年版,第81页。

② 历史变化有其演变的规律性,这就是司马迁所说的"理"。如司马迁在谈到汉初分封的问题时这样说道:"诸侯大国无过齐悼惠王。以海内初定,子弟少,激秦之无尺土封,故大封同姓,以填万民之心。及后分裂,固其理也。"(《齐悼惠王世家》,《史记》卷五十二,中华书局1982年版,第2012页)实际上是谈到了分封制带有规律性的结果,就是容易造成分裂的结局。

③《史记》卷十九,中华书局1982年版,第977页。

④《史记》卷十五,中华书局1982年版,第686页。

⑤《史记》卷十四,中华书局1982年版,第511页。

⑥《史记》卷十五,中华书局1982年版,第685页。

⑦郝敬:《史汉愚按》卷二,明崇祯(1628年-1644年)间郝氏刻山草堂集本。

其次，在考察、评判具体的历史人物及其人生行迹时，司马迁同样渗透了"原始察终"的观念，如对李斯之死的考察，世俗意见认为是尽忠而死。但是司马迁在《李斯列传》的论赞中这样写道："李斯以闾阎历诸侯，入事秦，因以瑕衅，以辅始皇，卒成帝业，斯为三公，可谓尊用矣。斯知六艺之归，不务明政以补主上之缺，持爵禄之重，阿顺苟合，严威酷刑，听高邪说，废适立庶。诸侯已畔，斯乃欲谏争，不亦末乎！人皆以斯极忠而被五刑死，察其本，乃与俗议之异。不然，斯之功且与周、召列矣。"①司马迁认为考察李斯整个的人生轨迹，李斯最终的悲剧命运还是与他内在太过浓重的功利欲望有关，而与一般世俗看法（认为其被车裂是为了忠君所致）无关，李斯之死从源头上来说，还是其功利心所致。司马迁通过原始察终的考核方法所作出的评价毫无疑问是非常深刻的。

放到历史的考察之中，司马迁的"终始"思想还包含了这样一层意思：事物在质变之后又重新开始，会终而复始地演变下去，其中既包含了《周易》的"生生不已"的思想，也蕴藏了其往复循环的意味。《周易》形而上的"循环"论思想在《史记》中具体地表现为司马迁记载史实时同样带有历史循环论的色彩。《高祖本纪》论赞曰："夏之政忠，忠之敝，小人以野，故殷人承之以敬。敬之敝，小人以鬼，故周人承之以文。文之敝，小人以僿，故救僿莫若以忠。三王之道若循环，终而复始。周秦之间，可谓文敝矣。秦政不改，反酷刑法，岂不缪乎？故汉兴，承敝易变，使人不倦，得天统矣。朝以十月。车服黄屋左纛，葬长陵。"②朱熹对之曾这样评论道："太史公三代本纪，皆著孔子所损益四代之说，《高祖纪》又言'色尚黄，朝以十月'，此固有深意。且以孔颜而行夏时，乘商辂，服周冕，用韶舞，则好，以刘季为之，亦未济事在。"③一方面说明了司马迁持有历史循环论的思想，另一方面也说明司马迁历史循环论的理念是关注现实政治的。

当然，司马迁的历史循环论不是静态的重复，而是动态意义上的循环。司马迁讲究国家的治理相对于先前的政治来说应当有所变化，这样才能顺应历史发展的趋势。明代王维祯认为太史公《高祖本纪》论赞："此论只言沛公能变秦苛法，得天之统，故有天下，此

---

①《史记》卷八十七，中华书局1982年版，第2563页。

②《史记》卷八，中华书局1982年版，第393–394页。

③黎靖德：《朱子语类》卷一百三十五，中华书局1986年版，第3221页。

本论也。"①正是因为刘邦对秦王朝的暴政从根本上进行了修正,刘氏才能得以享有天下。司马迁所撰《史记》是通史,他必须放在历史的长河中既要考察历史的微观演变,又要能够从整体上对历史发展的共性进行笼络。他在政治上的循环观念,尽管有所承继,但也可以说是其重要的一个政治理念。刘咸炘说:"太史公书体本通史,故《高纪》论以三统立言。"②《梁孝王世家》褚先生补曰:袁盎说殷道"亲亲""质";周道"尊尊""文","汉家法周"③。这实际上也是承司马迁历史循环之意来补撰的。

从哲学的本质而言,太史公"终始"思想实际上是一种动态意义上的循环,它和静态意味上的"始终"内涵是有差异的。事物有了敝处就会有所改变,只有"承敝易变",才会推动历史的演进,才能"通则久"。这一点可以说是司马迁对《周易·系辞下》"通其变,使民不倦,神而化之,使民宜之"④思想的继承与发展。诚如上所言,夏商周都有自己的治国之道,但每一个朝代的治国策略也不是万能的,随着时势的推移,其政策必然出现弊端,这就需要救弊补废。如商王朝的灭亡就是如此,"殷人尊神",有时达到了膜拜的地步,甚至连君王也不免于此,商纣王之所以为所欲为,就是因为有着"我生不有命在天乎"⑤的观念,迷信自己的权力是上天所赐,无论是谁也不能剥夺,没有看到德性在历史发展过程中所发挥的重要性,最终导致国破身亡。故而周王朝就改变了对鬼神盲目信仰的缺陷,对神敬而远之,更加注重礼乐文教。

正因为要"承敝易变",《周易》还提出了变革的思想理念,而变革的标准就是要有利于民,《节》云:"天地节而四时成,节以制度,不伤财,不害民。"⑥司马迁在原始察终的过程中,也注意到了变革的重要

---

① 转自凌稚隆辑校:《史记评林》(第二册)卷八,天津古籍出版社1998年版,第154页。

② 刘咸炘:《汉书知意·高纪·赞》,载《推十书》(增补全本),上海科学技术文献出版社2009年版,第176页。

③《史记》卷五十八,中华书局1982年版,第2091页。

④ 魏王弼、韩康伯注,唐孔颖达等正义:《周易正义》卷八,《十三经注疏》,浙江古籍出版社1998年版,第86页。

⑤《殷本纪》,《史记》卷三,中华书局1982年版,第107页。

⑥ 魏王弼、韩康伯注,唐孔颖达等正义:《周易正义》卷六,《十三经注疏》,浙江古籍出版社1998年版,第70页。

性,在变革这一点上同样传承了《周易》的民主思想,进一步把保民和社会变革联系起来。《平准书》写道:"《禹贡》九州,各因其土地所宜,人民所多少而纳职焉。"①司马迁认为变革就是对社会弊端进行修整,但不管如何变革,它的终极目的就是要"使民不倦"②,不能使人们处在困顿之中,这也是关涉变革能够成功的关键因素。司马迁在书写历史上诸多变革运动时非常有意识地突出这一点,如:他写管仲改革,"齐人皆说(悦)"③;商鞅变法,"秦民大说(悦)"④;赵武灵王胡服骑射,"利其民而厚其国"⑤。皆是以"使民不倦"为标准的。

可以说,"综其终始"是司马迁考察历史而完成其"通古今之变"思想理念的最重要的方法体现。而在本体论上,司马迁在"古今之变"繁富历史事象的记载之上抽绎出一个最简易的不变的治国之道,那就是"王道",这也是历史循环之中不能改变的一个根本标准。《太史公自序》就写道:"维三代之礼,所损益各殊务,然要以近性情,通王道。"⑥所谓王道,在儒家思想的视野中,是一个内涵极为丰富的概念,它包含礼乐教化、纲常伦理等诸多方面的内容,但它的核心是仁民爱物的德治精神,是孔子及其后学对上古三代圣王政治的总括,实指三王之道。司马迁认为,王道贯彻与否,是一个国家兴亡的关键。秦得到天下之后,不注意自身统治之道的改变,不注重以德性为主的王道政治的实施,终失天下。所以司马迁征引贾谊《过秦论》说:"当此之时,守威定功,安危之本在于此矣。秦王怀贪鄙之心,行自奋之智,不信功臣,不亲士民,废王道,立私权,禁文书而酷刑法,先诈力而后仁义,以暴虐为天下始。夫并兼者高诈力,安定者贵顺权,此言取与守不同术也。秦离战国而王天下,其道不易,其政不改,是其所以取之守之者(无)异也。孤独而有之,故其亡可立而待。"⑦太史公认为,没有实行王道是秦自取灭亡的一个根本原因。司马迁在谈到汉兴以来分封诸侯国的变化时,总结道:"形势虽强,要之以仁义为本。"⑧

①《史记》卷三十,中华书局1982年版,第1442页。

②《史记》卷三十,中华书局1982年版,第1442页。

③《齐太公世家》,《史记》卷三十二,中华书局1982年版,第1487页。

④《商君列传》,《史记》卷六十八,中华书局1982年版,第2231页。

⑤《赵世家》,《史记》卷四十三,中华书局1982年版,第1808页。

⑥《史记》卷一百三十,中华书局1982年版,第3304页。

⑦《秦始皇本纪》,《史记》卷六,中华书局1982年版,第283页。

⑧《汉兴以来诸侯王年表》,《史记》卷十七,中华书局1982年版,第803页。

也意在说明仁义在诸侯政治中的重要性。

由"王道"以德性为标准加以推衍，不难看出，司马迁最为推崇的是有"至德"的黄帝以及尧舜禹。如上所述，《五帝本纪》记载黄帝最初建立国家政权归之于有"德"，其后实行世系传递的禅让亦是依"德"而进行的。故而司马迁在《司马相如列传》的论赞中云："《春秋》推见至隐，《易》本隐之以显，《大雅》言王公大人而德逮黎庶，《小雅》讥小己之得失，其流及上。所以言虽外殊，其合德一也。"①《周易》也特别重视"德"的作用。《系辞下》："阴阳合德，而刚柔有体。"②《说卦》也云："立人之道，曰仁与义。"③所谓"仁""义"，就是以"德"为中心的王道所包含的重要内涵④。

历来对司马迁的思想到底属于哪一家多有争论。笔者认为，如要从他的思想渊源上来看，其修史宗旨中的"通变"观深受《周易》的影响。太史公修史是奉孔子作《春秋》的境界为追求目标，而《春秋》正是《周易》之道在历史演变中的显性表现。司马迁修史同样也隐含着撰写一部显性的《易》的意味。他不仅仅是在修撰史书，而且是以"整齐其世传"作为一种手段，《史记》实则是通过历史事件或人物活动来发表自己看法的哲学著作。从这个意义上而言，司马迁是一位独具特色的思想家，和孔子作《春秋》的经学意蕴在本质上是相通的。作为史官的司马迁，他力图从"通古今之变"中来总结治世的道理，力求把它写成一部治世之经书，"述往事，思来者"，垂法于后世。司马迁在《高祖功臣侯者年表》"序"中说："居今之世，志古之道，所以自镜也，未必尽

---

① 《史记》卷一百一十七，中华书局1982年版，第3073页。

② 魏王弼、韩康伯注，唐孔颖达等正义：《周易正义》卷八，《十三经注疏》，浙江古籍出版社1998年版，第89页。

③ 魏王弼、韩康伯注，唐孔颖达等正义：《周易正义》卷九，《十三经注疏》，浙江古籍出版社1998年版，第94页。

④ 司马迁由"王道"这个治国之道的层面还上升到"法天则地"的哲学层面。《太史公自序》说："维昔黄帝，法天则地，四圣遵序，各成法度；唐尧逊位，虞舜不台；厥美帝功，万世载之。"（《史记》卷一百三十，中华书局1982年版，第3301页）司马氏法天则地、顺天应时的思想，和"《易》与天地准，故能弥纶天地之道，仰以观于天文，俯以察于地理，是故知幽明之故"（参见《周易正义》卷七《系辞上》，《十三经注疏》，浙江古籍出版社1998年版，第77页）的思想是一脉相承的。《周易·系辞下》写道："黄帝尧舜垂衣裳而天下治，盖取诸乾坤。"（魏王弼、韩康伯注，唐孔颖达等正义：《周易正义》卷八《系辞下》，《十三经注疏》，浙江古籍出版社1998年版，第87页）这包含了顺从自然规律、法天则地的思想，正是《太史公自序》篇所称道黄帝治国的精神。《五帝本纪》说黄帝"顺天地之纪，幽明之占，死生之说，存亡之难。时播百谷草木"（《史记》卷一，中华书局1982年版，第6页），和《周易》所云正相吻合。不难看出《史记》和《周易》思想之间的相通之处。

同。帝王者各殊礼而异务,要以成功为统纪,岂可缀乎? 观所以得尊宠及所以废辱,亦当世得失之林也。"①太史公撰写《史记》明显带着经世致用的意图。

# 四、余　论

上文讨论了《易》道与司马迁"通变观"之间的内在关系。孔子把《周易》体道的精神运用到历史考察中指导了《春秋》的编撰。司马迁承袭孔子将《春秋》和《周易》相通的方法,领悟《周易》所包含的深刻哲理,吸收《春秋》的写作精神,在宏观上运用"变"的观念去探讨历史的运行,所谓"通变之谓事",从而形成自己"通变"观的三个层面。从司马迁的修史宗旨上来看,他要在纵向上"通古今之变",横向上"究天人之际",旨在厘清天、时、人、事的变化及其内在的深刻关系②,这是其后诸多史书很难企及的高度。不过,司马迁在描述历史盛衰兴亡受到《周易》思想直接影响的同时,《史记》在思想内涵上也有超越《周易》思想的地方。如《史记》已经注意到经济变化对政治及整个历史进程的影响。他记载秦国的兴衰过程时,就写到商鞅变法使秦国的经济得到了发展。之后,秦国的经济日益发展,郑国渠的修建,使农业生产得到充分的水利保障,这样就为天下的统一做好了物质方面的保障。而秦统一之后,大兴土木,穷兵黩武,荒废稼穑,"赋敛愈重,戍徭无已",其结果是"财匮力尽,民不聊生",最终陈涉发难而亡秦。秦由一西戎小国到"战国七雄"之一,然后统一全国,而迅亡于汉家,可以说,经济上的盛衰变化直接影响了政治上的变化,两者密切关联。司马迁在记载上能够充分关注经济因素对历史进程的影响,可以说具有一定的唯物思想。

---

①《史记》卷十八,中华书局1982年版,第878页。

② 司马迁的"天"有时就具有"时势"之内涵,刘咸炘在谈到《留侯世家》时说道:"怪老父而又归之于天,盖史公于陈项以来人才皆不满,不以为才德应耳,而以为时势使然。此即所谓'天人之际',此意出处可见。昔人皆不察,故真以项、刘为圣,良、平为贤,而反讥史公好舍人事而言天命矣。"(《太史公书知意·世家·留侯世家》,《推十书》(增补全本),上海科学技术文献出版社2009年版,第109页)其实,历史的发展本身就有"时势造英雄"的特点,当然在同样的时势下,也只有真才实干的英雄方能成就影响历史进程的宏大事业。

# 第三章 《周易》对《史记》"究天人之际"修史宗旨的影响

"究天人之际"是司马迁修撰《史记》思想宗旨的另外一个重要追求,旨在通过对历史的人事活动或对天人关系认知的记载来表明自己对天人关系的理解。

## 一、"盖若遵厌兆祥"——《周易》与《史记》的卜筮

《易》包括《经》《传》两个部分。《易经》本来是占卜之书,这一点在《左传》《国语》中可以给予鲜明的例证。《左传》和《国语》共记载筮案二十二例二十七条,卦象和卦爻辞出现五十一处,涉卦三十一种。可见《易经》作为卜筮之书,其应用是非常广泛的。周人用《易经》的卦辞、爻辞进行卜筮,史官对此毫无疑问是通晓的。《管子·山权数》:"管子曰:有五官技……《易》者,所以守凶吉成败也;卜者,卜凶吉利害也。……《易》者守祸福凶吉不相乱……此谓君棣。"① 所引文字上云五官,下云六家,从逻辑上来看,卜、易应是同官的。上古时代巫史不分,巫史同职,史官同时也带有占卜、祭祀的职责。《左传·昭公二〇年》载曰:"祝史祭祀,陈信不愧。"② 史官身上流淌着巫术的血液,即使到了司马迁的时代,史官的这一特点也未完全褪尽。太史公同样受到了《易经》卜筮思想的影响。

(一)《史记》所记录的卜筮与太史公信服的态度

《史记》记录了应用非常广泛的卜筮,还有与卜筮相关联的大量的相事,而且无不灵验。司马迁自己也宣称:"王者之兴何尝不以卜筮决于天命哉!"③《龟策列传》写道:"王者决定诸疑,参以卜筮,断以蓍龟,

---

① 戴望较正:《管子校正》,《诸子集成》第五册,上海书店1986年版,第66页。

② 晋杜预注,孔颖达等正义:《春秋左传正义》卷四九,《十三经注疏》,浙江古籍出版社1998年版,第2092页。

③《日者列传》,《史记》卷一百二十七,中华书局1982年版,第3215页。

不易之道也。"①《史记》中的占卜、相事涉及的内容非常广泛,上至王朝国家政治、战争,下到子孙后代的延续和个人的前程、婚姻、疾病缘由、梦境②等诸多方面,几乎都有卜筮之例。王朝政治如文帝未立时,初"犹与未定。卜之龟,卦兆得大横。占曰:'大横庚庚,余为天王,夏启以光'"③,大横卦上说要更换帝位,预示刘恒将如同夏禹之子启一样践履天子之位,光大父业,后果立为皇帝④。个人前程如《晋世家》载:"初,毕万卜仕于晋国,遇《屯》之《比》。辛廖占之曰:'吉!屯,固;比,入。吉孰大焉!其后必蕃昌。'"⑤后果建有魏国⑥。子孙延续和婚姻如《田敬仲完世家》载:"周太史过陈,陈厉公使卜完。卦得《观》之《否》,是为观国之光,利用宾于王。此其代陈有国乎!不在此,而在异国乎!非此其身也,在其子孙。若在异国,必姜姓。""齐懿仲欲妻完,卜之,占曰:'是谓凤凰于蜚,和鸣锵锵。有妫之后,将育于姜。五世其昌,并于正卿;八世之后,莫之与京!'卒妻完。"⑦后田氏果真篡齐建国。对于上述占卜之后所发生灵验的一切,司马迁表现非常惊讶。《田敬仲完世家》赞语曰:"故周太史之卦田敬仲完,占至十世之后;及完奔齐,懿仲卜之亦云。田乞及常所以比犯二君,专齐国之政,非必事势之

①《史记》卷一百二十八,中华书局1982年版,第3223页。

②有人认为,《史记》的编撰是"厥协六经异传,整齐百家之语",《史记》所记载先秦时代的史料很多是借助于前代的文献,包括这里的占卜、梦境等书写内容,未必是太史公个人的意旨。笔者认为,史料是客观存在的,但史家有是否选择的权力,在选择的内容与方式上,同样是可以体现作家的主观判断或评价态度的。比如《左传》叙写城濮之战时,非常生动地记载了晋文公"梦与楚子搏"的梦境。但《晋世家》就没有使用这一则相对来说还较有趣味性的材料。这本身也许就包括了司马迁对这一梦境不太认同的态度。

③《孝文本纪》,《史记》卷十,中华书局1982年版,第414页。

④裴骃《史记集解》引张晏语:"横行无思不服;庚,更也,言去诸侯而即帝位也。先是五帝官天下,老则禅贤;至启始传父爵,乃能光治先君之基业。文帝亦袭父迹,言似夏启者也。"参见[日]泷川资言:《史记会注考证》卷十,文学古籍刊行社1955年版,第740页。

⑤裴骃《史记集解》引杜预语:"屯,险难也,所以为坚固;比,亲密,所以得入。"参见[日]泷川资言:《史记会注考证》卷三十九,文学古籍刊行社1955年版,第2392页。

⑥《魏世家》记载更为详细,解析也更为透彻,其载:"献公之十六年,赵夙为御,毕万为右,以伐霍、耿、魏,灭之。以耿封赵夙,以魏封毕万,为大夫。卜偃曰:'毕万之后必大矣。万,满数也;魏,大名也。以是始赏,天开之矣。天子曰兆民,诸侯曰万民。今命之大,以从满数,其必有众。'初,毕万卜事晋,遇《屯》之《比》。辛廖占之,曰:'吉。屯固比入,吉孰大焉,其必蕃昌。'"(《史记》卷四十四,中华书局1982年版,第1835页)

⑦裴骃《集解》引杜预语:"此《周易》观卦六四爻辞也,四为诸侯,变而之乾,有国朝王之象。"参见[日]泷川资言:《史记会注考证》卷四十六,文学古籍刊行社1955年版,第2798页。

渐然也,盖若遵厌兆祥云。"①太史公叹服于占卜的灵验,臆想为这一切好像是遵从冥冥之中某种神秘的意念一样②。

《史记》对相事灵验的记载同样也不例外。《佞幸列传》载:"上(文帝)使善相者相通,曰'当贫饿死'。文帝曰:'能富通者在我也。何谓贫乎?'于是赐邓通蜀严道铜山,得自铸钱。'邓氏钱'布天下。其富如此。"表面上来看,邓通占有大量的钱财,似乎能够富以终生,汉文帝似乎也要通过个人的权力来改变相事所预示邓氏的悲剧命运。但文帝死后,邓通因为与景帝的矛盾,"免,家居。居无何,人有告邓通盗出徼外铸钱。下吏验问,颇有之,遂竟案,竟没入邓通家,尚负责数巨万",后"竟不得名一钱,寄死人家"③,邓通最终没有逃脱"当贫饿死"的命运,不正是验证了相事者的预言了吗?!周亚夫之饿死也同样带有相事的预言性质,《绛侯周勃世家》载:"条侯亚夫自未侯为河内守时,许负相之,曰:'君后三岁而侯。侯八岁为将相,持国秉,贵重矣,于人臣无两。其后九岁而君饿死。'亚夫笑曰:'臣之兄已代父侯矣,有如卒,子当代,亚夫何说侯乎?然既已贵如负言,又何说饿死?指示我。'许负指其口曰:'有从理入口,此饿死法也。'"④而亚夫后来的人生轨迹果真向相事者所预言的方向发展,司马迁惊异地以叙述性的语言慨叹道:"初,吏捕条侯,条侯欲自杀,夫人止之,以故不得死,遂入廷尉。因不食五日,呕血而死。国除。""条侯果饿死!"⑤人物死亡的方式居然都不会偏离相事者的预言,是多么令人惊奇与惊讶啊!再如《卫将军骠骑列传》载,卫青年少时,身份极其低微,"先母之子皆奴畜之,不以为兄弟数",却有人"相青曰:'贵人也,官至封侯。'青笑曰:'人奴之生,得毋笞骂即足矣,安得封侯事乎!'"⑥连卫青本人都不敢相信自己会有富贵之命,然而后来果真封为长平侯。同样吴王刘濞在高祖时就被相面

①《史记》卷四十六,中华书局1982年版,第1903页。

②此种灵验状况在《史记》的记载中出现是较为繁富的,甚至有些人在未出生的时候就注定了其未来的命运,如鲁人季友,《鲁周公世家》记载:"父鲁桓公使人卜之,曰:'男也,其名曰'友',间于两社,为公室辅。季友亡,则鲁不昌。'及生,有文在掌曰'友',遂以名之,号为成季。其后为季氏。"(《史记》卷三十三,中华书局1982年版,第1533-1534页)似乎人的命运走向生前就已经注定,根本不需要后来的行事一样。

③《史记》卷一百二十五,中华书局1982年版,第3192-3193页。

④《史记》卷五十七,中华书局1982年版,第2073-2074页。

⑤《史记》卷五十七,中华书局1982年版,第2079-2080页。

⑥《史记》卷一百一十一,中华书局1982年版,第2922页。

有可能会谋反，"上患吴、会稽轻悍，无壮王以填之，诸子少，乃立濞于沛为吴王，王三郡五十三城。已拜受印，高帝召濞相之，谓曰：'若状有反相。'心独悔，业已拜，因拊其背，告曰：'汉后五十年东南有乱者，岂若邪？……'"①后刘濞果然造反。

《史记》还记载了一些蛇占的事例，如《郑世家》记载郑厉公继承君位是这样叙写的："六月甲子，假杀郑子及其二子而迎厉公突，突自栎复入即位。初，内蛇与外蛇斗于郑南门中，内蛇死。居六年，厉公果复入。"②由两条蛇的争斗结果预示郑国君王争位的结果，确实带有神秘的色彩。《史记》的记载虽然是沿袭了《左传》的史料，但其采写材料本身就说明太史公对此条蛇占还是非常相信的。

《史记》关于卜筮、象数、命相的记载前后皆能够灵验，鲜明地透露了司马迁的易学思想仍然包含《易经》卜筮上通神明的成分。

当然，司马迁所信奉的占卜本身就有不可捉摸的先天性成分，但是如果从文本上认真加以考察，有些占卜之中所包含的因果关系，本质上却是人事在起到很大的作用，如晋献公时期的晋国之乱的问题，实际上是晋国政治上争权夺利的结果，司马迁在《晋世家》补叙写道："初，献公将伐骊戎，卜曰'齿牙为祸'。及破骊戎，获骊姬，爱之，竟以乱晋。"③表面上来看，晋国发生动乱与骊姬谗言有关，这条占卜似乎带有浓厚的预言色彩，但晋国之乱实际上与晋献公本身的感情倾向和不遵从君位继承的礼制有着深刻的关系④。

（二）卜筮之外与太史公对德性的追求

太史公非常相信卜筮，不以卜筮为非，然而他对影响历史进程因素的看法也并不仅仅局限于卜筮，这和完全迷信卜筮仍然有微妙的区别。他在《龟策列传》中说："君子谓夫轻卜筮，无神明者，悖；背人道，信祯祥者，鬼神不得其正。"并说："自古圣王将建国受命，兴动事业，何

---

①《史记》卷一百六，中华书局1982年版，第2821页。

②《史记》卷四十二，中华书局1982年版，第1764页。

③《史记》卷三十九，中华书局1982年版，第1649页。

④《史记》中尚记载了一些带有预言性质的事情，与占卜并不相关，如《赵世家》载："（晋平公）十三年，吴延陵季子使于晋，曰：'晋国之政卒归于赵武子、韩宣子、魏献子之后矣。'"（《史记》卷四十三，中华书局1982年版，第1786页）这是带有预言性质的话语，主要还是季札根据晋国大夫权力日益增大所作出的预言，有其存在的客观基础。

尝不宝卜筮以助善!"①从行文中可以看出,太史公既有对卜筮的重视,又表现了不能完全沉醉于卜筮的观念。从思想渊源上来看,《易经》经过儒家的阐释尤其是后出的《易传》打上了儒学伦理哲学的色彩。孔子就曾说过:"《易》我后其祝卜矣,我观其德义耳也。幽赞而达于数,明数而达于德,又仁(守)者而义行之耳。赞而不达于数,则其为之巫;数而不达于德,则其为之史。史巫之策,乡之而未也,好之而非也。后世之疑丘者,或以《易》乎?吾求其德而已,吾与史、巫同涂而殊归者也。"②遂使《易经》和"德"相互勾连起来。荀子也以儒者的身份说道:"善为《易》者不占。"③从本质上来看,儒家更强调人事的作用。而在司马迁看来,占卜本身是用来"助善"的,行善就能带来好的征兆,反之则否。"夫摭策定数,灼龟观兆,变化无穷,是以择贤而用占焉,可谓圣人重事者乎!周公卜三龟,而武王有瘳。纣为暴虐,而元龟不占。晋文将定襄王之位,卜得黄帝之兆,卒受彤弓之命。献公贪骊姬之色,卜而兆有口象,其祸竟流五世。楚灵将背周室,卜而龟逆,终被乾谿之败。兆应信诚于内,而时人明察见之于外,可不谓两合者哉!"④《楚元王世家》论赞写道:"国之将兴,必有祯祥,君子用而小人退。"因此太史公在卜筮中更强调"德"的渗透,所以《史记》所记占卜、相事等多数是明显存在积德行善、惩恶劝善、因果报应的倾向。《周易·坤·文言》曰:"积善之家必有余庆,积不善之家必有余殃。"⑤《系辞下》又云:"善不积不足以成名,恶不积不足以灭身。小人以小善为无益而弗为也,以小恶为无伤而弗去也,故恶积而不可掩,罪大而不可解。"⑥具体而言,在《史记》中就表现为祖先如果能够修养德性,注重仁义,那么其就能泽被子孙,德及后代。《燕召公世家》论赞曰:"召公奭可谓仁矣!甘棠且思之,况其人乎?……然社稷血食者八九百岁,于姬姓独后亡,岂非召公之

①《史记》卷一百二十八,中华书局1982年版,第3223,3225页。

②长沙马王堆三号汉墓出土帛书《易传》第四篇《要》,文物出版社1980年版,第122页。

③《荀子·大略篇》,见王先谦:《荀子集解》十九,《诸子集成》第二册,上海书店出版社1986年版,第333页。

④《龟策列传》,《史记》卷一百二十八,中华书局1982年版,第3224-3225页。

⑤魏王弼、韩康伯注,唐孔颖达等正义:《周易正义》卷一,《十三经注疏》,浙江古籍出版社1998年版,第19页。

⑥魏王弼、韩康伯注,唐孔颖达等正义:《周易正义》卷八,《十三经注疏》,浙江古籍出版社1998年版,第88页。

烈邪！"①《陈杞世家》论赞也云："舜之德可谓至矣！禅位于夏，而后世血食者历三代。及楚灭陈，而田常得政于齐，卒为建国，百世不绝，苗裔兹兹，有土者不乏焉。"②《韩世家》论赞在讨论韩厥功业时这样评价道："韩厥之感晋景公，绍赵孤之子武，以成程婴、公孙杵臼之义，此天下之阴德也。韩氏之功，于晋未睹其大者也。然与赵、魏终为诸侯十余世，宜乎哉！"③在司马迁看来，韩氏之所以后来能够成为一方诸侯，与韩厥在赵氏孤儿的惨剧中保护了赵氏孤儿而积累的德行有深刻的因果关系。

反而言之，道德不完善者其后人则难以善终，终会有报应呈现。《白起王翦列传》写到白起自裁时临终遗言："武安君引剑将自刭，曰：'我何罪于天而至此哉？'良久，曰：'我固当死。长平之战，赵卒降者数十万人，我诈而尽坑之，是足以死。'遂自杀。"④实际上白起在长平之战之前就杀人无数，如与韩、魏伊阙之战中，"斩首二十四万"⑤。又如"昭王三十四年，白起攻魏，……斩首十三万"。尤其在"与赵将贾偃战，沈其卒二万人于河中"⑥。在对手已经丧失战斗力的情况下，白起还通过生生溺死的方式结束了如此多的生命，尤显酷虐！一言以蔽之，白起后来之所以没有能够善终的悲剧命运也有其杀戮无数而遭报应的因素。《蒙恬列传》写到蒙恬最后悲剧的命运时，直接原因是被赵高与秦二世逼迫自杀，不过蒙氏在自杀之前却从自身原因进行了自我反思，蒙恬家族三代为武将，征伐无数，杀戮也无数，因此其悲剧的命运潜在地与先祖造成"阴祸"太多有关。他同时联想到自己残害了诸多活生生的生命，尤其破坏了当地的生存环境而修筑了长城，"蒙恬喟然太息曰：'我何罪于天，无过而死乎？'良久，徐曰：'恬罪固当死矣，起临洮属之辽东，城堑万余里，此其中不能无绝地脉哉？此乃恬之罪也。'乃吞药自杀"⑦。因此蒙恬认为自己生命的结束与做了这样的不善之事有内在的关联。不过，司马

①《史记》卷三十四，中华书局1982年版，第1561-1562页。

②《史记》卷三十六，中华书局1982年版，第1586页。

③《史记》卷四十五，中华书局1982年版，第1878页。

④《史记》卷七十三，中华书局1982年版，第2337页。

⑤《史记》卷七十三，中华书局1982年版，第2331页。

⑥《史记》卷七十三，中华书局1982年版，第2331页。

⑦《史记》卷八十八，中华书局1982年版，第2570页。

迁更注重的是个人德性的修为,从这一点出发,司马迁在对待蒙恬关于"地脉"的言论时做了别样的评论:"吾适北边,自直道归,行观蒙恬所为秦筑长城亭障,堑山堙谷,通直道,固轻百姓力矣。夫秦之初灭诸侯,天下之心未定,痍伤者未瘳,而恬为名将,不以此时强谏,振百姓之急,养老存孤,务修众庶之和,而阿意兴功,此其兄弟遇诛,不亦宜乎? 何乃罪地脉哉?"①太史公认为在秦王朝建立之初更应该通过休养生息的方式来弥补战争给老百姓所带来的创伤,提高老百姓的生活水平。故而作为秦国的重臣,蒙恬应该在这方面多加努力。《王翦列传》写到王翦之孙王离的命运时借用了一个无名氏的评价,实际上表明了司马迁本人对王离悲剧结局成因的认识,传载:"秦二世之时,王翦及其子贲皆已死,而又灭蒙氏。陈胜之反秦,秦使王翦之孙王离击赵,围赵王及张耳巨鹿城。或曰:'王离,秦之名将也。今将强秦之兵,攻新造之赵,举之必矣。'客曰:'不然。夫为将三世者必败。必败者何也? 必其所杀伐多矣,其后受其不祥。今王离已三世将矣。'居无何,项羽救赵,击秦军,果虏王离,王离军遂降诸侯。"②故而太史公在论赞中又写道:"王翦为秦将,夷六国,当是时,翦为宿将,始皇师之,然不能辅秦建德,固其根本,偷合取容,以至殁身。及孙王离为项羽所虏,不亦宜乎!"③王翦杀伐甚多,不能彰显自己的德性,以致殃及子孙,后世遂败。

司马迁在评价当代人物的命运时同样会论及德性对人生的影响。如司马迁在评价黥布的悲剧结局时说:"项氏之所坑杀人以千万数,而布常为首虐。功冠诸侯,用此得王,亦不免于身为世大僇。"④黥布杀戮过甚,德性不足,其不得善终同样也是生前过度残忍的行为所致的结局。而《史记》所记载陈平及其后裔的身世经历不也是表现出如此强烈的因果报应倾向?!《陈丞相世家》载道:"始陈平曰:'我多阴谋,是道家之所禁。吾世即废,亦已矣,终不能复起,以吾多阴祸也。'"诚然,事情果真如他预料的那样,陈平太过于擅长使用阴谋诡计,可以说伤人无数,"然其后曾孙陈掌以卫氏亲贵戚,

①《史记》卷八十八,中华书局1982年版,第2570页。
②《史记》卷七十三,中华书局1982年版,第2341–2342页。
③《史记》卷七十三,中华书局1982年版,第2342页。
④《史记》卷九十一,中华书局1982年版,第2607页。

愿得续封陈氏,然终不得"①。《五宗世家》写到胶西王刘端作恶多端,"端为人贼戾","相、二千石往者,奉汉法以治,端辄求其罪告之,无罪者诈药杀之。所以设诈究变,强足以距谏,智足以饰非。相、二千石从王治,则汉绳以法。故胶西小国,而所杀伤二千石甚众"。后"竟无男代后,国除,地入于汉,为胶西郡"②。其子孙断绝而最终国家被废除可以说是应得的报应。李广一生建立军功无数,但始终未及封侯,原因是多方面的,尽管很大方面有时代的因素,但其中一个重要原因就是与李广不分场合地杀戮有极大的关系。"广尝与望气王朔燕语,曰:'自汉击匈奴而广未尝不在其中,而诸部校尉以下,才能不及中人,然以击胡军功取侯者数十人,而广不为后人,然无尺寸之功以得封邑者,何也?岂吾相不当侯邪?且固命也?'朔曰:'将军自念,岂尝有所恨乎?'广曰:'吾尝为陇西守,羌尝反,吾诱而降,降者八百余人,吾诈而同日杀之。至今大恨独此耳。'朔曰:'祸莫大于杀已降,此乃将军所以不得侯者也。'"③这虽然带有相面的成分,但其中并不完全是将人物的命运归之于上天,从司马迁的本意来看他运用的这一段史料确实包含惩恶劝善的意味。

综而言之,巫史同源所产生的影响渗透于司马迁内在的思想血液之中,他对卜筮、相事等相关先验性的活动是非常相信的,这和《易经》最早用以占卜的传统是一脉相承的。不过太史公和传统的儒家对《易经》加以道德化、伦理化的注解一样,他在卜筮、相事等之外更多地注入了仁义、道德的成分。

太史公更重视人物品性对人物命运的影响。《晋世家》有一段梦境的描写,它结合谣谚的书写更具有神奇性,其云:"晋君改葬恭太子申生。秋,狐突之下国,遇申生,申生与载而告之曰:'夷吾无礼,余得请于帝,将以晋与秦,秦将祀余。'狐突对曰:'臣闻神不食非其宗,君其祀毋乃绝乎?君其图之。'申生曰:'诺,吾将复请帝。后十日,新城西偏将有巫者见我焉。'许之,遂不见。及期而往,复见,申生告之曰:'帝许罚有罪矣,弊于韩。'儿乃谣曰:'恭太子更葬矣,后十四年,晋亦不昌,

---

① 《史记》卷五十六,中华书局1982年版,第2062页。
② 《史记》卷五十九,中华书局1982年版,第2097页。
③ 《李将军列传》,《史记》卷一百九,中华书局1982年版,第2873—2874页。

昌乃在兄。'"①人死是不能复生的,这里自杀的太子申生居然又回到了活着的状态,而且能够与现实中的人进行对话,后面的童谣更是预示晋惠公治理国家将面临衰亡的命运。如果细细体味,这显然和晋惠公的不够诚信与不注重德政的实施有潜在的关系。晋惠公在齐秦与里克的帮助之下回国成为国君,但回国之后马上拒绝割让当初承诺给秦国的河西之地,也不给里克封赏的汾阳之邑(而且还赐死了里克)。这样的行为引起了晋国民众的强烈不满,《晋世家》载:"惠公之立,倍秦地及里克,诛七舆大夫,国人不附。"②同时又不遵守天子与诸侯之间必要的礼节,"二年,周使召公过礼晋惠公,惠公礼倨,召公讥之"③。放在尚较重视礼乐秩序的春秋时代,毫无疑问晋惠公的行为是遭到批判的。

(三)卜筮之中,司马迁对天命的认识

从源头上来看,司马迁一方面接受了孔子避言天命思想的影响,《天官书》载:"幽厉以往,尚矣。所见天变,皆国殊窟穴,家占物怪,以合时应,其文图籍机祥不法。是以孔子论六经,纪异而说不书。至天道命,不传;传其人,不待告;告非其人,虽言不著。"④天变与天道是难以尽知的,更不用说是怪异之事,尤难把握,"子不语怪、力、乱、神"⑤,正是对这样一个现象的回应⑥。

另一方面,司马迁思想中仍然存在信从天命的影子,如当西伯姬昌死后,八百诸侯集会盟津准备讨伐商纣王,可武王却说"女未知天

①《史记》卷三十九,中华书局1982年版,第1651页。

②《史记》卷三十九,中华书局1982年版,第1652页。与晋惠公受国人仇恨态度迥然不同的是,重耳晋国流亡国外十九年,但"晋人多附焉"(《史记》卷三十九,中华书局1982年版,第1660页)。

③《史记》卷三十九,中华书局1982年版,第1652页。

④《史记》卷二十七,中华书局1982年版,第1343页。

⑤《述而》,参见魏何晏等注,宋邢昺疏:《论语注疏》卷七,《十三经注疏》,浙江古籍出版社1998年版,第2483页。

⑥谶纬之说与星占之学不完全是一回事,后者常与天文、历法关联在一起,有其一定的科学性。司马迁天官之学既有史官身份的官职渊源,更有家学思想的渊源,其父司马谈就"学天官于唐都",司马迁对星象是非常精通的。天象的变化有时会和人世间的事件有一定的关系。司马迁在《天官书》中就曾写道:"太史公推古天变,未有可考于今者。盖略以春秋二百四十二年之间,日蚀三十六,彗星三见,宋襄公时星陨如雨。天子微,诸侯力政,五伯代兴,更为主命。自是之后,众暴寡,大并小,秦、楚、吴、越,夷狄也,为强伯。田氏篡齐,三家分晋,并为战国。争于攻取,兵革更起,城邑数屠,因以饥馑疾疫焦苦,臣主共忧患,其察机祥候星气尤急。"(《史记》卷二十七,中华书局1982年版,第1344页。)

命"①，又返回自己的封国。而只有当殷之太师、少师抱其乐器奔周的时候，周武王才发动了最后和商王朝的决战——牧野之战。这是否意味着在司马迁的思想里还是受到了孔子"天下有道，则礼乐征伐自天子出"②思想的影响？既然象征礼的祭乐器都已经归周，这是否就预示着周武王得了天命而为天子③？

　　由卜筮、相事等状况，我们进而讨论一下司马迁对天命的一些认识。司马迁对某些历史现象无法理解，有时不得不如《周易·说卦》所云"穷理尽性以至于命"④，承认"命"的存在。他还是认可人世间有超乎人的"天"的力量的干预。不过"性命"之理实际上是难以言说的，司马迁在《外戚世家》前面总的序言中这样写道："夫妇之际，人道之大伦也。礼之用，唯婚姻为兢兢。夫乐调而四时和，阴阳之变，万物之统也。可不慎与？人能弘道，无如命何。甚哉，妃匹之爱，君不能得之于臣，父不能得之于子，况卑下乎！既欢合矣，或不能成子姓；能成子姓矣，或不能要其终；岂非命也哉？孔子罕称命，盖难言之也。非通幽明之变，恶能识乎性命哉？"⑤《外戚世家》记载了许多女子得到皇帝宠幸的事情，甚至连女子本身都不敢奢望过，很多是出于偶然的时机。如早年的薄太后，只不过是一个普通的织女，"薄姬输织室"，后"汉王入织室，见薄姬有色，诏内后宫"，但仍然"岁余不得幸"，后在管夫人、赵子儿的帮助之下，"一幸生男，是为代王"。但"其后薄姬希见高祖"⑥，却也因此躲过了吕后幽闭的危机。代王后来又竟然出乎意料地成为

---

①这个天命从上下文来看可能带有阴阳谶纬的影子，因为上文写道："武王渡河，中流，白鱼跃入王舟中，武王俯取以祭。既渡，有火自上复于下，至于王屋，流为乌，其色赤，其声魄云。"（《史记》卷四，中华书局1982年版，第120页。）

②《季氏》，参见魏何晏等注，宋邢昺疏：《论语注疏》卷一六，《十三经注疏》，浙江古籍出版社1998年版，第2521页。

③但天命本身有时又对"修德"本身产生深刻的负面影响，反而导致王位的缺失，如商纣王的灭亡与其自身严重的迷信天命思想有内在的关系。当周文王取得一系列胜利之后，祖伊感到有点担心，向商纣王提出了讽谏，商纣王却说："不有天命乎？是何能为！"（《周本纪》，《史记》卷四，中华书局1982年版，第118页）司马迁在《宋微子世家》中同样记载了这样的话语："纣既立，不明，淫乱于政，微子数谏，纣不听。及祖伊以周西伯昌之修德，灭阰国，惧祸至，以告纣。纣曰：'我生不有命在天乎？是何能为！'"（《史记》卷三十八，中华书局1982年版，第1607页）可见上层统治者本身对天命也是非常相信的。

④魏王弼、韩康伯注，唐孔颖达等正义：《周易正义》卷八，《十三经注疏》，浙江古籍出版社1998年版，第93页。

⑤《史记》卷四十九，中华书局1982年版，第1967页。

⑥《史记》卷四十九，中华书局1982年版，第1970-1971页。

皇帝,是为汉文帝,薄氏因此而大贵。窦姬的命运走向也颇具戏剧性,本来"太后出宫人以赐诸王,各五人,窦姬与在行中。窦姬家在清河,欲如赵近家,请其主遣宦者吏:'必置我籍赵之伍中。'宦者忘之,误置其籍代伍中。籍奏,诏可,当行。窦姬涕泣,怨其宦者,不欲往,相强,乃肯行。至代,代王独幸窦姬。"而代王王后生四男,后竟"更病死",然"窦姬长男最长",竟"立为太子"①。窦姬因此大贵!这样的命运颇多曲折而富有传奇性,又好像是冥冥之中命运安排好的一样!卫子夫受到宠幸也带有戏剧性的变化。前人多有论及,此处不赘。明人钟惺在谈到《外戚世家》时这样评论道:总叙中突出一"命"字,遂用作全篇主意,逐节叙事,不必明言"命"字,而起伏颠倒,隐然有一"命"字散于一篇之中,而使人自得之,非独文情章法之妙,使宫闱恩幸之间,各有所以自安而无所觊,夺无限妄想,消无限隐忧,固作史者之苦心也②。清人尚镕由此也于《外戚世家》曾作慨叹道:(而)薄太后以怜色幸,窦太后以误籍幸,王太后以强纳幸,卫皇后以讴者幸,各生子而贵,岂非命哉!③幸福的人生是如此,不幸的人生同样带有天命的色彩!孝惠皇后是吕后的外孙女,一直梦想求得一子,不过事与愿违,"与医钱凡九千万,然竟无子"④。这些绝非人力所能为,只能归之于命,故而司马迁才会有如此的感喟:"人能弘道,无如命何!"总而言之,从司马迁所记载的一些历史事况中,可以看得出太史公还是或多或少地相信天命的存在。如《六国年表》写道:"盖若天所助焉。"⑤《秦楚之际月表》又云:"岂非天哉,岂非天哉!"⑥《李将军列传》又云:"大将军又徙广部行回远,而又迷失道,岂非天哉!"⑦皆能说明司马迁有时对"天命"还是非常相信的。

　　即使在某些重要人物的功名建树上,太史公也不完全归功于人事,表现了一定的质疑,甚至也将其返回到"天命"的认识上。对此,前人有所体认。清人曾国藩读《傅靳蒯成列传》时这样写道:子长于

① 《史记》卷四十九,中华书局1982年版,第1972页。

② 钟惺:《史怀》卷六,商务印书馆1939年版,第90页。

③ 尚镕:《史记辨证》卷五,持雅堂全集写本。

④ 《外戚世家》,《史记》卷四十九,中华书局1982年版,第1980页。

⑤ 《史记》卷十五,中华书局1982年版,第685页。

⑥ 《史记》卷十六,中华书局1982年版,第760页。

⑦ 《史记》卷一百九,中华书局1982年版,第2876页。

当世艳称之功臣封爵者,皆不甚满意。常以不可知者,归之天命。如于萧何,则曰"碌碌未可奇节,依日月之末光";于曹参则曰"以与淮阴侯俱";于樊、郦、滕、灌,则曰"岂自知附骥之尾,垂名汉廷";于傅宽、靳歙则曰"此亦天授";于卫青亦曰"天幸"。皆以成功委之命。虽要归有良然者①。不难看出,《史记》中有奇功伟绩者不完全是通过个人努力成就了自我,而往往是由于有其他外在因素帮助的。

## 二、"与政事俯仰,最近天人之符"——《周易》与《史记》中的 星气、天官

诚如上文所言,司马迁在《太史公自序》表明《易》"长于变"的特点之前,特别指出:"《易》著天地阴阳四时五行。"②《系辞下》多次提出"仰以观于天文,俯以察于地理"的看法,并云:"古者包牺氏之王天下也,仰则观象于天,俯则观法于地。观鸟兽之文与地之宜,近取诸身,远取诸物。于是始作八卦,以通神明之德,以类万物之情。"③并认为:"广大配天地,变通配四时,阴阳之义配日月。"《观》也曰:"观天之神道,而四时不忒。圣人以神道设教,而天下服矣。"④括而言之,《周易》包含了天人相通、天人对应的思想,"天"本身运动变化所表现出来的规律也应当是人类在其活动中所应当遵循的规律。

(一)《史记·天官书》与《周易》之关系

司马迁认为天文历法具有法天则地的原则。尽管"汉初说《易》者皆主义理,切人事,不言阴阳术数"⑤,但是司马迁却略有不同,他把《易》和阴阳勾连起来,他在《天官书》中说道:"仰则观象于天,俯则法类于地。天则有日月,地则有阴阳。天有五星,地有五行。天

---

① 曾国藩:《读书录》,岳麓书社1989年版,第81页。

② 杜国庠在《阴阳五行思想和易传思想》一文中对两者之间的思想进行比较,认为它们有相同之处:首先,"天垂象,圣人则之"这一基本思想是相同的;其次,邹子深观"阴阳消息",《易传》也尤重"阴阳消息盈虚";最后,邹子五德终始说是一种循环的变化观,《周易》的思想也存在循环的变化观。其文见黄寿祺、张善文编:《周易研究论文集》(第二辑),北京师范大学出版社1989年版,第341-343页。

③ 魏王弼、韩康伯注,唐孔颖达等正义:《周易正义》卷八,《十三经注疏》,浙江古籍出版社1998年版,第86页。

④ 魏王弼、韩康伯注,唐孔颖达等正义:《周易正义》卷三,《十三经注疏》,浙江古籍出版社1998年版,第36页。

⑤ 皮锡瑞:《经学通论》,中华书局1954年版,第18页。

则有列宿,地则有州域。三光者,阴阳之精,气本在地,而圣人统理之。"①诚如上文所说,这和《周易》的思想在本质上是相通的,《贲》曰:"观乎天文以察时变,观乎人文以化成天下。"②《周易》的作者就是把天文和时变紧紧结合在一起。《汉书·艺文志》则明确对历法和《周易》之间的关系加以说明:"天文者,序二十八宿,步五星日月,以纪吉凶之象,圣王所以参政也。《易》曰:'观乎天文,以察时变。'"③进而言之,天文的变化可以作为王朝政治的一个参考。如果回到《史记》的修史宗旨上,不难发现,司马迁的"通古今之变"实际上和"究天人之际"是联系在一起的。具体来说,他的"究天人之际"最终还是落实在古今的治乱、盛衰、兴废、存亡、成败、得失、祸福、吉凶等史实上,由这些人文的事象见出"天"与"人"的关系。"为天数者,必通三五。终始古今,深观时变,察其精细,则天官备矣","为国者必贵三五。上下各千岁,然后天人之际续备"④。"古今之变"实际上是天人关系的一个现实反映。《秦楚之际月表》云:"考之于天,然后在位。"⑤在司马迁看来,天人关系的变化能够导致人间王朝的嬗递变更。他在《历书》里阐述三正历法,认为:"盖三王之正若循环,穷则反本"⑥,用夏、商、周三代的历法来说明历史循环的道理。与历法相关的还有星气之说。《天官书》详细记载了诸多的天运、天变、天数,《太史公自序》就对修撰《天官书》的宗旨做了明确的解说:"星气之书,多杂机祥,不经;推其文,考其应,不殊。比集论其行事,验于轨度以次,作《天官书》第五。"⑦不难看出,尽管司马迁认为星气之书记载有关吉凶先兆的事情荒诞不经,似乎值得怀疑,但是如果仔细考察它们在历史上的应验情况,却没有什么出入,非常灵验,故而他还是肯定了这些记载。司马迁在《天官书》的论赞中对春秋战国、秦汉之际的天变与人事作了如下的概述:"太史公推古天变,未有可考于

① 《史记》卷二十七,中华书局1982年版,第1342页。

② 魏王弼、韩康伯注,唐孔颖达等正义:《周易正义》卷三,《十三经注疏》,浙江古籍出版社1998年版,第37页。

③ 《汉书》卷三十,中华书局1962年版,第1765页。

④ 《天官书》,《史记》卷二十七,第1344,1351页。

⑤ 《史记》卷十六,中华书局1982年版,第759页。

⑥ 《史记》卷二十六,中华书局1982年版,第1258页。

⑦ 《史记》卷一百三十,中华书局1982年版,第3306页。

今者。盖略以春秋二百四十二年之间,日蚀三十六,彗星三见,宋襄公时星陨如雨。天子微,诸侯力政,五伯代兴,更为主命。……并为战国。争于攻取,兵革更起,城邑数屠,因以饥馑疾疫焦苦,臣主共忧患,其察机祥候星气尤急。……秦始皇之时,十五年彗星四见。久者八十日,长或竟天。其后秦遂以兵灭六王,并中国,外攘四夷,死人如乱麻,因以张楚并起,三十年之间兵相骀藉,不可胜数。……汉之兴,五星聚于东井。平城之围,月晕参、毕七重。诸吕作乱,日蚀,昼晦。吴楚七国叛逆,彗星数丈,天狗过梁野;及兵起,遂伏尸流血其下。元光、元狩,蚩尤之旗再见,长则半天。其后京师师四出,诛夷狄者数十年,而伐胡尤甚。越之亡,荧惑守斗;朝鲜之拔,星茀于河戌;兵征大宛,星茀招摇:此其荦荦大者。"(而且不包括不可胜数的"委曲小变"。)司马迁根据如此多的天变与人事对应的现象,得出这样一个结论:"夫常星之变希见,而三光之占亟用。日月晕适,云风,此天之客气,其发见亦有大运。然其与政事俯仰,最近天人之符。""由是观之,未有不先形见而应随之者也。"①换而言之,人事将有变乱,上天必有变乱之星象征兆显现;反而言之,凡星日云风有了异常的变化,那就必将有人事的凶吉祸福与之相应验。从这一个特点上来说,"《天官书》,其精微古奥处似《易》"②。刘师培也曾说过:"《律书》以律历通五行八正之气,并论阴阳之盛衰;《天官书》言天运之变,旁及天人相与之故,或亦杨氏《易》相传之义。"③因此通过对《律书》《天官书》的考察,我们同样可以从司马迁的思想观念中看到其时杨门《易》学的某些特点④。

(二)"德性"对《史记·天官书》的渗透

应该指出的是,司马迁在讨论"天人之际"时所记载的相关星气、天官等事象,其中有科学的成分,也有迷信的因素。司马迁作为史官,当时所接触并借助的大量史籍,肯定有像《左传》前代史官一样记载了

---

① 《史记》卷二十七,中华书局1982年版,第1344–1351页。

② 牛运震:《史记评注》卷四,三秦出版社2011年版,第76页。

③ 刘师培:《司马迁述〈周易〉义》,《周易研究论文集》(第二辑),北京师范大学出版社1989年版,第4页。

④ 其实,《天官书》与孔子作《春秋》之间也有内在的关系,孔子《春秋》也有灾异与人事之间相对应关系的记载。明人郝敬说:"汉以后言灾异,自天官始,然言必称孔子,根本《春秋》。"(《史汉愚按》卷二,明崇祯间郝氏刻山草堂集本)大抵说的也是这一层意思。

大量的关于星云、天官对应人事的现象。其根据天文、星象推算的历法确实有其非常合理的地方。进而言之,天变确实有时能够造成人间的灾难,这在当时也许是解释不清楚的,但这些实录的现象包含了科学的成分,比如今天的"厄尔尼诺"这样天变的现象确实是能够造成人类的许多灾祸。天变有时并非人间无德造成,但是人君若修德,若爱民,及时调整政策,则可能缓解天变之灾。"天与人交相作用,而以'德'为感应的枢机。"①司马迁所书写的《天官书》渗透了浓厚的德性因素,他指出:"日变修德,月变省刑,星变结和。凡天变,过度乃占。国君强大,有德者昌;弱小,饰诈者亡。太上修德,其次修政,其次修救,其次修禳,正下无之。"②可见司马迁虽然强调天变的作用,但重点更是着眼于人事上,这有它积极的意义。在《史记》记载过天象、星气的其他传记中司马迁同样表现了德性的重要性。如《孝文本纪》记载:"十一月晦,日有食之。十二月望,日又食。上曰:'朕闻之,天生蒸民,为之置君以养治之。人主不德,布政不均,则天示之以灾,以诫不治。乃十一月晦,日有食之,适见于天,灾孰大焉!朕获保宗庙,以微眇之身托于兆民君王之上,天下治乱,在朕一人,唯二三执政犹吾股肱也。朕下不能理育群生,上以累三光之明,其不德大矣。令至,其悉思朕之过失,及知见思之所不及,匄以告朕。及举贤良方正能直言极谏者,以匡朕之不逮。因各饬其任职,务省繇费以便民。朕既不能远德,故悯然念外人之有非,是以设备未息。今纵不能罢边屯戍,而又饬兵厚卫,其罢卫将军军。太仆见马遗财足,余皆以给传置。'"③日食、月食在古代人看来是天有异象,人世间就会有灾祸,但是人君在天象之外,注意修德还是非常值得赞赏的。汉文帝之所以在司马迁眼中被认为是一个最有德性的君主,主要因为在天人关系的处理上汉文帝更注重德性的修养。又如《郑世家》载:"(定公)六年,郑火,公欲禳之。子产曰:'不如修德。'"④再如《宋微子世家》载:"三十七年,楚惠王灭陈。荧惑守心。心,宋之分野也。景公忧之。司星子韦曰:'可移于相。'景公曰:'相,吾之股肱。'曰:'可移于民。'景公曰:'君者待民。'曰:'可移于岁。'景

---

① 阮芝生:《试论司马迁所说的"究天人之际"》,《史学评论》(台湾)1981年第6期,第112—126页。

② 《史记》卷二十七,中华书局1982年版,第1351页。

③ 《史记》卷十,中华书局1982年版,第422页。

④ 《史记》卷四十二,中华书局1982年版,第1774页。

公曰:'岁饥民困,吾谁为君!'子韦曰:'天高听卑。君有君人之言三,荧惑宜有动。'于是候之,果徙三度。"①宋景公不愿意将天象异变可能带来的灾祸转移给他人,可见他是一个非常有仁爱之心的有德之君。正因如此,如《天官书》所言常理的天人对应在这里并没有得到完全的应验②。

　　另外,正如潘啸龙先生所言,《天官书》主要是在宏观上考察日月星辰变异与历史现象的对应关系,承认"天人感应"的一般结论,这是司马迁在全局上探讨历史的发展,当他对具体的历史事件以及人物身世遭际、功过是非进行具体分析时,又对"天命"或"天意"作了质疑性的诘问③。他在《伯夷列传》中提出责问:"若至近世,操行不轨,专犯忌讳,而终身逸乐,富厚累世不绝。或择地而蹈之,时然后出言,行不由径,非公正不发愤,而遇祸灾者,不可胜数也。余甚惑焉,倘所谓天道,是邪非邪?"反映了司马迁对天命的矛盾认识。再如对刘邦的看法上,司马迁在《留侯世家》的论赞中这样写道:"学者多言无鬼神,然言有物。至如留侯所见老父予书,亦可怪矣。高祖离困者数矣,而留侯常有功力焉,岂可谓非天乎?"④无论是在彭城之战,还是在鸿门宴时,汉高祖屡次走向绝境,若非张良之计策,刘邦绝非能够轻易逃生。但所谓天意而为之,显然是司马迁带有个人感情色彩的评判。宋人刘辰翁曾评点曰:"此传从(车)[仓]海君力士、坯上父老以至四皓,[岂]必有姓名哉? 殆以天人助兴汉业,故屡见不为怪,末著子房学道,欲轻举,与黄石俱葬,首尾奇事。"⑤细细体味,显然不当。因为刘邦之所以能够得天下,显然与之能够善于用人有着深刻的关系。《留侯世家》前文记载:"良数以《太公兵法》说沛公,沛公善之,常用其策。良为他人言,皆不省。良曰:'沛公殆天

---

　　①《史记》卷三十八,中华书局1982年版,第1631页。

　　②《越王句践世家》载陶朱公的中子因为杀人于楚可能要被处死,陶朱公希望自己的好朋友庄生加以周旋,庄生希望通过楚王采用天下大赦的方式暗中解除陶朱公中子的危险,《越王句践世家》云:"庄生间时入见楚王,言'某星宿某,此则害于楚'。楚王素信庄生,曰:'今为奈何?'庄生曰:'独以德为可以除之。'楚王曰:'生休矣,寡人将行之。'"(《史记》卷四十一,中华书局1982年版,第1754页)尽管是记载传中人物的语言,但庄生用"德性"的行为来弥补天上凶象的不足还是侧面反映了编撰者的某些思想。

　　③潘啸龙:《论司马迁对"天命"的矛盾认识》,《安徽师范大学学报》1986年第2期,第4-9页。

　　④《史记》卷五十五,中华书局1982年版,第2049页。

　　⑤刘辰翁:《班马异同》卷五,文渊阁四库全书本。

授。'故遂从之,不去见景驹。"①刘邦与张良之间的默契显然是君臣遇合的一个典范。究其根本,还是与刘邦的善于用人有关。《陈丞相世家》记载其不拘一格使用陈平也是一证。

（三）《天官书》与"天人之际"的探讨

诚如上文所言,司马迁在探讨"天人之际"的问题上,能够用人事来分析的,他尽量不相信天命。对于天象中的荒诞之言,太史公显然是有所批判的。司马迁在《刺客列传》论赞中说:"世言荆轲,其称太子丹之命,'天雨粟,马生角'也,太过。"②这些违背正常自然状态的所有异象,司马迁在这里是表示不认可的。近人杨启高曾说:"中国历史思想,约有三期:天神之思想,一也;天神与人类之思想,二也;人类之思想,三也。《诗经》《尚书》属于一,盖其多言天为主宰,人反若受其护使者然,如《诗经》'维天之命',《尚书》'钦若昊天'皆是。《春秋》《左传》属于二,盖其多言天与人共为主宰,天之尊严似稍降,如'天方授楚','《春秋》上明三王之道,下辨人事之纪',皆是。《太史公书》属于三,司马迁虽云'究天人之际,通古今之变',当其'通古今之变',毕竟重于'究天人之际',观全书而知其然也。"③诚如此言,《史记》更多是记载作为人事的历史,考察的是人在历史演变过程中的作用。

---

①《史记》卷五十五,中华书局1982年版,第2036页。

②《史记》卷八十六,中华书局1982年版,第2538页。

③杨启高:《史记通论》之《类聚·史学》,清山阁1926年版,第268页。

# 第四章　《周易》对《史记》人事活动记载的影响

## 一、"进退盈缩,与时变化"——《史记》人生观与《周易》

《史记》是以人物为记载中心的纪传体通史,同时也开创了我国传记文学的先河。历史总是由人物活动演化出来的事迹联缀而成的。司马迁的《史记》提供了人物活动的大舞台,那么司马迁是如何评价他笔下所记载历史人物的人生态度呢?上文已经讨论,司马迁与《周易》有着极深远的学术渊源关系,太史公的人生观也深深打上了《易》学思想的烙印。通览整部《史记》,我们可以发现司马迁的人生观和《周易》所表现出来的人生观有很多相似的地方,这里试作一比较研究。

(一)"扶义俶傥,不令己失时,立功名于天下"与"天行健,君子以自强不息"

司马迁在《报任少卿书》里称:"古者富贵而名磨灭,不可胜记,唯俶傥非常之人称焉"[①],"人固有一死,死有重于泰山或轻于鸿毛,用之所趋异也"[②],表现出强烈的建功立业思想。他的父亲司马谈临终前执其手而泣曰:"扬名于后世,以显父母,此孝之大者。"[③]也表达了人要立功名于天下的热切期望。司马迁笔下的人物很多带有强烈的人生自强不息的色彩。他们一般都具有鸿鹄之志,不甘心于默默无闻。他们各以自己的业绩宣示于后人,留下了自己的声名,这和《易》宣扬刚健有为的人生观是一脉相承的。《周易·乾》九三卦爻辞:"君子终日乾乾,夕惕若厉,无咎。"[④]所谓"乾乾",就是指人以乾德自期,不倦怠,刚健中

---

① 司马迁《报任少卿书》,见萧统《文选》,上海古籍出版社1986年版,第1864页。

② 司马迁《报任少卿书》,见萧统《文选》,上海古籍出版社1986年版,第1860页。

③《太史公自序》,《史记》卷一百三十,中华书局1982年版,第3295页。

④ 魏王弼、韩康伯注,唐孔颖达等正义:《周易正义》卷一,《十三经注疏》,浙江古籍出版社1998年版,第13页。

正,不断努力。《周易》宣扬积极奋发的人生观,如说:"天行健,君子以自强不息。"①《释名·释天》:"天,《易》谓之乾。乾,健也;健行不息也。"②主张人生要努力奋斗,建立一番功业。

司马迁的人生观继承了这一思想。《太史公自序》云:"扶义俶傥,不令己失时,立功名于天下。"③司马迁接受了父亲的遗命编撰《史记》,作史的最初动机就是为了彰显这些建立功业的人物,其父司马谈就说:"且余尝掌其官,废明圣盛德不载,灭功臣世家贤大夫之业不述,堕先人所言,罪莫大焉。"④《史记》里许多人物都能自强不息,上至王侯将相,下至闾巷布衣,甚至如陈涉等甿隶之人皆有鸿鹄之志,也能"斩木为兵,揭竿为旗"⑤,首先发难,做起反秦的大事业。正因有如此功业,司马迁才将其列入世家。

当然,建功立业者务必要有隐忍的禀性,不能因小辱而失去建立功业的机会。为此,张仪可以力承掠笞之巨痛,范雎可以忍遭溲溺之大侮,韩信可以默受胯下之耻辱,他们皆能隐忍,砥行砺名,最终意气风发,留下自己的声名于后世。对此,韩信的感受非常典型。韩信做了楚王之后,"召辱己之少年令出胯下者以为楚中尉。告诸将相曰:'此壮士也。方辱我时,我宁不能杀之邪?杀之无名,故忍而就于此。'"⑥这很能说明韩信当初不杀市井无赖,实则是为了建立一番大功业的心态。《赵世家》写到赵鞅的太子毋恤受到智伯侮辱时的反应:"知伯醉,以酒灌击毋恤。毋恤群臣请死之。毋恤曰:'君所以置毋恤,为能忍诟。'"⑦表现出强烈的隐忍精神,故而能够成就一番功业。《张耳陈余列传》所载的一件事情也特别有趣味。张耳、陈余在受到秦王朝的追捕后,"张耳、陈余乃变名姓,俱之陈,为里监门以自食。两人相对。里吏尝有过笞陈余,陈余欲起,张耳蹑之,使受笞。吏去,张耳乃引陈余之桑下而数之曰:'始吾与公言何如?今见小辱而欲死一吏乎?'陈

---

① 魏王弼、韩康伯注,唐孔颖达等注:《周易正义》卷一,《十三经注疏》,浙江古籍出版社1998年版,第14页。

② 刘熙:《释天》,见王先谦撰集《〈释名〉疏证补》卷一,上海古籍出版社1984年版,第23页。

③《史记》卷一百三十,中华书局1982年版,第3319页。

④《史记》卷一百三十,中华书局1982年版,第3299页。

⑤《陈涉世家》,《史记》卷四十八,中华书局1982年版,第1964页。

⑥《淮阴侯列传》,《史记》卷九十二,中华书局1982年版,第2626页。

⑦《史记》卷四十三,中华书局1982年版,第1793页。

余然之"①。如果逞一时之意气，陈余很可能当时就因此受到惩罚，张耳、陈余也不会树立后来的功名。《管晏列传》中管子说过这样一段话，同样表达了忍小辱而树大功的思想："管仲曰：……公子纠败，召忽死之，吾幽囚受辱，鲍叔不以我为无耻，知我不羞小节而耻功名不显于天下也。"②鲁仲连也曾有言："且吾闻之，规小节者不能成荣名，恶小耻者不能立大功"，"以为杀身亡躯，绝世灭后，功名不立，非智也。故去感忿之怨，立终身之名；弃忿悁之节，定累世之功。是以业与三王争流，而名与天壤相弊也。"③说明古人对关涉国家、社会的功业是极其重视的。季布作为项羽阵营中的一员猛将，为何后来在项羽失败后甘为奴仆，司马迁在《季布栾布列传》的论赞中这样写道："以项羽之气，而季布以勇显于楚，身屦(典)军搴旗者数矣，可谓壮士。然至被刑戮，为人奴而不死，何其下也！彼必自负其材，故受辱而不羞，欲有所用未足也，故终为汉名将。"④正因为有了隐忍的功夫，季布才会有了在汉王朝的一番功绩⑤。故而司马迁在《伍子胥列传》的论赞中又说："向令伍子胥从奢俱死，何异蝼蚁。弃小义，雪大耻，名垂于后世，悲夫！方子胥窘于江上，道乞食，志岂尝须臾忘郢邪？故隐忍就功名，非烈丈夫孰能致此哉？"⑥司马迁对忍小辱、弃细名而建立大功业的人生取向进行了热情的歌颂⑦，也表明了自我的人生观，这与《易》的人生处世精神是一致的。

---

①《史记》卷八十九，中华书局1982年版，第2572页。

②《史记》卷六十二，中华书局1982年版，第2131-2132页。

③《鲁仲连邹阳列传》，《史记》卷八十三，中华书局1982年版，第2467-2468页。

④《史记》卷一百，中华书局1982年版，第2735页。

⑤有人认为这带有司马迁自托的倾向，凌约言说："太史公于凡士之隐忍而不死者，必啧啧不容口，岂其本志哉！无非欲以自明，是舒其愤闷无聊之情耳。"(转录凌稚隆辑校《史记评林》(第六册)卷一百，天津古籍出版社1998年版，第45页)丁晏也认为："史公论激昂悲愤，读之呜咽欲涕，言受辱而不羞，又言贤者诚重其死，皆为自家吐气。"(《史记余论·季布栾布列传》，见《历代名家评史记》，北京师范大学出版社1986年版，第354页)遭受"李陵之祸"而身被腐刑的司马迁之所以选择苟活，就是为了完成《史记》这部巨著的编撰，也是自我人生更大的功业所在。司马迁在《史记》中确实有借他人之行事来表明自我人生态度的倾向。

⑥《史记》卷六十六，中华书局1982年版，第2183页。

⑦《史记·鲁仲连邹阳列传》中鲁仲连以书信游说燕将的言辞中也谈到了管子、曹沫等人因隐忍而建立了大功名的事迹，并说道："规小节者不能成荣名，恶小耻者不能立大功。"(《史记》卷八十三，中华书局1982年版，第2467页)就是对这些人物为了能够建立功业而忍辱负重的人生秉性的总结。

（二）"见几而作"

《周易》的人生观还有一个思想，就是君子需要知几。所谓"几"者，就是事物变化之初所表露出来的征兆，也就是有一定的机会、机遇。《屯·六三》爻辞说："即鹿无虞，惟入于林中，君子几，不如舍，往吝。"[1]"即鹿"为逐鹿，"虞"为向导，这句话的意思是说，在没有虞人引导下到充满危险的密林中去捕获鹿，君子应知机而动，当舍则舍；如果坚持追下去，就会被困在林中，结果鹿没有获取，人反而必有咎难。六三爻辞的中心意旨是要求君子能够预见几微，知难而变。对于这一点，《系辞下》作了很好的引申："知几其神乎！君子上交不谄，下交不渎，其知几乎？几者，动之微，吉之先见者也。君子见几而作，不俟终日。"[2]"君子知微知彰，知柔知刚，万夫之望。"[3]知几，说到底，就是要求对事物的发展有预见性，要能见机而动。知几也是智者的一个先决条件，董仲舒曾曰："智者见祸福远，其知利害蚤（早），物动而知其化，事兴而知其归，见始而知其终……其动中伦，其言当务（笔者按：正合时务）。如是者谓之智。"[4]所言就是这样一个道理。

司马迁秉承了《周易》"见几而作"的思想，认为机遇对于一个人的成功非常重要。所谓"几"，实际上就是时间问题，我们现在"时机"连用，就是这样一个内涵。《史记》记载人物活动时，也非常突出这一点：人不但要有隐忍的精神，而且还要能够抓住机遇，"见几而作"，否则或一事无成，或身败名裂。

正因为万事万物是在变化中发展的，在某个时机事物可能发生本质的变化，人事变化也是如此。《吴太伯世家》在记载公子光派专诸刺杀王僚的事件进展时是这样叙写的："十二年冬，楚平王卒。十三年春，吴欲因楚丧而伐之，使公子盖余、烛庸以兵围楚之六、灊。使季札

---

① 魏王弼、韩康伯注，唐孔颖达等正义：《周易正义》卷一，《十三经注疏》，浙江古籍出版社1998年版，第20页。

② 孔颖达云："君子既见事之几微，则须动作而应之，不得待终其日，言赴几之速也。"（《系辞下》，参见魏王弼、韩康伯注，唐孔颖达等正义：《周易正义》卷八，《十三经注疏》，浙江古籍出版社1998年版，第88页）孔氏对这一段话的解释，是非常符合《周易》原意的。《周易》希望人们不要错过适当的时机，要能看到时机而马上付诸行动。

③《系辞下》，参见魏王弼、韩康伯注，唐孔颖达等正义：《周易正义》卷八，《十三经注疏》，浙江古籍出版社1998年版，第88页。

④ 董仲舒：《必仁且智》，参见苏舆撰，钟哲点校：《春秋繁露义证》卷八，中华书局1992年版，第258-259页。

于晋,以观诸侯之变。楚发兵绝吴兵后,吴兵不得还。于是吴公子光曰:'此时不可失也。'告专诸曰:'不索何获! 我真王嗣,当立,吾欲求之。季子虽至,不吾废也。'专诸曰:'王僚可杀也。母老子弱,而两公子将兵攻楚,楚绝其路。方今吴外困于楚,而内空无骨鲠之臣,是无奈我何!'"①专诸最终瞄准了时机刺杀了王僚,使公子光登上了王位。

越王句践放归三年,时吴王夫差赐杀伍子胥,"谀谀者众"。尽管如此,范蠡还是认为破吴的机会仍然没有到来,未可伐吴。直至次年春,"吴王北会诸侯于黄池,吴国精兵从王,唯独老弱与太子留守"。直到此时,范蠡才认为可以伐吴,吴师终于败绩,"遂杀吴太子"②。蔡泽之所以能够取代范睢获得相位,就是因为他"闻应侯(按:范睢的爵位)任郑安平、王稽皆负重罪于秦,应侯内惭",他"乃西入秦"。他利用范睢待罪之机,入秦夺相。而之前蔡泽非常落魄,基本不能成事,传载其"游学干诸侯,小大甚众,不遇","去之赵,见逐。之韩、魏,遇夺釜鬲于涂"③。最明显的是儒生叔孙通,他在秦汉相斗之际,一事无成,连弟子都私下责骂他。他解释说:"汉王方蒙矢石争天下,诸生宁能斗乎? 故先言斩将搴旗之士。诸生且待我,我不忘矣。"楚汉战争结束之后,汉定天下,而"群臣饮酒争功,醉或妄呼,拔剑击柱,高帝患之"。让叔孙通施展自己才能的时机终于来到,叔孙通"就其仪号",为汉王朝制定了一系列的礼仪制度,让刘邦真正感受到了当上皇帝的尊贵与威严! 叔孙通也因此获得了显贵的地位。司马迁在论赞中给予了这样的论断:"叔孙通希世度务制礼,进退与时变化,卒为汉家儒宗。"④张耳、陈余在劝说武臣自立为赵王时所说的一番话也很有意味:"乃说武臣曰:'陈王起蕲,至陈而王,非必立六国后。将军今以三千人下赵数十城,独介居河北,不王无以填之。且陈王听谗,还报,恐不脱于祸。又不如立其兄弟;不,即立赵后。将军毋失时,时间不容息。'"⑤就是希望武臣认准时机,能够及时成就事业,自己因此也能在事业上有所进展。《史记》中不少人物都曾对时机的重要性发表过诸如此类的感慨,又如《淮

①《史记》三十一,中华书局1982年版,第1463页。
②《越王句践世家》,《史记》卷四十一,中华书局1982年版,第1744页。
③《范睢蔡泽列传》,《史记》卷七十九,中华书局1982年版,第2418页。
④《刘敬叔孙通列传》,《史记》卷九十九,中华书局1982年版,第2721-2726页。
⑤《张耳陈余列传》,《史记》卷八十九,中华书局1982年版,第2575页。

阴侯列传》写到蒯通多次感叹："盖闻天与弗取,反受其咎;时至不行,反受其殃","夫功者难成而易败,时者难得而易失也。时乎时,不再来。愿足下详察之"①。

反之,有些人因为生不逢时,人生可能就会蹉跎、偃蹇,如李广无疑是一个擅长冲锋陷阵、勇于格斗的猛将,但生于以和平为主的汉文帝时期,可能就不得其时。"尝从行,有所冲陷折关及格猛兽,而文帝曰:'惜乎!子不遇时!如令子当高帝时,万户侯岂足道哉!'"②李广后来的人生轨迹也充分说明了这一点。

司马迁在《范睢蔡泽列传》的赞语中曾感慨道:"及二人羁旅入秦,继踵取卿相,垂功于天下者,固强弱之势异也。然士亦有偶合,贤者多如此二子,不得尽意,岂可胜道哉!"③没有机遇,使许多仁人志士毫无用武之地,人有无机遇和对机遇的把握可见是非常重要的。这和《周易》"见几而作"的思想毫无二致。

除了时间之外,空间也很重要,也即人物施展才能的国度、地域也会影响人物成功与否。司马迁在《李斯列传》中记载李斯在辞别其师荀卿时所说的一番话很能反映出一个人建功立业要特别注意时间、地点的选择,透视出"见几而作"另一层的具体内涵。"学已成,度楚王不足事,而六国皆弱,无可为建功者,欲西入秦。辞于荀卿曰:'斯闻得时无怠,今万乘方争时,游者主事。今秦王欲吞天下,称帝而治,此布衣驰骛之时而游说者之秋也。处卑贱之位而计不为者,此禽鹿视肉,人面而能强行者耳。故诟莫大于卑贱,而悲莫甚于穷困。久处卑贱之位,困苦之地,非世而恶利,自托于无为,此非士之情也。故斯将西说秦王矣。"④此段言语除反映了李斯强烈的建功立业思想之外,也表现了李斯对建立功业时间、地点敏锐的洞察力,这也是其后来能够建立一番功业的重要思想基础。

从宏观的社会环境来说,"见几而作"重要的关键点说到底就是要求人物能够因时而起,顺应时事。司马迁在评价萧何的功业时这样写道:"萧相国何于秦时为刀笔吏,录录未有奇节。及汉兴,依日月之末

---

① 《史记》卷九十二,中华书局1982年版,第2624-2625页。

② 《李将军列传》,《史记》卷一百九,中华书局1982年版,第2867页。

③ 《史记》卷七十九,中华书局1982年版,第2425页。

④ 《史记》卷八十七,中华书局1982年版,第2539-2540页。

光,何谨守管籥,因民之疾(奉)[秦]法,顺流与之更始。淮阴、黥布等皆以诛灭,而何之勋烂焉。位冠群臣,声施后世,与闳夭、散宜生等争烈矣。"①太史公认为萧何在秦朝时作为文吏基本上是很平庸的,却在反秦的时代背景下能够顺应潮流,成就了一番功业。

"见几而作"还要求人们在决断事务的时候能够当机立断,反之,则会丧失时机,有时甚至危国亡身。春申君之死就是因为他没有接受朱英的建议马上作出果断的决定,犹豫不决,优柔寡断,故而司马迁在《春申君列传》的论赞中写道:"吾适楚,观春申君故城,宫室盛矣哉! 初,春申君之说秦昭王,及出身遣楚太子归,何其智之明也! 后制于李园,旄矣。语曰:'当断不断,反受其乱。'春申君失朱英之谓邪?"②对春申君前后刚断与优柔的不同表现而影响了事业的成功与失败提出了自己的看法,可见决断是影响一个人事业成败的重要因素。

由此,因为主张"见几而作"的观念,司马迁在评价一个历史人物时往往能够将其放在具体的时代背景下去评说,这表现出太史公非常卓越的史家眼界。如《曹相国世家》在评价曹参时,写到了其休息无为的政治措施,司马氏这样评价道:"曹相国参攻城野战之功所以能多若此者,以与淮阴侯俱。及信已灭,而列侯成功,唯独参擅其名。参为汉相国,清静极言合道。然百姓离秦之酷后,参与休息无为,故天下俱称其美矣。"③在一场纷争战乱之后,太史公看到了休养生息政策对于民生的重要性,这也是曹参针对楚汉战争与汉初治理采取不同方式而最终都能够留下声名的重要原因。董份对司马迁的论赞之语评价甚高:"太史结赞语极有意味,盖黄老虽非治之正道,然休息疮痍,尤得政体。太史公岂专进黄老者哉?"④丁晏也认为:"案史公赞曹相国承秦法后,休息无为,最识治体,非徒以黄老清净,遂臻无事也。"⑤两人所论实际上能够看到司马迁根据时代的特殊性对人物作出客观评价,而不完全是从思想本身的是非作出判断。

---

① 《萧相国世家》,《史记》卷五十三,中华书局1982年版,第2020页。
② 《史记》卷七十八,中华书局1982年版,第2399页。
③ 《史记》卷五十四,中华书局1982年版,第2031页。
④ 转自凌稚隆辑校:《史记评林》(第四册)卷五十四,天津古籍出版社1998年版,第652—653页。
⑤ 丁晏:《史记余论·曹参世家》,见《历代名家评史记》,北京师范大学出版社1986年版,第518页。

（三）谦逊、礼让

《周易》的人生观的另一个重要方面就是要求君子具有谦虚的品质。为此，《易》专门设有《谦》卦来阐明谦虚的道理①，《谦》卦爻辞"谦，亨，君子有终"②。谦卦主亨通畅达，君子行"谦"，人生必定有好结果。《象》进一步解释说："天道下济而光明，地道卑而上行。天道亏盈而益谦，地道变盈而流谦，鬼神害盈而福谦，人道恶盈而好谦。谦，尊而光，卑而不可逾，君子之终也。"③大意是说人道厌恶盈满的，爱好谦虚的。天、地、鬼神，和人对待盈满与谦虚的态度是完全一致的，都倾向于"谦"，所以说"谦"是尊贵的、光明的。《谦》卦爻辞中具体地讲到谦虚的美德，首先君子要谦而又谦（初六爻辞，即"谦谦"），同时还要"鸣谦"（六二爻辞），"劳谦"（九三爻辞），"执谦"（六四爻辞），即有声望而"谦"，有功劳而"谦"，发奋而"谦"。如此，只有真正做到虚怀若谷，"君子"才能"有终"而"吉"。《谦》卦很特别，下三爻皆吉，上三爻皆利，六爻大吉，这在《易经》所有的卦爻辞中是独一无二的，《周易》认为只要做到"谦"，人生行事就能够一切顺利。可见古人非常重视"谦"的品质，谦虚作为"君子"的一种道德规范，是始自《易经》的。

同样，司马迁对于谦虚的品德极其重视，因为谦逊更能够使自己和别人和谐相处，创造出有利的发展条件，所谓"恭则不侮"④。《魏公子列传》写魏信陵君谦让礼士，"为人仁而下士，士无贤不肖皆谦而礼交之，不敢以其富贵骄士"，所以太史公对他推崇备至，"天下诸公子亦有喜士者矣，然信陵君之接岩穴隐者，不耻下交，有以也。名冠诸侯，不虚耳"⑤。司马迁对信陵君充满了爱意和敬意，书写信陵君人生行事时也极有声色，《魏公子列传》是司马迁赋予传主情感最深挚的传记之

①《序卦》："有大者不可以盈，故受之以谦。"（魏王弼、韩康伯注，唐孔颖达等正义：《周易正义》卷九，《十三经注疏》，浙江古籍出版社1998年版，第95页）可见"谦"是"盈"的对立面，含有"虚"意。我们现在所说的"谦虚""谦逊""谦让"等词，最早就来源于此。

②魏王弼、韩康伯注，唐孔颖达等正义：《周易正义》卷二，《十三经注疏》，浙江古籍出版社1998年版，第30页。

③魏王弼、韩康伯注，唐孔颖达等正义：《周易正义》卷二，《十三经注疏》，浙江古籍出版社1998年版，第31页。

④《阳货》，参见魏何晏等注，宋邢昺疏：《论语注疏》卷一七，《十三经注疏》，浙江古籍出版社1998年版，第2524页。

⑤《史记》卷七十七，中华书局1982年版，第2377，2385页。

一，与他对信陵君谦谦君子风范的仰慕有极大的关系。"信陵君是太史公胸中得意人，故本传亦太史公得意文。"①司马迁在这篇传记中以秀逸之笔，娓娓道来，高度突出了信陵君下交贫贱、虚衷折节的品格。《太史公自序》对信陵君表达了由衷的赞赏："能以富贵下贫贱，贤能诎于不肖，唯信陵君为能行之。"再如晏婴度量宏阔，其御者妻评价曰："志念深矣，常有以自下者。"为人谦逊恭让，善知人，所以太史公在论赞中写道："假令晏子而在，余虽为之执鞭，所忻慕焉。"②

司马迁对于因谦逊品德的丧失而导致人物的悲剧命运表示了深深的惋惜。韩信，一代名将，但因自傲，最终被夷三族，司马迁叹惜其不幸的结局，在论赞中写道："假令韩信学道谦让，不伐己功，不矜其能，则庶几哉，于汉家勋可以比周、召、太公之徒，后世血食矣。"③可以说，太史公对韩信在寄予同情的笔调时还给予了一定的批评。周亚夫同样因为依恃功伐自傲而亡身。"亚夫之用兵，持威重，执坚刃，穰苴曷有加焉！足己而不学④，守节不逊，终以穷困。悲夫！"⑤司马迁之所以作出如此的感发，完全是对亚夫不能持守谦逊品质的悲叹。尽管不能确定这种评判是否完全契合人物行迹的客观存在⑥，但从人物评判的立场来看，这也反映了司马迁对人生态度的一种看法。清人储欣说："功名威望，居之最难，惟谦逊退让，可以善始善终耳，然此非不学者所知也。太史公望淮阴以学道谦让，责绛侯、条侯以足己不学，守节不逊，旨哉言乎！"⑦太史公对人生谦虚品格的要求与《周易》所主张的人生秉性是相一致的。

故而，司马迁在书写传主的人生行事时，"谦让"也成了司马迁评价人物的一个重要参数。如齐国田穰苴固然通过诛庄贾、斩使者、拊循士卒等一系列方式，赢得了军威，获得了士卒们的拥护，但司马迁在

①茅坤：《史记钞》卷四五，明西吴闵氏刻本。

②《管晏列传》，《史记》卷六十二，中华书局1982年版，第2137页。

③《淮阴侯列传》，《史记》卷九十二，中华书局1982年版，第2630页。

④司马贞《史记索隐》注曰："亚夫自以己之智谋足，而[不]虚己(不)学古人，所以不体权变，而动有违忤。"(参见《史记》卷五十七，中华书局1982年版，第2080页)就是认为周亚夫太过自满，而不够谦虚。

⑤《绛侯周勃世家》，《史记》卷五十七，中华书局1982年版，第2080页。

⑥方孝孺认为周亚夫"求其所以事，确乎有大臣之风，景帝罪之者私恨也，为史者宜有以明之，而司马迁反诋之为'守节不逊，终以穷困'，呜呼！人臣如亚夫乃可谓之不逊乎！"(方孝孺：《条侯传论》，《逊志斋集》卷五，文渊阁四库全书本)

⑦储欣：《史记选》卷三《绛侯周勃世家》，嘉庆静远堂本。

论赞中对其还是有所批评,关键还是在于谦让的问题。司马迁说:"余读《司马兵法》,闳廓深远,虽三代征伐,未能竟其义,如其文也,亦少褒矣。若夫穰苴,区区为小国行师,何暇及《司马兵法》之揖让乎?世既多《司马兵法》,以故不论,著穰苴之列传焉。"①

(四)"进退盈缩,与时变化",全身而退的处世哲学

司马迁的处世哲学,同样深受易学的影响。《系辞下》:"危者,安其位者也;亡者,保其存者也;乱者,有其治者也。是故君子安而不忘危,存而不忘亡,治而不忘乱,是以身安而国家可保也。"②《既济》卦《象》曰:"君子以思患而豫防之。"③司马迁对待人生整个过程同样持有如此的看法。原始察终、见盛观衰、物极必反的哲理观念,使司马迁对人生道路的态度带有极大的易学色彩。其要求的人生境界正如蔡泽所讲:"富贵显荣,成理万物,使各得其所;性命寿长,终其天年而不夭伤;天下继其统,守其业,传之无穷;名实纯粹,泽流千里,世世称之而无绝,与天地终始:岂道德之符而圣人所谓吉祥善事者与?"④具体来说,其人生的处世哲学有以下内涵:

首先,"物极则衰",处在人生的巅峰,必须及时引退;否则很可能身败名裂,不得寿终。

关于功成身退的道理,司马迁在《范睢蔡泽列传》里通过蔡泽之口传达得最为明显,蔡泽对应侯(范睢)讲了三种人生状态:"身与名俱全者,上也;名可法而身死者,其次也;名有僇辱而身全者,下也。"并说:"语曰:'日中则移,月满则亏。'物盛则衰,天地之常数也。进退盈缩,与时变化,圣人之常道也。"日本人泷川资言考证曰:"《易·象传》:'日中则昃,月满则食,天地盈虚,与时消息。'蔡泽或读《易传》乎?"⑤太史公将其言语裁剪入传,从裁剪的角度来看,这或多或少也渗透了司马迁的思想。从哲学的高度上讲,事物发展到鼎盛的极点,必然要衰落;从现实的政治上讲,功高必威上,名隆定震主,所

①《司马穰苴列传》,《史记》卷六十四,中华书局1982年版,第2160页。

② 魏王弼、韩康伯注,唐孔颖达等正义:《周易正义》卷八,《十三经注疏》,浙江古籍出版社1998年版,第88页。

③ 魏王弼、韩康伯注,唐孔颖达等正义:《周易正义》卷六,《十三经注疏》,浙江古籍出版社1998年版,第72页。

④《范睢蔡泽列传》,《史记》卷七十九,中华书局1982年版,第2420页。

⑤ 泷川资言:《史记会注考证》卷七十九,文学古籍刊行社1955年版,第3472页。

谓"飞鸟尽，良弓藏；狡兔死，走狗烹"（见于《越王句践世家》，也见于《淮阴侯列传》，用词略异："狡兔死，良狗烹；高鸟尽，良弓藏；敌国破，谋臣亡。"）就是这个道理。蔡泽对范雎还说："《易》曰：'亢龙有悔'，此言上而不能下，信而不能诎，往而不能自返者也。"此引《乾·上九》卦爻辞"亢龙有悔"，《象》说："'亢龙有悔'，盈不可久也。""亢龙有悔"，其实是比喻巨龙腾跃过高，超过极限，必然向反面转化，故不可持久，物极必反，盛极而衰，所以有悔。反映到人事上，如果只知存而不知亡，只知得到而不知丧失，只知进而不知退，最终不会有什么好的结果，这是愚蠢的做法。范雎在蔡泽的劝导下，"遂称病笃"，在权力纷争的秦国，竟然能够得以寿终，这显然与其最后的处世抉择有深刻的关系。同样汉兴功臣多不得善终，然张良是少数例外之一。他在汉王朝建立后自我宣称："家世相韩，及韩灭，不爱万金之资，为韩报仇强秦，天下振动。今以三寸舌为帝者师，封万户，位列侯，此布衣之极，于良足矣。愿弃人间事，欲从赤松子游耳！"[1]在功成身退的处世态度之下，张良居然也能够得以善终。《绛侯周勃世家》载："文帝既立，以勃为右丞相，赐金五千斤，食邑万户。居月余，人或说勃曰：'君既诛诸吕，立代王，威震天下，而君受厚赏，处尊位，以宠，久之即祸及身矣。'勃惧，亦自危，乃谢请归相印。上许之。"[2]所记之事况既有功高震主的意味[3]，又有物盛则衰的哲学内涵。最潇洒自如的是范蠡，他侍从越王句践，帮助句践灭吴，"报会稽之耻"，"称上将军"。"范蠡以为大名之下，难以久居，且句践为人可与同患，难与处安"，遂"装其轻宝珠玉，自与其私徒属乘舟浮海以行，终不反"。范蠡之所以辞官，就是因为"大名之下，难以久居"，"大名"是物盛的标志。高贵的权势之下潜伏着衰亡的危机。后范蠡从商，"居无几何，致产数十万。齐人闻其贤，以为相。范蠡喟然叹曰：'居家则致千金，居官则至卿相，此布衣之极也。久受尊名，不祥。'乃归相印，尽散其财"[4]。"布衣之极"为卿相之尊是危险的，人生

---

① 《留侯世家》，《史记》卷五十五，中华书局1982年版，第2048页。

② 《史记》卷五十七，中华书局1982年版，第2072页。

③ 蒯通曾劝说韩信与项羽、刘邦三足鼎立，功高震主也是其立论的重要基础之一，他说："今足下戴震主之威，挟不赏之功，归楚，楚人不信；归汉，汉人震恐；足下欲持是安归乎？夫势在人臣之位而有震主之威，名高天下，窃为足下危之。"（《淮阴侯列传》，《史记》卷九十二，中华书局1982年版，第2625页）

④ 《越王句践世家》，《史记》卷四十一，中华书局1982年版，第1751-1752页。

到达极点就必然有所转化。范蠡深谙此中三昧,终于没有落到身诛名灭的境地。相反,尽管李斯也知道这个道理,当他儿子三川守李由告归咸阳时,李斯在家中摆设酒宴以迎接,"百官长皆前为寿,门廷车骑以千数"。李斯感叹道:"嗟乎! 吾闻之荀卿曰'物禁大盛'。夫斯乃上蔡布衣,闾巷之黔首,上不知其驽下,遂擢至此。当今人臣之位无居臣上者,可谓富贵极矣。物极则衰,吾未知所税驾也!"①李斯也在为自己未来的命运担忧,但是他还是难以舍弃自己一生非常注意的"爵禄之重",而最终被腰斩咸阳市,夷灭三族,实在可悲! 说到底,其人生行事没有遵从"物极则衰"的处世规律。

其次,视权禄如浮云。

《否》曰:"君子以俭德辟难,不可荣以禄。"②意思是说,作为一个君子仁人,应该以节俭为美德去克服困难,而不能以追求利禄为荣。

太史公素来对过于看重利禄的人物深恶痛绝,除了对礼的追求之外,还有对权禄的过度追求容易使人丧失理智。视爵禄如浮云者,莫过于鲁仲连。他功成不居,平原君欲封鲁连,"鲁连辞让者三,终不肯受"。又"以千金为鲁连寿"。"鲁连笑曰:'所贵于天下之士者,为人排患释难解纷乱而无取也。即有取者,是商贾之事也,而连不忍为也。'"后来他帮助田单攻下聊城,田单"欲爵之"。他逃逸到海上,并说:"吾与富贵而诎于人,宁贫贱而轻世肆志焉。"③清人尚镕曾说:"迁之意盖以士怀才抱智者,入世只有两途,能如仲连之轻富贵,则患不罗身,否则曳裾王侯之门,欲希荣而难免祸,大抵皆如邹阳耳。"④对权禄的过度追求,将会使自己身陷囹圄。张耳、陈余交恶,乃至陈余之死,就是因为他们各自太看重爵禄而影响了他们纯真的友情。对此,司马迁深深地叹惜道:"然张耳、陈余始居约时,相然信以死,岂顾问哉。及据国争权,卒相灭亡,何向者相慕用之诚,后相倍之戾也! 岂非以势利交哉?"⑤这就是利欲熏心的后果。故而,司马迁在《平准书》赞语中写道:"以礼义防于利",利是末,礼是本,以本防末,切不可舍本逐末,诚如上

①《李斯列传》,《史记》卷八十七,中华书局1982年版,第2547页。

②魏王弼、韩康伯注,唐孔颖达等正义:《周易正义》卷二,《十三经注疏》,浙江古籍出版社1998年版,第29页。

③《鲁仲连邹阳列传》,《史记》卷八十三,中华书局1982年版,第2465,2469页。

④尚镕:《史记辨正》卷七,持雅堂全集写本。

⑤《张耳陈余列传》,《史记》卷八十九,中华书局1982年版,第2586页。

文所说,这和《周易》的精神也是相通的。在《孟子荀卿列传》的序言中司马迁又这样感叹道:"余读《孟子》书,至梁惠王问'何以利吾国',未尝不废书而叹也。曰:嗟乎,利诚乱之始也! 夫子罕言利者,常防其原也。故曰'放于利而行,多怨'。自天子至于庶人,好利之弊何以异哉!"①司马迁可能是有感于功利性社会所存在的弊端②,同时也有可能受到了其师董仲舒的影响,宋人黄履翁说:"昔太史公读孟子书,至利国之对,而为之废卷太息,流涕而言之。彼盖有感当时功利之徒,而深信孟子塞原之论也。虽然,迁之学盖有自来也。董子尝有'正谊不谋利'之一言,诚得孔孟之余论,而迁从仲舒游,而得是言欤!"③所论有一定道理。

## 二、"《易》基《乾》《坤》"——《周易》与《史记》夫妇伦理观

### (一)"《易》基《乾》《坤》":司马迁的夫妇伦理观

《易》以乾、坤二元为基础,这是易学的一个根本观念。司马迁的易学思想同样也包含了这一点,因为《史记》从载体上来看还是历史事件的编撰,故而司马迁在《史记》中是通过具体的历史事况,结合了男女婚姻、夫妇家庭的问题来阐述这一观点的。他在《外戚世家》说:"故《易》基《乾》《坤》,《诗》始《关雎》,《书》美釐降,《春秋》讥不亲迎。夫妇之际,人道之大伦也。礼之用,唯婚姻为兢兢。夫乐调而四时和,阴阳之变,万物之统也。可不慎与? ……甚哉,妃匹之爱,君不能得之于臣,父不能得之于子,况卑下乎!"④这是司马迁对夫妇伦理考察后的一个基本观点,同时反映了司马迁对《周易》以乾、坤为基本二元的一个基本认识。《周易》从《乾》《坤》开始谈起,而"乾""坤"指向阴阳,放在家庭关系中分别代表了人伦中的男女夫妇,《周易》也是非常注重夫妇之

---

① 《史记》卷七十四,中华书局1982年版,第2343页。

② 由司马迁对"市利"的理解,我们可以看到司马迁对有些人物潜在是有所批判的。如《廉颇蔺相如列传》中写到廉颇在长平之战前后得失之势变化时门客的不同态度:"廉颇之免长平归也,失势之时故客尽去。及复用为将,客又复至。廉颇曰:'客退矣!'客曰:'吁! 君何见之晚也? 夫天下以市道交,君有势我则从君,君无势则去,此固其理也,有何怨乎?'"(《史记》卷八十一,中华书局1982年版,第2448页)对这种以功利为人生处世的立场,司马迁潜在是有讽刺意味的,也有可能渗透了自己在遭受"李陵之祸"之后无人援助悲凉心态的感受,带有反讽的格调。

③ 黄履翁:《古今源流至论》卷一《别集》,文渊阁四库全书本。

④ 《史记》卷四十九,中华书局1982年版,第1967页。

道的。夫妇之道是一切人伦的基础,只有处理好夫妇之间的关系,才能上升到家国之事。

从文化传统来看,儒家非常注重日常人伦的夫妇关系。《中庸》曾曰:"君子之道,造端乎夫妇;及其至也,察乎天地。"①不难看出,儒家将最高的君子道德修养和最基本的人伦夫妇关系紧密地联系在一起,并云:"天下之达道五,所以行之者三:曰君臣也,父子也,夫妇也,昆弟也,朋友之交也,五者天下之达道也。知、仁、勇三者,天下之达德也,所以行之者一也。"②有学者认为《中庸》虽非孔子所作,但表现了孔子的思想,故而认为:"孔子以夫妇关系作为君子之道的发端,无疑赋予其法的意义,将君子之道这种非制度性的道德观念赋予自然和社会法令意义,说明君子之道一方面出自人向善的本能,是人对那种无法名状且绝对本然的道德情感的感知,另一方面也是人类生存发展的理性要求。较之社会法,孔子在这里更多强调君子之道的自然法因素,因为自然法是稳定的、万古不易的永恒法,所以孔子以夫妇关系而非体现社会法的君臣关系来说明君子之道,从而强调君子之道在众多普泛道德中的法定性和永恒性,强调其与天地同理、与万世同久的存在之理,从而为中国古代精英阶层提供一种确定的行为指引,确保君子之道成为中华文明的推动力。"③这实际上为了表明夫妇关系的结合是顺乎自然的选择。进而言之,夫妇之间敦厚深挚的情感也是超越血缘、摆脱偏私的情感,这和君子保持坦荡、公正的仁爱之心是相通的。故而夫妇关系的处理得当与否也是君子修养深厚与否的主要体现。所以包括《周易》在内的儒家典籍非常注重夫妇关系的表现。如《诗经》中《周南》十一首诗歌中就有九首是表现男女情感的。《毛诗序》进行了连贯性的阐释:"《关雎》,后妃之德也,风之始也,所以风天下而正夫妇也,故用之乡人焉,用之邦国焉","先王以是经夫妇,成孝敬,厚人伦,美教化","《周南》《召南》,正始之道,王化之基,是以《关雎》乐得淑女以配君子,爱在进贤,不淫其色,哀窈窕思贤才而无伤善之心焉,是《关雎》之义也","《葛覃》,后妃之本也。后妃在父母家,则志在于女功之

---

① 参见朱熹:《四书章句集注》,中华书局1983年版,第23页。
② 朱熹:《四书章句集注》,中华书局1983年版,第28-29页。
③ 李湘水:《君子之道为何发端于夫妇——兼论孔子的夫妇观》,《理论界》2008年第1期,第120-121页。

事,躬俭节用,服浣濯之衣,尊敬师傅,则可以归安父母,化天下以妇道也","《卷耳》,后妃之志也,又当辅佐君子,求贤审官,知臣下之勤劳,内有进贤之志,而无险诐私谒之心,朝夕思念,至于忧勤也","《樛木》,后妃逮下也,言能逮下而无嫉妒之心焉","《螽斯》,后妃子孙众多也,言若螽斯不妒忌,则子孙众多也","《桃夭》,后妃之所致也。不妒忌,则男女以正。婚姻以时,国无鳏民也","《兔罝》,后妃之化也。《关雎》之化行,则莫不好德。贤人众多也","《芣苢》,后妃之美也,和平则妇人乐有子矣","《汝坟》,道化行也。文王之化行乎汝坟之国,妇人能闵其君子,犹勉之以正也"。《毛诗序》虽然是站在政教的角度上进行评论的,不过其立论的目的是突出后妃在日常生活中的重要性,可见,儒家是非常重视夫妇关系处理的。

故而,司马迁的夫妇伦理观尽管是直接建立在"《易》基《乾》《坤》"的思想基础之上,但和儒家其他典籍中所称扬的夫妇伦理关系是一脉相承的。

(二)夫妇关系的处理得当是王朝兴盛的基础

司马迁重视夫妇关系的思想在《五帝本纪》中通过帝尧考察舜来授以国政的具体历史事件加以了充分的阐释。尧在把自己的帝位禅让给舜之前,首先考察了舜对夫妇关系的处理能力。"于是尧妻之二女,观其德于二女。舜饬下二女于妫汭,如妇礼。尧善之","尧二女不敢以贵骄事舜亲戚,甚有妇道"①。正因为舜对夫妇之间的关系能够按照乾坤之德去处理,尧最后才委任舜以重要事务,授之以国政,可见尧对夫妇关系的融洽与否是非常看重的。司马迁通过如此细节的记载,实际上表露了自己的易学思想,这和《周易》原有的精神是相通的。《易经》下篇自《咸》始,《咸》云:"咸,感也。柔上而刚下,二气感应以相与。"②《序卦》说:"有夫妇,然后有父子;有父子,然后有君臣;有君臣,然后有上下;有上下,然后礼义有所错(措)。夫妇之道不可以不久也,故受之以《恒》。"③《荀子·大略》对《周易》此处所表现的思想做了进一

①《史记》卷一,中华书局1983年版,第21,33页。

② 魏王弼、韩康伯注,唐孔颖达等正义:《周易正义》卷四,《十三经注疏》,浙江古籍出版社1998年版,第46页。

③《序卦》,参见魏王弼、韩康伯注,唐孔颖达等正义:《周易正义》卷九,《十三经注疏》,浙江古籍出版社1998年版,第96页。

步阐明和延伸:"《易》之《咸》见夫妇。夫妇之道不可不正也,君臣、父子之本也。……聘士之义,亲迎之道,重始也。"①《周易》认为夫妇是社会人伦之始,这是天地之大本,也是社会法则最基本的层面,故《咸》之后为《恒》,所谓"恒"者,就是可以以之为长久不变的法则。司马迁《五帝本纪》对舜关于夫妇关系处理的记载正是以史实发挥了《周易》的这一思想。因此从国家政治来说,后妃的贤惠与否确实是能够深刻影响王朝政治的盛衰。《礼运》云:"夫妇和,家之肥也。"②《孔子家语·大昏解》进而言之:"天地不合,万物不生,大婚,万世之嗣也,君何谓已重乎?""内以治宗庙之礼,足以配天地之神;出以治直言之礼,足以立上下之敬。"③将夫妇关系处理得当与国家政教的治理紧密关联在一起。当然,儒家理想的夫妇关系就是夫义妇顺,男子要有关注社会的责任感,而女子则要忠诚顺从于男子。《史记》在其他相关史实的记载时也特别强调这一点,如《周本纪》写道:"太姜生少子季历,季历娶太任,皆贤妇人。"④正因为周部族几代明君的夫人贤淑厚德,促进了周部族日益强大,最终到文武的时代能够代商而建立自己的朝代。

(三)夫妇关系的扭曲是王朝衰亡的重要因素

从反面的角度上来说,国君如果不能正确处理夫妇关系,尤其是荒淫乱伦,最终导致的结果,小则亡身,大则亡国。此道理虽然易明,但诸多君王仍然难以避免,《陈杞世家》载:"厉公取蔡女,蔡女与蔡人乱,厉公数如蔡淫。七年,厉公所杀桓公太子免之三弟,长曰跃,中曰林,少曰杵曰,共令蔡人诱厉公以好女,与蔡人共杀厉公⑤而立跃,是为利公。"后又载:"十四年,灵公与其大夫孔宁、仪行父皆通于夏姬,衷其衣以戏于朝。泄冶谏曰:'君臣淫乱,民何效焉?'灵公以告二子,二子请杀泄冶,公弗禁,遂杀泄冶。十五年,灵公与二子饮于夏氏。公戏二子曰:'征舒似汝。'二子曰:'亦似公。'征舒怒。灵公罢酒出,征舒伏弩厩门射杀灵公。……征舒自立为陈侯。征舒,故陈大夫也。夏姬,御

① 王先谦:《荀子集解》卷十九,《诸子集成》第二册,上海书店1986年版,第326-327页。

② 汉郑玄注,唐孔颖达等正义:《礼记正义》卷二二,《十三经注疏》,浙江古籍出版社1998年版,第1427页。

③ 陈士珂:《〈孔子家语〉疏证》,商务印书馆1959年版,第19页。

④ 《史记》卷四,中华书局1983年版,第115页。

⑤ 《公羊传》就直接说:"淫于蔡,蔡人杀之。"(参见汉何休注,唐徐彦疏:《春秋公羊传注疏》卷四,《十三经注疏》,浙江古籍出版社1998年版,第2216页)

叔之妻,舒之母也。"①陈国政治历史的变化就充分说明了这一点,君臣对男女关系处理不当直接影响到了国家的稳定。

夫妇关系的不和谐,包括存在嫉妒、谗害等心理,甚至还可能对个人的人生轨迹产生深刻的影响,司马迁谈到黥布谋乱、造反的原因,认为根源上还是黥布处理夫妇关系不妥所致。《黥布列传》载:"布所幸姬疾,请就医,医家与中大夫贲赫对门,姬数如医家,贲赫自以为侍中,乃厚馈遗,从姬饮医家。姬侍王,从容语次,誉赫长者也。王怒曰:'汝安从知之?'具说状,王疑其与乱,赫恐,称病。王愈怒,欲捕赫。赫言变事,乘传诣长安。布使人追,不及。赫至,上变,言布谋反有端,可先未发诛也。"②黥布就是怀疑自己的手下与宠姬有私情,导致了下属到京城告发其谋反事情,故而司马迁在最后的论赞中说:"祸之兴自爱姬殖,妒媚生患,竟以灭国!"③

故而司马迁认为,人们讽刺时政往往是从夫妇之道开始的,《十二诸侯年表》序写道:"周道缺,诗人本之衽席,《关雎》作。"④《孔子世家》也云:"至幽厉之缺,始于衽席。"⑤国政时常在君王与妃匹关系的不当处理中走向衰亡。商纣王的灭亡就是一个典型的实例,《殷本纪》记载帝纣"好酒淫乐,嬖于妇人。爱妲己,妲己之言是从"⑥。完全听从于妇人之言来实施国家的政教必然导致国家的衰亡。说到底,司马迁是不主张女子参与朝廷政治的。武王伐纣,一再言之,"今殷王纣乃用其妇人之言,自绝于天,毁坏其三正","古人有言'牝鸡无晨。牝鸡之晨,惟家之索'⑦。今殷王纣维妇人言是用,自弃其先祖肆祀不答,昏弃其家国"⑧。换而言之,商朝灭亡很重要的因素是女子参与了国家政治。

---

①《史记》卷三十六,中华书局1983年版,第1577,1579页。

②《史记》卷九十一,中华书局1983年版,第2603-2604页。

③《史记》卷九十一,中华书局1983年版,第2607页。

④《史记》卷十四,中华书局1983年版,第509页。

⑤关于《关雎》之主旨,今古文诗学看法不太一样。司马迁对《关雎》的认识基本上是鲁诗的观点。《毛诗小序》则说:"《关雎》,后妃之德也,风之始也,所以风天下而正夫妇也。"(参见汉毛亨传,郑玄笺,唐孔颖达等正义:《毛诗正义》卷一之一,《十三经注疏》,浙江古籍出版社1998年版,第269页)但不管怎样去认识,它们都是以夫妇关系为出发点去阐述的,这是共同点。

⑥《史记》卷三,中华书局1983年版,第105页。

⑦《史记集解》引用了孔安国的解读,其云:"索,尽也。喻妇人知外事,雌代雄鸣,则家尽也。"(《史记》卷四,中华书局1983年版,第124页)显然也是对女性参政的批评。

⑧《史记》卷四,中华书局1983年版,第121-122页。

就国家层面来看,君王与妃匹之间的关系会延伸出外戚对国家政治的影响,《史记》集中在《外戚世家》讨论了这种影响下的历史状况。太史公认为外戚对时政产生好与坏的影响,最根本的还是与皇后本人的德性有关。皇后的一味放纵,很可能造成政局的动荡。对此,黄震评论道:"史于吕氏,讥以非天命孰能当之;于薄氏,称仁善;于窦氏,称退让。至王信好酒,田蚡、胜贪巧,则武帝母王太后之戚;卫青号大将军,霍去病号骠骑将军,则武帝妃卫皇后之戚;劝戒昭然,而外戚之敛肆,亦系于时君矣。"①《外戚世家》大抵就是对皇后德性不同因而外戚表现各异历史史实的书写。

## 三、"致天下之民,聚天下之货"——《周易》与《史记》经济思想

《系辞下》曰:"天地之大德曰生,⋯⋯何以聚人曰财,理财正辞,禁民为非曰义。"②经济因素关系一个国家乃至个人的生存命脉。物质生活的生产方式制约着整个社会生活、政治生活和精神生活的过程。司马迁在《货殖列传》和《平准书》里集中阐述了他的经济思想,这种思想明显对《周易》有所承袭,当然也有他自己的独到见解。

（一）"致天下之民,聚天下之货"的交换观念

《系辞上》云:"备物致用,立成器以为天下利。"③《系辞下》又曰:"日中为市,致天下之民,聚天下之货,交易而退,各得其所。"④这是一种相当开放的经济主张,因为各地有自己独特的地理环境,物品也有各自的特色,且社会分工又不一样,那么社会必然就存在交换。随着时代的推移发展,那种"民各甘其食,美其服,安其俗,乐其业,至老死不相往来"⑤的封闭的社会,实际上是行不通的。司马迁在《货殖列传》里说:"夫山西饶材、竹、榖、纑、旄、玉石;山东多鱼、盐、漆、丝、声色;江

---

① 黄震:《读史》,《黄氏日钞》卷四六,文渊阁四库全书本。
② 魏王弼、韩康伯注,唐孔颖达等正义:《周易正义》卷八,《十三经注疏》,浙江古籍出版社1998年版,第86页。
③ 魏王弼、韩康伯注,唐孔颖达等正义:《周易正义》卷七,《十三经注疏》,浙江古籍出版社1998年版,第82页。
④ 魏王弼、韩康伯注,唐孔颖达等正义:《周易正义》卷八,《十三经注疏》,浙江古籍出版社1998年版,第86页。
⑤ 陈鼓应:《老子注释及评介》,中华书局1983年版,第357页。

南出楠、梓、姜、桂、金、锡、连、丹沙、犀、瑇瑁、珠玑、齿革;龙门、碣石北多马、牛、羊、旃裘、筋角;铜、铁则千里往往山出棋置。此其大较也。皆中国人民所喜好,谣俗被服饮食奉生送死之具也。故待农而食之,虞而出之,工而成之,商而通之。此宁有政教发征期会哉?"①也就是说各地物产丰富而各自有自己的特点,人们生存必须要有一定的物资,这就需要农虞工商生产、交换和流通,并不强调何者为重,何者为轻。司马迁反对垄断,反对以国家名义经营物产,他对汉武帝进行盐铁官营,以国家权力打击工商业者,与民争利,使"中家以上大率破(产)"②的情况,提出了委婉的批评。

(二)"以礼义防于利"

战国时代,诸子百家争鸣,在争鸣所涉及的问题中,以"义利"之争最引人注意,因为这同各个阶级的切身利益密切相关。《易传》在治国施政和道德标准上基本坚持了儒家的标准。《乾》说"利者,义之和也","利物足以和义"③。《系辞下》则对见利忘义的行为提出了批判,其云:"小人不耻不仁,不畏不义,不见利不劝,不威不惩,小惩而大诫。"④大力称扬了君子重礼的修为,《序卦》云:"物畜然后有礼,故受之以履。"⑤《大壮》又曰:"君子以非礼弗履。"这与传统的以道德仁义为重、羞于言利的价值观念是一致的。司马迁却突破了此观念,在《史记》中破天荒地为商人专门设立了《货殖列传》,称赞了工商业主货殖的智慧与才干,并对经济活动与道德的关系作了深刻的探讨,他提出:"礼生于有,……人富有仁义附焉。""故曰:'仓廪实而知礼节,衣食足而知荣辱。'"进而他还提出了"本富为上,末富次之,奸富最下"的经济伦理观。他对那些侈谈仁义,鄙视言利,却无一技之长,困顿潦倒的愚儒进行了辛辣的讽刺与批评。他说:"无岩处奇士之行,而长贫贱,好语仁义,亦足羞也。"⑥"义"是一种道德规范,它

---

①《史记》卷一百二十九,中华书局1983年版,第3253-3254页。

②《史记》卷三十,中华书局1983年版,第1435页。

③魏王弼、韩康伯注,唐孔颖达等正义:《周易正义》卷一,《十三经注疏》,浙江古籍出版社1998年版,第15页。

④魏王弼、韩康伯注,唐孔颖达等正义:《周易正义》卷八,《十三经注疏》,浙江古籍出版社1998年版,第88页。

⑤魏王弼、韩康伯注,唐孔颖达等正义:《周易正义》卷九,《十三经注疏》,浙江古籍出版社1998年版,第95页。

⑥《货殖列传》,《史记》卷一百二十九,中华书局1983年版,第3272页。

属于上层建筑,是由一定的经济基础决定的,它的具体内容是随着社会经济关系的变革而变化的。故而"义"不是抽象的、超阶级的、永恒的范畴。

另外,司马迁并不是要求人们一味地追求物质利益。富利之心,人皆有之,是出于人的本性,但如果一味地任其发展,那必然引起相争,或武力强夺,或阴谋诈取,乱端萌生,因而司马迁非常反对奸富和与民争利。武帝与民争利最为明显,《平准书》实际上记载了武帝与民争利的事实,"大农之诸官尽笼天下之货物,贵即卖之,贱则买之。如此,富商大贾无所牟大利,则反本,而万物不得腾踊。故抑天下物,名曰'平准'"。从中可以看出,所谓的"平准"表面上是"抑天下物",实际上却是"笼天下利"。不难领会,司马迁的潜在之意是说武帝实际上为第一号大商人,是"奸富",是与民争利,司马迁批评说:"古者尝竭天下之资财以奉其上,犹自以为不足也。"①

对个人利益的过度追求必然对王朝的政治产生冲击,周厉王登基之后,"好利,近荣夷公",大夫芮良夫的一段谏言颇具代表性,其云:

> 夫利,百物之所生也,天地之所载也,而有专之,其害多矣。天地百物皆将取焉,何可专也? 所怒甚多,而不备大难。以是教王,王其能久乎? 夫王人者,将导利而布之上下者也。使神人百物无不得极。……今王学专利,其可乎? 匹夫专利,犹谓之盗,王而行之,其归鲜矣。②

利益因为天下所共有,王者将共有之利收入私人之囊中,必然对国家的盛衰产生深刻的影响,甚至能够导致亡国。周幽王时期,任用虢石父,"石父为人佞巧善谀好利,王用之"③,引起了老百姓极大的怨恨,这也是周幽王后来亡身的一个重要成因。

司马迁在《郑世家》的论赞中这样评价"利"对人及社会的冲击:"太史公曰:语有之,'以权利合者,权利尽而交疏',甫瑕是也。甫瑕虽

---

① 《史记》卷三十,中华书局1983年版,第1443页。
② 《周本纪》,《史记》卷四,中华书局1983年版,第141页。
③ 《周本纪》,《史记》卷四,中华书局1983年版,第149页。

以劫杀郑子内厉公,厉公终背而杀之,此与晋之里克何异?"①近人齐树楷认为:"利尽交疏,太史公屡叹之。《孟尝君传》《魏其武安传》《廉颇蔺相如传》《卫将军骠骑传》《平津主父传》《汲郑传》皆同,其于此有深慨耶?项刘时诸侯之从去,亦写之。异哉!"②所论甚是!

那么如何防止这种现象产生呢?司马迁在《平准书》论赞里说:"以礼义防于利。"利是末,礼是本,以本防末,切不可舍本逐末。司马迁在《魏世家》中还借用孟轲的言论来表明其对礼与利之间关系的看法:"惠王数被于军旅,卑礼厚币以招贤者。邹衍、淳于髡、孟轲皆至梁。梁惠王曰:'寡人不佞,兵三折于外,太子虏,上将死,国以空虚,以羞先君宗庙社稷,寡人甚丑之。叟不远千里,辱幸至弊邑之廷,将何以利吾国?'孟轲曰:'君不可以言利若是。夫君欲利则大夫欲利,大夫欲利则庶人欲利,上下争利,国则危矣。为人君,仁义而已矣,何以利为!'"③作为国家的统治者还是应当以礼为根本的基础,要以礼来防止利益驱动对人心带来过度的侵害。

①《史记》卷四十二,中华书局1983年版,第1777页。

②齐树楷:《史记意·郑世家第十二》,见《历代名家评史记》,北京师范大学出版社1986年版,第479-480页。

③《史记》卷四十四,中华书局1983年版,第1847页。

# 第五章 《史记》评价历史事件或人物所用《周易》法与《周易》语考

上文已说，司马迁父亲司马谈"受《易》于杨何"，易学对司马谈影响极大，司马迁承继了家学的影响，在评价历史事件或人物时常常直接运用了《周易》认识问题的方法或引用了《周易》的语言。

首先，司马谈父子讨论历史事件、人物乃至学术的方法，直接源自《易·系辞下》。

司马谈"论六家之要旨"开宗明义地说："《易大传》：天下一致而百虑，同归而殊途。"①（《系辞下》所写正好是倒文，"天下同归而殊途，一致而百虑"②，意思是相同的。）基于这样一个方法论，司马谈在讨论六家思想的时候，认为各家思想阐发的目的是一致的，只是方式有繁省不同而已，其云："夫阴阳、儒、墨、名、法、道德，此务为治者也，直所从言之异路，有省不省耳。"③这虽然是司马谈的思想，但正如上文所述，司马迁承继了深厚的家学渊源，其作史的最初动机，完全是为了完成父亲的遗命，其思想也受到了父亲的深刻启蒙。我们如果仔细阅读《史记》文本，可以发现，《史记》在论学、论治、论术等方面的问题上，大抵采用了"同归而殊途、一致而百虑"的方法。《司马相如列传》论赞说道："《大雅》言王公大人而德逮黎庶，《小雅》讥小己之得失，其流及上。所以言虽外殊，其合德一也。"④在司马迁看来，虽然大小《雅》表现"德"的方式不一样，但它们最终都归之于"德"，本质上就是"殊途而同归"。《滑稽列传》引用孔子的话说："六艺于治一也。"⑤也就是说，儒家的各种经艺之用途都可以归结于"治"，进而司马迁延伸到滑稽者之

---

① 《太史公自序》，《史记》卷一百三十，中华书局1982年版，第3288页。

② 魏王弼、韩康伯注，唐孔颖达等正义：《周易正义》卷八，《十三经注疏》，浙江古籍出版社1998年版，第87页。

③ 《太史公自序》，《史记》卷一百三十，中华书局1982年版，第3288-3289页。

④ 《史记》卷一百一十七，中华书局1982年版，第3073页。

⑤ 《史记》卷一百二十六，中华书局1982年版，第3197页。

· 69 ·

言,认为它们也与"治"有极大的关联,只不过表现的方式相异而已,"太史公曰:天道恢恢,岂不大哉!谈言微中,亦可以解纷"①。司马贞《史记正义》解道:"言六艺之文虽异,《礼》节《乐》和,导民立政,天下平定,其归一揆。至于谈言微中,亦以解其纷乱,故治一也。"②所以滑稽者之作用同样不可小视,司马迁专门为他们设立类传:《滑稽列传》,大概也包含了易学这一考虑问题的方法思想的促进因素。《高祖功臣侯者年表》序说:"居今之世,志古之道,所以自镜也,未必尽同。帝王者各殊礼而异务,要以成功为统纪。"③帝王的礼仪、事务等也许不同,但司马迁认为可以用成功作为统率的标准来考察,我们同样能够窥见上述易学思考问题的方法在潜移默化地起作用。《龟策列传》言夏、殷、周卜筮,谓"大小先后,各有所尚,要其归等耳",又云"化分为百室,道散而无垠,故推归之至微,要絜于精神也"④,说明各个时代虽然卜筮方式不一样,但归根结底都趋向于"精神"。我们同样在《太史公自序》对传记的要旨作叙录性的提要时能够感受到这一方法的影子,如"齐、楚、秦、赵为日者,各有俗所用。欲循观其大旨,作《日者列传》第六十七","三王不同龟,四夷各异卜,然各以决吉凶。略窥其要,作《龟策列传》第六十八"⑤,都是《周易》思考问题方法的实际运用。

从上面所举《史记》诸多事例中,我们明显可以看到司马迁接受了"一致而百虑,同归而殊途"易学思想体察现象的方法。这样的方法使司马迁在撰写《史记》时,能够透过现象深入本质,使《史记》具有很高的史识,具有比其他史书更浓厚、更深层的学术意味。

其次,《史记》屡次使用《易》语评价事件或人物。

《伯夷列传》引用贾谊之言:"同明相照,同类相求。""云从龙,风从虎,圣人作而万物睹。"这虽是贾氏之言,但实际上是引用了《乾》中"子曰:'同声相应,同气相求。水流湿,火就燥。云从龙,风从虎,圣人作而万物睹。"⑥目的是用来说明伯夷、叔齐这样的贤者是因为得到圣人

---

①《滑稽列传》,《史记》卷一百二十六,中华书局1982年版,第3197页。

②泷川资言:《史记会注考证》卷一百二十六,文学古籍刊行社1955年版,第5032页。

③《史记》卷十八,中华书局1982年版,第878页。

④《史记》卷一百二十八,中华书局1982年版,第3224页。

⑤《史记》卷一百三十,中华书局1982年版,第3318页。

⑥魏王弼、韩康伯注,唐孔颖达等正义:《周易正义》卷一,《十三经注疏》,浙江古籍出版社1998年版,第16页。

孔子的称赞而名扬后世。

《屈原贾生列传》中引："《易》曰：'井泄不食，为我心恻，可以汲。王明，并受其福。'王之不明，岂足福哉！"所引是《井》卦爻辞。（泄，《易》作"渫"，上古汉语通用。）此承上文楚怀王因不知听从人言而获祸，后文接着又说"王之不明，岂足福哉"，此言楚怀王以偏听不明而丧福。因而司马迁认为："怀王以不知忠臣之分，故内惑于郑袖，外欺于张仪，疏屈平而信上官大夫、令尹子兰。兵挫地削，亡其六郡，身客死于秦，为天下笑。此不知人之祸也。"①对楚怀王昏昧忠奸不分提出了批评。

《楚元王世家》论赞写道："国之将兴，必有祯祥，君子用而小人退。国之将亡，贤人隐，乱臣贵。"此语本乎《周易·坤》"天地闭，贤人隐"之义，司马迁引用这段文字用意在于借以指明何为国家兴亡的征兆。

《春申君列传》载黄歇上秦王书，黄氏云："《诗》曰：'靡不有初，鲜克有终。'《易》曰：'狐涉水，濡其尾。'此言始之易，终之难也。"《周易》是通过形象的比喻来说明人生的道理，狐狸爱惜其尾，每当涉水时，则把尾巴翘起，不使它潮湿，但在极困难的时候，也不得不沾濡尾巴。黄歇所引《周易》之语出自《未济》："未济，亨。小狐汔济，濡其尾，无攸利。《象》曰：'未济，亨，柔得中也。小狐汔济，未出中也。濡其尾，无攸利，不续终也。"这是黄歇用来劝说秦王要慎始慎终，不要以力臣服天下，如同狐狸对待尾巴不能始终如一。

《范雎蔡泽列传》中蔡泽劝退范雎时曾引《周易》之言，"《易》曰'亢龙有悔'，此言上而不能下，信而不能诎，往而不能自返者也。愿君孰计之。"此引《乾》爻辞"亢龙有悔"，《文言》云："子曰：'贵而无位，高而无民，贤人在下位而无辅，是以动而有悔也。'"意谓一个人如果只知保全而不知危亡，只知得到而不知丧失，只知一味前进而不知适当后退，这是非常愚蠢的观念，会带来危险的后果。通过一番具有哲理意味的交流，蔡泽由此劝退了身居相位的范雎，并取而代之，成就了自己的功名。

最后，《周易》的忧患意识对《史记》的编撰也产生了深刻的影响。

---

①《史记》卷八十四，中华书局1982年版，第2485页。

　　《周易》在司马迁的心目中具有极高的地位，由此对他的立言事业也产生了非常深刻的影响。周公、文王、孔子等在困境中奋起著述的精神同样是促进司马迁在遭遇了"李陵之祸"后以极大的毅力完成编撰《史记》一个强有力的精神支柱。同时《系辞下》曰："《易》之兴也，其于中古乎？作《易》者，其有忧患乎？"[①]《周易》所包涵的强烈的忧患意识，到了司马迁的《史记》中则演化为非常深沉的历史意识，《史记》修撰的目的就是要"述往事，思来者"，垂法于后世，同样和《周易》立言的精神是相通的。清人包世臣认为《史记》"明为百王大法，非一代良史而已"[②]，可谓触及了《史记》的思想精髓。

---

　　① 魏王弼、韩康伯注，唐孔颖达等正义：《周易正义》卷八，《十三经注疏》，浙江古籍出版社1998年版，第89页。

　　② 包世臣：《论史记六国表叙》，《安吴四种》之《艺舟双楫》卷二，李星点校，吴孟复、贾文昭审订：《包世臣全集》，黄山书社1993年版，第281页。

# 下 篇

## 《史记》与《春秋》

# 第六章 《史记》与"继《春秋》"

## ——兼论司马迁的《春秋》学思想

近人刘咸炘曾说:"太史公之书,上续《尚书》《春秋》,端在于此,正百家而明古今之变,正所以继经也。……若舍此而谓尚别有微旨,则必玄怪不近情理之论,纵使言之成理,未必史公之本意也。"①刘氏所言实际上是把司马迁修撰《史记》当作著经的事业来对待,这种认识是较为深刻的,因为司马迁本人确实将其修撰《史记》等同于孔子作《春秋》。齐树楷也云:"《史记》一书,综若干年之事,而审察其终始中间递嬗转化之迹,令人详观,而有以处之至当。则亦经之用矣。"②同样强调了《史记》的经世致用性质。《史记》为何能够达到这样的高度?除了《周易》哲学思想对《史记》的深刻影响之外,诚如上所言,与孔子作《春秋》的内在精神也有着极为紧密的关系!

众所周知,从司马迁创作《史记》的表层缘由来看,这是司马迁直接接受了其父司马谈的遗命,但从内在的心理机制上而言,却是潜在地受到了孔子作《春秋》的影响③。他在《太史公自序》篇中这样写道:

> 太史公曰:"先人有言:'自周公卒五百岁而有孔子。孔子卒后至于今五百岁,有能绍明世,正《易传》,继《春秋》,本《诗》《书》《礼》《乐》之际?'意在斯乎!意在斯乎!小子何敢让焉。"④

---

① 刘咸炘:《太史公书知意·序论》,《推十书》(增补全本),上海科学技术文献出版社2009年版,第6页。

② 齐树楷:《史记意·史记读法一》,见于《历代名家评史记》,北京师范大学出版社1986年版,第40页。

③ 司马迁对《春秋》的极度重视,在《史记》书写的过程中能够得到潜在的体现,《周本纪》载:"四十九年,鲁隐公即位。"(《史记》卷四,中华书局1982年版,第150页)又载:"(周敬王)四十一年,楚灭陈。孔子卒。"(《史记》卷四,中华书局1982年版,第157页)特别提出了鲁隐公登基,而不及其他国君,就是因为孔子《春秋》是以隐公元年开端的。

④ 《史记》卷一百三十,中华书局1982年版,第3296页。

　　这一段话语透露了司马迁的《史记》和儒家六艺之间有深刻的内在关系,当然也包括和孔子作《春秋》之间一脉相承的渊源联系。一言以蔽之,司马迁是以孔子作《春秋》的使命感来要求自己的①。清人姚永概曾说:"'君子疾殁世而名不称焉'至篇终,乃叙己作《史记》上述《春秋》之意,青云之士实以自况。考《孔子世家》云,子曰:'弗乎! 弗乎! 君子病没世而名不称焉。吾道不行矣,吾何以自见于后世哉?'乃因史记作《春秋》云云,史公两引斯语,皆以《史记》本《春秋》也。"②姚氏的解读充分说明了《史记》与《春秋》之间的内在关系。

　　那么在讨论《史记》是如何受到《春秋》影响之前,我们首先要探讨的是孔子缘何修撰《春秋》。我们来看看司马迁是如何认识这个问题的,他在回答上大夫壶遂云:

　　　　余闻董生曰:"周道衰废,孔子为鲁司寇,诸侯害之,大夫雍之。孔子知言之不用,道之不行也,是非二百四十二年之中,以为天下仪表,贬天子,退诸侯,讨大夫,以达王事而已矣。"子曰:"我欲载之空言,不如见之于行事之深切著明也。"夫《春秋》,上明三王之道,下辨人事之纪,别嫌疑,明是非,定犹豫,善善恶恶,贤贤贱不肖,存亡国,继绝世,补敝起废,王道之大者也。《易》著天地阴阳四时五行,故长于变;……《春秋》辩是非,故长于治人。是故《礼》以节人……《春秋》以道义。拨乱世反之正,莫近于《春秋》。《春秋》文成数万,其指数千。万物之散聚皆在《春秋》。《春秋》之中,弑君三十六,亡国五十二,诸侯奔走不得保其社稷者不可胜数。察其所以,皆失其本已。故《易》曰:"失之豪厘,差以千里"。故曰:"臣弑君,子弑父,非一旦一夕之故

---

　　①清人郭嵩焘认为:"(案)厉王奔于彘而君臣之分渎,纪纲坏失,周道遂不可振,史公谱《三代世表》讫于共和,而用为诸侯年表之原始,盖有深意存焉,《年表》序所以专致慨于厉王也。其谱十二诸侯,归本孔子《春秋》。史公之著《史记》自以为继《春秋》而作,以明著书之旨也,而因采取诸子之名为《春秋》者论次之,赞语著明诸家得失,以自证其上拟《春秋》之义,言微而旨远矣。"(《史记札记》卷二《十二诸侯年表》,商务印书馆1957年版,第100页)认为史书甚多,但司马迁真正信奉的还是孔子的《春秋》。近人刘咸炘也说:"合年月、世谥为谱而述盛衰大指,兼历人数家而凭儒者,以综始终也。因记十二诸侯本《春秋》,故叙《春秋》以明己之家法。"(《太史公书知意·表·十二诸侯年表》,《推十书》(增补全本),上海科学技术文献出版社2009年版,第45页)

　　②姚永概:《慎宜轩笔记》卷四,民国丙寅(1926年)活字木刻本。

也,其渐久矣。"故有国者不可以不知《春秋》,前有谗而弗见,后有贼而不知。为人臣者不可以不知《春秋》,守经事而不知其宜,遭变事而不知其权。为人君父而不通于《春秋》之义者,必蒙首恶之名。为人臣子而不通于《春秋》之义者,必陷篡弑之诛,死罪之名。其实皆以为善,为之不知其义,被之空言而不敢辞。夫不通礼义之旨,至于君不君,臣不臣,父不父,子不子。夫君不君则犯,臣不臣则诛,父不父则无道,子不子则不孝。此四行者,天下之大过也。以天下之大过予之,则受而弗敢辞。故《春秋》者,礼义之大宗也。夫礼禁未然之前,法施已然之后。法之所为用者易见,而礼之所为禁者难知。①

　　孔子著《春秋》是有经世致用之目的,是为君王治理国家服务的,司马迁在《儒林列传》中就写道:"世以混浊莫能用,是以仲尼干七十余君无所遇,曰'苟有用我者,期月而已矣'。西狩获麟,曰'吾道穷矣'。故因史记作《春秋》,以当王法,以辞微而指博,后世学者多录焉。"②尽管孔子几乎没有实际从政的经历,但其作《春秋》毫无疑问是作为从政的纲领提出来的③。司马迁甚至将其提升到与汤武革命相比肩,其云:"桀、纣失其道而汤、武作,周失其道而《春秋》作。秦失其政,而陈涉发迹。"④司马迁修撰《史记》,潜在地也是为了实际的政治功用服务的,袁宏说:"夫史传之兴,所以通古今而笃名教也。丘明之作,广大悉备。史迁剖判六家,建立十书,非徒纪事而已,信足扶明义教,网罗治体。"⑤

　　关于司马迁对《春秋》的理解⑥,学界多以为其受到了董仲舒公羊学派理念的影响,这里我们不再赘述,笔者主要阐述的是司马迁对《春

　　①《太史公自序》,《史记》卷一百三十,中华书局1982年版,第3297-3298页。

　　②《史记》卷一百二十一,中华书局1982年版,第3115页。

　　③此点多为后世治经者所认可,宋人黄震说:"(盖)吾夫子病纷纷者之诬民也,讨论坟典,断自唐虞以下,讫乎周。周衰,不足以训,复约史记以修《春秋》,百王之大法尽在是矣。"(《史惑》,《黄氏日钞》卷四七,文渊阁四库全书本)

　　④《太史公自序》,《史记》卷一百三十,中华书局1982年版,第3310页。

　　⑤袁宏:《后汉纪·叙》,见周天游:《〈后汉纪〉校注》,天津古籍出版社1987年版,第2页。

　　⑥关于《春秋》"道义"的功能,司马迁在《滑稽列传》中表达了同样的观念,其云:"孔子曰:'六艺于治一也。《礼》以节人,《乐》以发和,《书》以道事,《诗》以达意,《易》以神化,《春秋》以道义。'"(《史记》卷一百二十六,中华书局1982年版,第3197页)六经的具体功能虽然各有个性,但说到底都是指向国家治理的。

秋》的理解在《史记》行文中的具体表现①，包括《春秋》思想的影响、书写笔法的濡染及其变化等诸多方面。故而明人黄佐说："不宗其景迹，而宗其时义，迁盖善学《春秋》者也。"②

---

① 从文献学的角度分析《史记》和《春秋》之间的关系，包括两者之间的差误，前人也有所研究。因本书主要着力于思想研究，故而不再详加讨论。

② 黄佐：《庸言》卷九，见《历代名家评史记》，北京师范大学出版社1986年版，第20页。

# 第七章 《春秋》"上明三王之道"及其对《史记》的影响

　　诚如上文所言,司马迁认为《春秋》的宗旨之一就是"上明三王之道",《十二诸侯年表》又云"太史公读《春秋历谱谍》,至周厉王,未尝不废书而叹也。……是以孔子明王道,干七十余君,莫能用,故西观周室,论史记旧闻,兴于鲁而次《春秋》,上记隐,下至哀之获麟,约其辞文,去其烦重,以制义法,王道备,人事浃"①,也意在言明《春秋》是在发扬"王道"的。故而"王道"是关涉《春秋》主旨的一个重要关键词。

## 一、《史记》之前关涉"王道"的学术史考察

　　"王道"这一个概念实际上并不是孔子直接提出来的,它首先来源于《洪范》:"无偏无党,王道荡荡。"②孔子本人也并未具体讨论过王道的内涵,《论语》只是在孔子学生的口中提到过类似的概念,《学而》载:"有子曰:'礼之用,和为贵。先王之道斯为美,小大由之。有所不行,知和而和,不以礼节之,亦不可行也。'"③这也仅仅是说到前代的圣王所实行的治国之道,并未指明其包含的意蕴。孟子将其与"霸道"相对而论,作为以仁政为核心的一种政治理想提出来的,《梁惠王上》:"谷与鱼鳖不可胜食,材木不可胜用,是使民养生丧死无憾也。养生丧死无憾,王道之始也。"④在孟子所表现的思想理念中,"仁政""王政""王

---

　　①《史记》卷十四,中华书局1982年版,第509页。

　　②汉孔安国传,唐孔颖达等正义:《尚书正义》卷一二,《十三经注疏》,浙江古籍出版社1998年版,第190页。

　　③魏何晏等注,宋邢昺疏:《论语注疏》卷一,《十三经注疏》,浙江古籍出版社1998年版,第2458页。

　　④汉赵岐注,宋孙奭疏:《孟子注疏》卷一上,《十三经注疏》,浙江古籍出版社1998年版,第2666页。

道""先王之道"等基本上是等同的①。孟子的王道思想主要包括以下内涵：要有"恒产"；"养生送死无憾"；徭役赋税要有定制；轻刑罚；以不忍人之心来推行政治措施；以孝悌为核心。总之，在政治理念上，王道就是要"君主以民为本""民自有其本"②。应当说这个观念是非常具有革命性的。这在司马迁《史记》"王道"的理念中得到了很好的融合与吸收。

到了汉代，尤其是汉武时期，帝国的政治更多的是受到了儒家思想的影响，而影响最为深刻的应当就是《春秋》所包孕的思想，《儒林列传》载："言《春秋》于齐鲁自胡毋生，于赵自董仲舒。及窦太后崩，武安侯田蚡为丞相，绌黄老、刑名百家之言，延文学儒者数百人，而公孙弘以《春秋》白衣为天子三公，封以平津侯。天下之学士靡然乡风矣。"③尽管此时孔子《春秋》已经经过了当代性的改造，但毫无疑问孔子所作《春秋》的根本精神还是存在的④。当然汉代所受《春秋》学影响最为深刻的还是董仲舒所传授的公羊春秋学⑤。董氏所授公羊春秋学的队伍最为庞大，影响也很广泛而深刻。《儒林列传》载："步舒至长史，持节使决淮南狱，于诸侯擅专断，不报，以《春秋》之义正之，天子皆以为是。"⑥司马迁本人受其师董仲舒《春秋》公羊学之影响也非常深刻，真德秀云："仲舒此论（按：指董仲舒公羊《春秋》之文），见于《太史公自序》，其学粹矣。太史公曰'余闻之董生'，则迁与仲舒盖尝游，从而讲论也。"⑦《太史公自序》可以说是部分地阐述了司马迁对《春秋》公羊学的理解。司马迁受《春秋》公羊学的影

① 和孔子所倡明的"三王之道"稍有差异的是，孟子甚至将王道提前到之前的"尧舜之道"，《离娄上》云："尧舜之道，不以仁政，不能平治天下。"（《孟子注疏》卷七上，《十三经注疏》，浙江古籍出版社1998年版，第2717页）《万章上》又曰："伊尹耕于有莘之野，而乐尧舜之道焉。"（《孟子注疏》卷九下，《十三经注疏》，浙江古籍出版社1998年版，第2738页）《告子下》又云："尧舜之道，孝悌而已矣。"（《孟子注疏》卷一二上，《十三经注疏》，浙江古籍出版社1998年版，第2755页）

② 参见龚群：《论先秦儒家的王道观念》，《哲学研究》2005年第12期，第51-54页。

③《史记》卷一百二十一，中华书局1982年版，第3118页。

④ 公孙弘的《春秋》学更多的是受到了齐人胡毋生《春秋》学的影响，《史记·儒林列传》关于《春秋》在汉代的传授体系有所交代。

⑤ 汉代文人大多数皆习《春秋》，如《酷吏列传》载："始长史朱买臣，会稽人也。读《春秋》。"（《史记》卷一百二十二，中华书局1982年版，第3143页）后来补《史记》的褚少孙也说："臣以通经术，受业博士，治《春秋》，以高第为郎，幸得宿卫，出入宫殿中十有余年。"（《龟策列传》，《史记》卷一百二十八，中华书局1982年版，第3225页）

⑥《史记》卷一百二十一，中华书局1982年版，第3129页。

⑦ 真德秀：《文章正宗》卷一，文渊阁四库全书本。

响有时在《史记》的文本中就可以看出,如《三王世家》写道:"昔五帝异制,周爵五等,春秋三等,皆因时而序尊卑。高皇帝拨乱世反诸正,昭至德,定海内,封建诸侯,爵位二等。"①其中"拨乱世反诸正"就是直接源自《春秋公羊传·哀公一四年》②。《匈奴列传》云:"汉既诛大宛,威震外国。天子意欲遂困胡,乃下诏曰:'高皇帝遗朕平城之忧,高后时单于书绝悖逆。昔齐襄公复百世之仇,《春秋》大之。'是岁,太初四年也。"其中"复百世之仇"的文字就是源于董仲舒《春秋公羊传》,其曰:"九世犹可以复仇乎?虽百世可也。"③

实际上,"王道"作为一个重要的理念④被充分加以阐释的就是在董仲舒手中完成的,《春秋繁露·俞序》写道:"故次以《春秋》缘人情,赦小过,而《传》明之曰:'君子辞也。'孔子明得失,见成败,疾时世之不仁,失王道之体,故因行事,赦小过,《传》又明之曰:'君子辞也。'"⑤《春秋繁露·离合根》云:"为人臣者比地贵信而悉见其情于主,主亦得而财之,故王道威而不失。为人臣常竭情悉力而见其短长,使主上得而器使之,而犹地之竭竟其情也,故其形宜可得而财也。"⑥《春秋繁露·基义》又写道:"是故仁义制度之数,尽取之天。天为君而覆露之,地为臣而持载之;阳为夫而生之,阴为妇而助之,春为父而生之,夏为子而养之,秋为死而棺之,冬为痛而丧之。王道之三纲,可求于天。"⑦董仲舒

---

①《史记》卷六十,中华书局1982年版,第2108-2109页。

② 汉何休注,唐徐彦疏:《春秋公羊传注疏》卷二八,《十三经注疏》,浙江古籍出版社1998年版,第2354页。

③ 汉何休注,唐徐彦疏:《春秋公羊传注疏》卷二八,《十三经注疏》,浙江古籍出版社1998年版,第2226页。

④ 当然,中国古代除了以国家命名《春秋》史书之外,还有以个人姓氏命名"春秋"的史书枚不胜举,除了《左氏春秋》外,清代赵翼曾云:"自后虞卿有《春秋》,吕不韦有《吕氏春秋》,陆贾有《楚汉春秋》,赵长君有《吴越春秋》,袁晔有《献帝春秋》,司马彪有《九州岛春秋》,习凿齿有《汉晋春秋》,王范有《交广春秋》,杜崧有《任子春秋》,孙盛有《魏氏春秋》《晋阳春秋》,臧严有《栖凤春秋》,李公绪有《战国春秋》,王韶之有《晋安帝春秋》,刘允济采鲁哀公后十二世接战国,为《鲁后春秋》,崔鸿有《十六国春秋》,萧方等有《三十国春秋》,韦述撰《唐春秋》,梁固、胡旦皆有《汉春秋》,尹洙有《五代春秋》,吴任臣有《十国春秋》,则又皆仿《春秋》之名而为之者也。"(《陔馀丛考》卷二,商务印书馆1957年版,第34页)有人认为,自孔子作《春秋》之后,很多以《春秋》为题名的著作往往都是旨在表现治国之道的。(参见肖锋:《"春秋"名义与王道精神之彰显》,《阴山学刊》2009年第6期,第29-34页)

⑤ 苏舆撰,钟哲点校:《春秋繁露义证》卷第六,中华书局1992年版,第163页。

⑥ 苏舆撰,钟哲点校:《春秋繁露义证》卷第六,中华书局1992年版,第165-166页。

⑦ 苏舆撰,钟哲点校:《春秋繁露义证》卷第十二,中华书局1992年版,第351页

非常重视"王道"在政治生活中的重要性的,他曾说:"《春秋》何贵乎元而言之?元者,始也,言本正也。道,王道也。王者,人之始也。王正则元气和顺、风雨时、景星见、黄龙下。王不正则上变天,贼气并见。五帝三王之治天下,不敢有君民之心,什一而税。教以爱,使以忠,敬长老,亲亲而尊尊,不夺民时,使民不过岁三日。民家给人足,无怨望忿怒之患,强弱之难,无谗贼妒疾之人。民修德而美好……以时至,封于泰山,禅于梁父。立明堂,宗祀先帝,以祖配天,天下诸侯各以其职来祭。贡土地所有,先以入宗庙,端冕盛服而后见先。德恩之报,奉先之应也。"①受到其师董仲舒思想的影响,司马迁在谈到《春秋》纪元时说道:"周以来乃颇可著。孔子因史文次《春秋》,纪元年,正时日月,盖其详哉。"②这里尽管披上了天命的外衣,但是我们仍然可以看出董氏公羊《春秋》中"王道"的重要性。

括而言之,王道实际上是孔子以"仁"为中心的伦理道德思想在政治理念上的一种运用和提升,甚至可以直接简化为以夏商周三代明君所代表的治国之道,凝炼成所谓的"三王之道"。不过真正将王道运用到现实政治中的是到了汉代。

《史记》首先提及王道的是在《殷本纪》中,其记载了伊尹"负鼎俎,以滋味说汤,致于王道"③。在《周本纪》中又从反面说"昭王之时,王道微缺","王道衰微,穆王闵文武之道缺,乃命伯冏申诫太仆国之政"④。联系上下文,这里的"王道"显然指的就是"文武之道",也就是周文武王治理国家的方法方式,后来宣王中兴,就是因为其能够"修政,法文、武、成、康之遗风,诸侯复宗周"⑤。也就是说,周宣王能够使周王朝中兴的根本原因是让自己的治国回到文武王治国的道路上来。

## 二、《史记》所受《春秋》"王道"思想影响之一:非"武"

从《史记》文本出发,我们可以发现司马迁所主张的"王道"对孔子、董仲舒等人所主张的"王道"有很大的认同性。

---

① 苏舆撰,钟哲点校:《春秋繁露义证》卷第四,中华书局1992年版,第100-105页。
②《三代世表》,《史记》卷十三,中华书局1982年版,第487页。
③《史记》卷三,中华书局1982年版,第94页。
④《史记》卷四,中华书局1982年版,第134-135页。
⑤《史记》卷四,中华书局1982年版,第144页。

从最基本的层面上来看,司马迁是反对武力的,这是对"王道"思想最基本的承继,换而言之,太史公同样抵制与王道相对的霸道。比如对于管子的态度,司马迁在《管晏列传》的论赞中这样写道:"管仲,世所谓贤臣,然孔子小之。岂以为周道衰微,桓公既贤,而不勉之至王,乃称霸哉? 语曰'将顺其美,匡救其恶,故上下能相亲也'。岂管仲之谓乎?"①司马迁引用了孔子的评价对管仲的霸道之术明确提出了批评。这显然与司马迁继承了《春秋》所载的"三王之道"思想存在紧密的联系。

司马迁对法家提出了很多批评,其中一个重要原因就是法家主张武力经营天下的霸道。柯维骐曾说:"夫谓之'切近世',似矣;谓之'君子比德',非也。临武君谓孙、吴用变诈,无敌于天下。荀卿非之曰:'攻夺变诈者诸侯之事也,仁人之兵不可诈也。'班固《刑法志》曰:'凡兵所以存亡继绝,救乱除害也。故伊、吕之将,子孙有国,与商、周并。至于末世,苟任诈力以快贪残,孙、吴、商、白之徒,皆身诛戮于前,而国灭亡于后,报应之势各以类,至其道然矣。'二子之说,盖本王道云。"②法家严刑峻法之思想及其具体实践毫无疑问违背了以仁政为核心的王道,这当然是司马迁所极力反对的。

## 三、《史记》所受《春秋》"王道"思想影响之二:重"德"

《春秋》王道观的一个重要表现就是对"德"的推崇。孔子在政治观上是主张以德治国的③,这也是儒家政治哲学的一个基本特点。在《论语》中,孔子多次表达了"德"在政治生活中的重要性,孔子所云"为政以德,譬如北辰居其所,而众星共之"④,可以说是其德政思想的总纲。在《为政》中他又说:"道之以政,齐之以刑,民免而无耻;道之以德,齐之以礼,有耻且格。"⑤又如《季氏》曰:"丘也闻有国有家者,不患寡,而患不均,不患贫,而患不安。盖均无贫,和无

①《史记》卷六十二,中华书局1982年版,第2136页。

②柯维骐:《史记考要》卷八,明嘉靖二十年(1541年)刻本。

③孔子非常重视个人内在的"德"行,司马迁同样如此。因本书主要关涉其政治观,故而关于个人内在修德的问题这里就不再赘述了。

④《为政》,参见魏何晏等注,宋邢昺疏:《论语注疏》卷二,《十三经注疏》,浙江古籍出版社1998年版,第2461页。

⑤魏何晏等注,宋邢昺疏:《论语注疏》卷二,《十三经注疏》,浙江古籍出版社1998年版,第2461页。

寡,安无倾。夫如是,故远人不服,则修文德以来之。"①当然从另外一面来看,孔子表现了对"德"行缺失的不安与忧虑,仲尼曾云:"巧言乱德,小不忍则乱大谋。"②孔子作《春秋》和其"仁""德"等思想当然是关联在一起的。对于这一点后世文人认识也非常清楚,如司马相如《上林赋》写道:"于是历吉日以斋戒,袭朝服,乘法驾,建华旗,鸣玉鸾,游乎《六艺》之囿,驰骛乎仁义之涂,览观《春秋》之林,射《狸首》,兼《驺虞》,弋玄鹤,建干戚,载云罕,掩群《雅》,……修容乎《礼》园,翱翔于《书》圃,放怪兽,登明堂,坐清庙,恣群臣,奏得失,四海之内,靡不受获。"③《上林赋》就是用儒家经典包括《春秋》的"德性"精神进行游说讽谏的。

董仲舒的公羊学派所讲的"三王之道"也是以"德"为中心的,《春秋繁露·竹林》曰:"考意而观指,则《春秋》之所恶者,不任德而任力,驱民而残贼之。其所好者,设而勿用,仁义以服之也。《诗》云:'弛其文德,洽此四国。'此《春秋》之所善也。夫德不足以亲近,而文不足以来远,而断断以战伐为之者,此固《春秋》所甚疾已,皆非义也。"④《春秋繁露·立元神》又云:"故以德为国者,甘于饴蜜,固于胶漆,是以圣贤勉而崇本而不敢失也。"⑤《春秋繁露·保位权》论曰:"国之所以为国者德也。"⑥《春秋繁露·仁义法》再云:"《春秋》之所治,人与我也。所以治人与我者,仁与义也。以仁安人,以义正我;故仁之为言人也,义之为言我也,言名以别矣。……则天地之间然后快其仁矣。非三王之德,选贤之精,孰能如此?"⑦《春秋繁露·必仁且智》又云:"何谓之智?……其身故利而无患,福及子孙,德加万民,汤武是也。"⑧《春秋繁露·基义》曰:"故圣人多其爱而少其严,厚其德而简

① 魏何晏等注,宋邢昺疏:《论语注疏》卷一六,《十三经注疏》,浙江古籍出版社1998年版,第2520页。

② 《卫灵公》,参见魏何晏等注,宋邢昺疏:《论语注疏》卷一五,《十三经注疏》,浙江古籍出版社1998年版,第2518页。

③ 朱一清、孙以昭:《司马相如集校注》,人民文学出版社1996年版,第27-28页。

④ 苏舆撰,钟哲点校:《春秋繁露义证》卷第二,中华书局1992年版,第48-49页。

⑤ 苏舆撰,钟哲点校:《春秋繁露义证》卷第六,中华书局1992年版,第169页。

⑥ 苏舆撰,钟哲点校:《春秋繁露义证》卷第六,中华书局1992年版,第174页。

⑦ 苏舆撰,钟哲点校:《春秋繁露义证》卷第八,中华书局1992年版,第249-252页。

⑧ 苏舆撰,钟哲点校:《春秋繁露义证》卷第八,中华书局1992年版,第258页。

其刑,以此配天。"①《春秋繁露·观德》更是集中阐述了德性在日常政治生活中的重要性②,其云:"至德以受命,豪英高明之人辐辏归之。高者列为公侯,下至卿大夫,济济乎哉,皆以德序。"③可见德性在公羊学派政治理念中的重要性。

　　诚如上文所论,司马迁作《史记》乃效孔子作《春秋》,其又是董仲舒的学生,可以说司马迁同时接受了孔子《春秋》和董氏公羊学派德性精神的深刻影响。回归到《史记》文本,《史记》通过历史事实与人物言行的记载展现了"德"政的重要性。如《五帝本纪》记载炎黄阪泉之战:"炎帝欲侵陵诸侯,诸侯咸归轩辕,轩辕乃修德振兵……三战,然后得其志。"④黄帝发兵之前首先是重视"德"的修炼。《五帝本纪》又云:"高阳有圣德焉。"⑤故而高阳氏能够继承黄帝之位为帝。又云尧"能明驯德"⑥,云舜"命十二牧论帝德,行厚德,远佞人,则蛮夷率服"⑦。国君能够以德治国,就连蛮夷之乡也会心悦诚服,故而司马迁给予了极高的颂扬,他说"天下明德皆自虞帝始"⑧,这种称赞是至高无上的。总体上《五帝本纪》中一个重要著述动机就是称赞五帝德性的,司马迁在《五帝本纪》的最后写道:"自黄帝至舜、禹,皆同姓而异其国号,以章明德。"⑨而孔子作《春秋》的主要精神之一也是彰显五帝德性的,对此太史公既有读书的深刻体会,也有在漫游经历中的亲身体悟,他在《五帝本纪》论赞中说:"学者多称五帝,尚矣。然《尚书》独载尧以来;而百家言黄帝,其文不雅驯,荐绅先生难言之。孔子所传宰予问《五帝德》及《帝系姓》,儒者或不传。余尝西至空桐,北过涿鹿,东渐于海,南浮江淮矣,至长老皆各往往称黄帝、尧、舜之处,风教固殊焉,总之不离古文

---

① 苏舆撰,钟哲点校:《春秋繁露义证》卷第十二,中华书局1992年版,第352页。

② 董仲舒关于"德"政的理念和他当时的天地、阴阳、五行思想是结合在一起的,此点别人论述较多,因本书的重心主要是落实在"德"政上,关于上述思想就不再展开讨论。

③ 苏舆撰,钟哲点校:《春秋繁露义证》卷第九,中华书局1992年版,第271页。

④《史记》卷一,中华书局1982年版,第3页。尽管这则材料是取自《山海经》,但司马氏加以了选择,本身就说明太史公是重视"德"的作用的。因为按照神话学的理论,初始本真的神话是不可能具有德性的内涵。

⑤《史记》卷一,中华书局1982年版,第10页。

⑥《史记》卷一,中华书局1982年版,第15页。

⑦《史记》卷一,中华书局1982年版,第38页。

⑧《史记》卷一,中华书局1982年版,第43页。

⑨《史记》卷一,中华书局1982年版,第45页。

者近是。予观《春秋》《国语》,其发明《五帝德》《帝系姓》章矣,顾弟弗深考,其所表见皆不虚。"①所言正是对"德"政的揄扬。

德政从老百姓的角度上来说就是要关注民生,以"民"为主。商汤就曾说:"予有言:人视水见形,视民知治不。"②司马迁特别记载古公亶父重视民生的一件事件,应当说是非常有深意的,《周本纪》载:"古公亶父复修后稷、公刘之业,积德行义,国人皆戴之。薰育戎狄攻之,欲得财物,予之。已复攻,欲得地与民。民皆怒,欲战。古公曰:'有民立君,将以利之。今戎狄所为攻战,以吾地与民。民之在我,与其在彼,何异。民欲以我故战,杀人父子而君之,予不忍为。'乃与私属遂去豳,度漆、沮……豳人举国扶老携弱,尽复归古公于岐下。及他旁国闻古公仁,亦多归之。……民皆歌乐之,颂其德。"③民生比君位更为重要,换而言之,只有得到民心,统治者最终才能真正确立自己的君主之位。秦穆公的表现同样如此,《秦本纪》载:"十二年,齐管仲、隰朋死。晋旱,来请粟。丕豹说缪公勿与,因其饥而伐之。缪公问公孙支,支曰:'饥穰更事耳,不可不与。'问百里傒,傒曰:'夷吾得罪于君,其百姓何罪?'于是用百里傒、公孙支言,卒与之粟。"④秦穆公的行事是为得民心之举,这也是秦穆公后来成为霸主的重要原因。汉代君王中最为修德的就是汉文帝⑤,《孝文本纪》通篇主要内容就是记载汉文帝各种施舍德行的行为,《孝文本纪》总结了一句话就是:"专务以德化民,是以海内殷富,兴于礼义。"⑥司马迁重点落在德性上对汉文帝提出了颂美。孝景帝后来制诏对孝文帝一生的行德也进行了褒奖。司马迁在

①《史记》卷一,中华书局1982年版,第46页。

②《殷本纪》,《史记》卷三,中华书局1982年版,第93页。

③《史记》卷四,中华书局1982年版,第113-114页。

④《史记》卷五,中华书局1982年版,第188页。

⑤《孝文本纪》最后用景帝制诏御史总结了文帝一生的德政,在内容上和前文似有重复,但之所以用这样重复的形式,潜在的意旨却很深刻,董份说:"太史公深服孝文治道醇厚,故其末复总叙诸善状,非深著德化,亦古体也。"(转自凌稚隆辑校《史记评林》(第二册)卷一〇,天津古籍出版社1998年版,第220页)所论深切。汉景帝时宰相申屠曾说:"世功莫大于高皇帝,德莫盛于孝文皇帝,高皇庙宜为帝者太祖之庙,孝文皇帝庙宜为帝者太宗之庙。"(《孝文本纪》,《史记》卷一十,中华书局1982年版,第436页)这是非常准确的评价。司马迁多次给予了汉文帝以至高的赞誉,《律书》载:"太史公曰:文帝时,会天下新去汤火,人民乐业,因其欲然,能不扰乱,故百姓遂安。自年六七十翁亦未尝至市井,游敖嬉戏如小儿状。孔子所称有德君子者邪!"(《史记》卷二十五,中华书局1982年版,第1243页)

⑥《史记》卷一十,中华书局1982年版,第433页。

论赞中可以说是给了汉文帝在汉代君王中的最高评价："孔子言：'必世然后仁。善人之治国百年，亦可以胜残去杀。'诚哉是言！汉兴，至孝文四十有余载，德至盛也。廪廪乡改正服封禅矣，谦让未成于今。呜呼，岂不仁哉！"①

从国家兴亡的角度上来说，上层统治者是否实行"德"政甚至可以左右国家盛衰的走向。夏朝真正走向亡国的境地，是从帝孔甲开始的，这就是帝孔甲失德的缘故。"帝孔甲立，好方鬼神，事淫乱。夏后氏德衰，诸侯畔之。"②特别是夏桀登位之后，不修明德已经达到了极致，《史记》写道："自孔甲以来而诸侯多畔夏，桀不务德而武伤百姓，百姓弗堪。"③因此当"汤修德，诸侯皆归汤，汤遂率兵以伐夏桀。桀走鸣条，遂放而死"④。后来商汤"修德"，终于灭了夏朝。由此我们可以看出，儒家认为殷朝是"敬鬼神"而不太重视德性⑤，这是有所偏误的，司马迁确实在历史的事实中看到了"德"政在殷王朝兴衰的历史中所发挥的重要作用，商汤的政治核心就是"德"政，司马迁归之为"汤德"或"汤法"，其子孙能否遵守"汤法"，也就成为其政治盛衰的关键因素，如殷王朝帝太甲"既立三年，不明，暴虐，不遵汤法，乱德，于是伊尹放之于桐宫"。但后来其又能"悔过自责，反善，于是伊尹乃迎帝太甲而授之政。帝太甲修德，诸侯咸归殷，百姓以宁"⑥。帝太甲改过自新的行为值得褒奖，为此伊尹还作了《太甲训》三篇，以示嘉勉。再如盘庚"涉河南，治亳，行汤之政，然后百姓由宁，殷道复兴。诸侯来朝，以其遵成汤之德也"⑦。可见王朝的更替，修德发挥了关键的作用，周王朝的建立

---

①《史记》卷十，中华书局1982年版，第437-438页。

②《夏本纪》，《史记》卷二，中华书局1982年版，第86页。

③《史记》卷二，中华书局1982年版，第88页。

④《史记》卷二，中华书局1982年版，第88页。按照《史记》的记载，商汤的德行是无限的，甚至"汤德至矣，及禽兽"（《史记》卷三，中华书局1983年版，第95页）。

⑤历史事实确实有时会反映这一状况，如商纣王的失败固然与其不修德的行为有内在的关系，但也与其本身过度相信天命有直接的联系，因为当西伯修德势力"滋大"之后，商纣王的臣子祖伊曾劝谏过他："天既讫我殷命，假人元龟，无敢知吉，非先王不相我后人，维王淫虐用自绝，故天弃我，不有安食，不虞知天性，不迪率典。今我民罔不欲丧，曰：'天曷不降威，大命胡不至？'今王其奈何？"可是商纣王的反应却是："我生不有命在天乎！"（《殷本纪》，《史记》卷三，中华书局1982年版，第107页）商纣王认为，既然自己的君王之位是上天所授，故而无论其修德不修德，他人都奈何不了他，夺不去他的君位。

⑥《殷本纪》，《史记》卷三，中华书局1982年版，第99页。

⑦《殷本纪》，《史记》卷三，中华书局1982年版，第102页。

同样是一个明证，西伯姬昌在闳夭等人献给纣王珍宝之后被赦免归国，"阴修德行善，诸侯多叛纣而往归西伯"①。这为文武王后来建立周王朝作了最厚实的准备。

故而，从以上的论述中我们可以看出，统治者德性的核心之一就在于"亲民"。司马迁经常用民是否"附"君来考察政教的好坏。《晋世家》谈到赵氏家族的功业时这样写道："赵盾素贵，得民和；灵公少，侈，民不附，故为弑易。盾复位。"②所以尽管后来三家分晋从礼要求的等级秩序来看，这是有所违背的，但却是民心所向。甚至对处在所谓蛮夷之域的楚国，司马迁在记载其君王的事迹时同样会论到民心的向背问题，《楚世家》载："熊渠生子三人。当周夷王之时，王室微，诸侯或不朝，相伐。熊渠甚得江汉间民和。"③到了"成王恽元年，初即位，布德施惠，结旧好于诸侯……于是楚地千里"④。楚庄王通过自己独特的考察方式黜奸进贤，结果"国人大说"⑤。楚庄王在楚国国君中可以说是德性最好的一位国君，他能够听从申叔时的劝谏而"复陈"，能够面对"郑伯肉袒牵羊以逆"，说："其君能下人，必能信用其民，庸可绝乎！""二十年，围宋，以杀楚使也。围宋五月，城中食尽，易子而食，析骨而炊。宋华元出告以情。庄王曰：'君子哉！'遂罢兵去。"⑥楚庄王说出这样的话语，已绝非蛮夷之域的粗鲁之举，而深受中原德性文明的影响。司马迁对此详加记载，不也正表现了太史公对德性的重视？！《郑世家》记载郑国先祖功业形成的基础主要是其深受老百姓的拥戴。"郑桓公友者……封三十三岁，百姓皆便爱之。幽王以为司徒，和集周民，周民皆

---

① 《殷本纪》，《史记》卷三，中华书局1982年版，第107页。姬昌在被赦之后，能够"献洛西之地，以请纣去炮格之刑"，就是修德的一个具体行动。《周本纪》说他"积善累德"，又说他"阴行善"（《史记》卷四，中华书局1982年版，第116—117页），故而深得老百姓的爱戴。朱熹曾说："司马迁云，文王之治岐，'耕者九一，仕者世禄'，皆是降阴德以分纣之天下。不知文王之心诚为为民者若此！"（黎靖德编：《朱子语类》卷一百三十四，中华书局1986年版，第3210页）对文王为民的"德"政提出了褒奖。后世学者对文王"阴行善"的行为进一步加以阐发，陈仁锡说："为善是圣人性内事，若显为善，则开积善累德之谗，故'阴行善'三字，太史公写出至圣一段明夷艰贞苦心处，不是后来阴谋。"（陈仁锡：《陈评史记》卷四，见《历代名家评史记》，北京师范大学出版社1986年版，第334页）

② 《史记》卷三十九，中华书局1982年版，第1675页。

③ 《史记》卷四十，中华书局1982年版，第1692页。

④ 《史记》卷四十，中华书局1982年版，第1697页。

⑤ 《史记》卷四十，中华书局1982年版，第1700页。

⑥ 《史记》卷四十，中华书局1982年版，第1702—1703页。

说。河雒之间，人便思之。为司徒一岁，幽王以褒后故，王室治多邪，诸侯或畔之。于是桓公问太史伯曰：'王室多故，予安逃死乎？'太史伯对曰：'独雒之东土，河济之南可居。'公曰：'何以？'对曰：'地近虢、郐，虢、郐之君贪而好利，百姓不附。今公为司徒，民皆爱公，公诚请居之，虢、郐之君见公方用事，轻分公地。公诚居之，虢、郐之民皆公之民也。'"①亲民之举最终帮助其建立了郑国。《韩世家》记载了这样一件事，也非常有意味："二十五年，旱，作高门。屈宜臼曰：'昭侯不出此门。何也？不时。吾所谓时者，非时日也，人固有利不利时。昭侯尝利矣，不作高门。往年秦拔宜阳，今年旱，昭侯不以此时恤民之急，而顾益奢，此谓'时绌举赢'。'二十六年，高门成，昭侯卒，果不出此门。"②屈氏的话语虽然带有预言性质，但这种预言是带有推测的合理性的。作为君王，自身的奢侈必然给老百姓的利益带来极大的危害，最终导致亡身乃至亡国的命运。

德性对一个君王而言应该持之以恒、善始善终，如果一个君王晚节不保，其对国家乃至其个人命运的影响也是显而易见的。《秦本纪》载秦穆公晚年的行事与命运时写道："三十九年，缪公卒，葬雍。从死者百七十七人，秦之良臣子舆氏三人名曰奄息、仲行、𫓧虎，亦在从死之中。秦人哀之，为作歌《黄鸟》之诗。君子曰：'秦缪公广地益国，东服强晋，西霸戎夷，然不为诸侯盟主，亦宜哉。死而弃民，收其良臣而从死。且先王崩，尚犹遗德垂法，况夺之善人良臣百姓所哀者乎？是以知秦不能复东征也。'"③一代霸主在死后获得如此带有批评性的评价，完全与其人殉的方式密切相关，这种人殉说到底就是对他人生命的不重视，是伤害民生的举动，完全是一种失德的行为。再看对楚灵王的评论，司马迁在《楚世家》论赞中这样写道："楚灵王方会诸侯于申，诛齐庆封，作章华台，求周九鼎之时，志小天下；及饿死于申亥之家，为天下笑。操行之不得，悲夫！势之于人也，可不慎与？"④这是对楚灵王不能保持德性始终如一的讽刺。

众所周知，有了文明之后的王朝更替几乎都是通过战争来完成的，

①《史记》卷四十二，中华书局1982年版，第1757页。
②《史记》卷四十五，中华书局1982年版，第1869页。
③《史记》卷五，中华书局1982年版，第194–195页。
④《史记》卷四十，中华书局1982年版，第1737页。

战争是不可避免的重要手段,尽管如此,司马迁还是继承了传统的重视德性的观点,希望不是在迫不得已的情况之下,国家尽量能够不使用战争。周穆王征伐犬戎,祭公谋父讽谏的一段言论带有典型性,其云:"先王耀德不观兵。……先王之于民也,茂正其德而厚其性,阜其财求而利其器用,明利害之乡,以文修之,使之务利而辟害,怀德而畏威,故能保世以滋大。……是故先王非务武也,勤恤民隐而除其害也。"①司马迁继承了传统的重德不重兵的观念,德性一定是超越武力与战争的。

《春秋》所提出的"尊王攘夷"的观念,从思想内质来说,也是对"德"的褒扬。这种早期由中原文化所提倡的德性如果被带到蛮荒异域,对当地的思想文化同样会带来深刻的影响。作为世家第一篇的《吴太伯世家》在篇章顺序安排上带有精神引领的作用。司马迁在《吴太伯世家》论赞中这样写道:"孔子言'太伯可谓至德矣,三以天下让,民无得而称焉'。余读《春秋》古文,乃知中国之虞与荆蛮句吴兄弟也。延陵季子之仁心,慕义无穷,见微而知清浊。呜呼,又何其闳览博物君子也!"②地处中原之外的吴越之乡从精神上来说是受到了春秋德性思想的影响。

司马迁重视"德"的作用有时对其传记的写作间架也会产生影响。如《夏本纪》写到大禹治理国家时很大一部分内容是记载皋陶的,而不是夏王朝国君的本身事迹,重要原因就是基于皋陶对德性的重视与强调,被认为是皋陶文字的《皋陶谟》其思想核心就是德性。明人归有光曾说:"《禹纪》特详皋陶,太史公书极有法度,草草读不知也。"③《夏本纪》详细记载了皋陶的言行本身也鲜明地反映了司马迁重"德"的主旨倾向。

当然,司马迁对德性的重视在书写上有自己独特的一些方式:

一是司马迁有时借助历史中的人物之口对德性加以点示。如《晋世家》载:"十五年,悼公问治国于师旷。师旷曰:'唯仁义为本。'"④说明了仁义对一个国家治理的重要性。再如《赵世家》评价触龙说赵太后这件事情时,是通过赵国一位贤人之口发出的:"子义闻之,曰:'人

①《周本纪》,《史记》卷四,中华书局1982年版,第135-136页。

②《史记》卷三十一,中华书局1982年版,第1475页。

③归有光:《归震川评点本史记》卷二,清光绪二年(1876年)武昌张氏校刻本。

④《史记》卷三十九,中华书局1982年版,第1683页。

主之子,骨肉之亲也,犹不能持无功之尊,无劳之奉,而守金玉之重也,而况于予乎?'"①司马迁借助他人之口实质上皆是表明自己对德性的注重。

二是司马迁在传记的论赞中常常突出德性的重要性。如他在《燕召公世家》的结尾这样评价:"召公奭可谓仁矣!甘棠且思之,况其人乎?燕(北)[外]迫蛮貉,内措齐、晋,崎岖强国之间,最为弱小,几灭者数矣。然社稷血食者八九百岁,于姬姓独后亡,岂非召公之烈邪!"②司马迁认为,正是因为先祖召公德性的影响力,才使处于内外交困的燕国能够绵延近千年。

三是将某些重要人物的德性贯穿于多个人物传记的书写之中,而不仅仅限于本传。如司马迁在尧舜禹三王的书写上下笔最为精彩,而投入情感最多的则是大舜。因此司马迁对大舜德性的称颂不仅表现在《五帝本纪》之中,甚至其他传记的书写也与大舜的德性之间有深刻的内在联系,如《陈杞世家》,司马迁在论赞中说:"舜之德可谓至矣!禅位于夏,而后世血食者历三代。及楚灭陈,而田常得政于齐,卒为建国,百世不绝,苗裔兹兹,有土者不乏焉。至禹,于周则杞,微甚,不足数也。楚惠王灭杞,其后越王句践兴。"③首先司马迁对大舜的德性表示由衷的赞赏,然后司马迁采用大舜德性与大禹后裔之国盛衰变化相关联的手法,目的当然是为了提升大舜的地位,但窥其思想本质司马迁最终目的还是为了表现对德性的颂扬。

不过,司马迁受到公羊学派尤其是董氏公羊学思想的影响,对孔子《春秋》尊崇礼乐、提倡德性的思想仍然有所改变与发展,他将"德"政的思想和刑名之学联系起来,如大禹以德治天下,但是在皋陶的辅佐之下,却也借用了刑法推行之,《夏本纪》载:"皋陶于是敬禹之德,令民皆则禹。不如言,刑从之。舜德大明。"④这显然是对孔儒以"德"为唯一中心的政治思想的发展,糅合了法家的思想。所以德性和刑法两者不可偏废,德性需要用法度来保障;但当刑法丧失了以"德"为中心的政教支撑时,毫无疑问也会给社会带来动荡,这是司马迁所竭力反

①《史记》卷四十三,中华书局1982年版,第1824页。
②《史记》卷三十四,中华书局1982年版,第1561–1562页。
③《史记》卷三十六,中华书局1982年版,第1586页。
④《史记》卷二,中华书局1982年版,第81页。

对的。《平准书》写道:"自公孙弘以《春秋》之义绳臣下取汉相,张汤用峻文决理为廷尉,于是见知之法生,而废格沮诽穷治之狱用矣。其明年,淮南、衡山、江都王谋反迹见,而公卿寻端治之,竟其党与,而坐死者数万人,长吏益惨急而法令明察。当是之时,招尊方正贤良文学之士,或至公卿大夫。公孙弘以汉相,布被,食不重味,为天下先。然无益于俗,稍骛于功利矣。"①不关注民生,不重视以德性让人内心诚服,而一味强调刚性的刑法,结果造成社会诸多的惨状,酷吏之制所造成的危害是显而易见的②。

正因如此,司马迁对人物的品评能够突破一般的成见。如司马迁从内心来说对张汤作为酷吏的代表是非常有恶感的,但张汤本人能够将《春秋》之学与刑名之学结合在一起,司马迁对此应当说是有所肯定的。《酷吏列传》载:"是时上方乡文学,汤决大狱,欲傅古义,乃请博士弟子治《尚书》《春秋》补廷尉史,亭疑法。奏谳疑事,必豫先为上分别其原,上所是,受而著谳决法廷尉絜令,扬主之明。"③张汤本人非常清廉,张汤为三公之一,自裁后,《酷吏列传》载:"汤死,家产直不过五百金,皆所得奉赐,无他业。"④故司马迁在论赞中这样写道:"张汤以知阴阳,人主与俱上下,时数辩当否,国家赖其便。……其廉者足以为仪表,……方略教导,禁奸止邪,一切亦皆彬彬质有其文武焉。"⑤对张汤本人的道德品行提出了赞扬。可以说,司马迁作为一位伟大的史学家,在情感爱憎之外,能够做到理性的客观评价。

另外,尽管董仲舒的公羊学充满了阴阳谶纬的思想,但从《史记》的记载中我们能够感受到司马迁重视人事特别是注意到人的修德举动有时可以改变事情的走向,这也可以是司马迁超越董氏之处,如《殷本纪》记载:"帝太戊立伊陟为相。亳有祥桑榖共生于朝,一暮大拱。帝太戊惧,问伊陟。伊陟曰:'臣闻妖不胜德,帝之政其有阙与?帝其

---

①《史记》卷三十,中华书局1982年版,第1424页。

② 公孙弘本人少时是学习刑名之学的,后来习儒家之术,尤受到《春秋》之学深刻的影响,转向了以"德"为中心的思想,尽管显得不够纯粹。《平津侯主父列传》写到公孙弘"少时为薛狱吏,有罪,免。家贫,牧豕海上。年四十余,乃学《春秋》杂说。养后母孝谨"(《史记》卷一百一十二,中华书局1982年版,第2949页),这就是一个鲜明的反映。太史公对公孙弘似乎还是有赞许之意的。

③《史记》卷一百二十二,中华书局1982年版,第3139页。

④《史记》卷一百二十二,中华书局1982年版,第3144页。

⑤《史记》卷一百二十二,中华书局1982年版,第3154页。

修德。'太戊从之,而祥桑枯死而去。"①又载帝武丁:"祭成汤,明日,有飞雉登鼎耳而呴,武丁惧。祖己曰:'王勿忧,先修政事。'祖己乃训王曰:'唯天监下典厥义,降年有永有不永,非天夭民,中绝其命。民有不若德,不听罪,天既附命正厥德,乃曰其奈何。呜呼!王嗣敬民,罔非天继,常祀毋丰于弃道。'武丁修政行德,天下咸欢,殷道复兴。"②尽管这是历史事件的记载,但太史公选择将其写入传记中,实际上也是表明自己在修德与阴阳谶纬之间关系上的态度,即人君修德可以超越灾异所潜藏的后果。如果在不修德的情况下,天道当然是不可违的,而且常常确实会遭到上天报应的。如《殷本纪》记载:"帝武乙无道,为偶人,谓之天神。与之博,令人为行。天神不胜,乃僇辱之。为革囊,盛血,仰而射之,命曰'射天'。武乙猎于河渭之间,暴雷,武乙震死。子帝太丁立。帝太丁崩,子帝乙立。帝乙立,殷益衰。"③在自身不修德的情况下,武乙与天争神,只能受到上天的惩罚,自取灭亡,而且他丧失德性的行为对子孙的嗣业产生了极其不良的影响。

## 四、《史记》所受《春秋》"王道"思想影响之三:尊"礼"

孔子作《春秋》的核心精神之一是为了尊"礼",这一点学界意见是一致的,此处不再赘述。即使到了汉代董仲舒的公羊《春秋》学,重"礼"的特性体现同样非常明显。尽管其公羊《春秋》学打上了阴阳谶纬的浓重色彩,但《春秋》重礼的精神还是深刻地影响了董仲舒。董仲舒日常生活中的举动充分说明了这一点,《儒林列传》载:"董仲舒,广川人也。以治《春秋》,孝景时为博士。下帷讲诵,弟子传以久次相受业,或莫见其面,盖三年董仲舒不观于舍园,其精如此。进退容止,非礼不行,学士皆师尊之。"④司马迁受到了《春秋》尊"礼"精神的影响,明确提出:"《春秋》者,礼义之大宗也。"《春秋》这一内在的精神同样对《史记》的思想产生了深刻的影响,具体表现为:

(一)"谦让"的提倡

上文从《史记》和《周易》之间哲学关系的角度,已经阐述了人生观

---

① 《殷本纪》,《史记》卷三,中华书局1982年版,第100页。

② 《殷本纪》,《史记》卷三,中华书局1982年版,第103页。

③ 《史记》卷三,中华书局1982年版,第104页。

④ 《史记》卷一百二十一,中华书局1982年版,第3127页。

中"谦让"的重要性。这里再从《春秋》学的角度总体上探讨一下司马迁对"谦让"的看法。司马迁在《乐书》中谈到礼乐政治功用的实质就是"揖让而治天下者,礼乐之谓也",因为"乐至则无怨,礼至则不争"①。在政治伦理生活中,谦让是礼的一个重要核心元素,在一个功利性极强的社会中,讲究功利毋庸置疑会对谦让精神产生极大的冲击。司马迁接受了《春秋》尊崇礼让精神的影响,更多的是表现了其对礼让精神的维护。《周本纪》载:"长子太伯、虞仲知古公欲立季历以传昌,乃二人亡如荆蛮,文身断发,以让季历。"②毫无疑问,从王位继承的礼法来说,废长立幼,这是不合礼制的,但司马迁将这一段历史选择加以记载,实际上是对太伯、虞仲礼让精神的褒扬。后来姬昌以德治国的政治状况突出的也是"谦让","虞、芮之人有狱不能决,乃如周。入界,耕者皆让畔,民俗皆让长。虞、芮之人未见西伯,皆惭,相谓曰:'吾所争,周人所耻,何往为,只取辱耳。'遂还,俱让而去"③。这种礼让精神甚至感动了邻国,使他们放弃了纷争!

最有意思的是,司马迁在《宋微子世家》中这样奖挹宋襄公在泓之战中的礼让精神,其云:"《春秋》讥宋之乱自宣公废太子而立弟,国以不宁者十世④。襄公之时,修行仁义,欲为盟主。其大夫正考父

①《史记》卷二十四,中华书局1982年版,第1188页。

②《史记》卷四,中华书局1982年版,第115页。

③《史记》卷四,中华书局1982年版,第117页。

④《公羊传》曰:"君子大居正,宋之祸宣公为之也。"(汉何休注,唐徐彦疏:《春秋公羊传注疏》卷二,《十三经注疏》,浙江古籍出版社1998年版,第2204页)司马贞《史记索隐》曰:"《春秋》《公羊》有此说,《左氏》则无讥焉。"(《史记》卷三十八,中华书局1982年版,第1633页)从内在精神上来说,司马迁主要是受到了公羊《春秋》学的影响。孔子《春秋》是尊周礼,而非殷礼,故就立太子而言,也就是主张立嫡长子。《春秋》所记载宋宣公的这一场历史教训,在汉景帝时又重新加以讨论,《梁孝王世家》载:"盖闻梁王西入朝,谒窦太后,燕见,与景帝俱侍坐于太后前,语言私说。太后谓帝曰:'吾闻殷道亲亲,周道尊尊,其义一也。安车大驾,用梁孝王为寄。'景帝跪席举身曰:'诺。'罢酒出,帝召袁盎诸大臣通经术者曰:'太后言如是,何谓也?'皆对曰:'太后意欲立梁王为帝太子。'帝问其状,袁盎等曰:'殷道亲亲者,立弟。周道尊尊者,立子。殷道质,质者法天,亲其所亲,故立弟。周道文,文者法地,尊者敬也,敬其本始,故立长子。周道,太子死,立适孙。殷道,太子死,立其弟。'帝曰:'于公何如?'皆对曰:'方今汉家法周,周道不得立弟,当立子。故《春秋》所以非宋宣公。宋宣公死,不立子而与弟。弟受国死,复反之与兄之子。弟之子争之,以为我当代父后,即刺杀兄子,为故国乱,祸不绝。故《春秋》曰:'君子大居正,宋之祸宣公为之。'臣请见太后白之。'袁盎等入见太后:'太后言欲立梁王,梁王即终,欲谁立?'太后曰:'吾复立帝子。'袁盎等以宋宣公不立正,生祸,祸乱后五世不绝,小不忍害大义状报太后。太后乃解说,即使梁王归就国。"(《史记》卷五十八,中华书局1982年版,第2091-2092页)尽管这是褚少孙所补叙的一段记载,但这段记载是客观的历史事实,可以说是西汉社会将公羊春秋之义应用到现实政治上的一次胜利。

美之,故追道契、汤、高宗,殷所以兴,作《商颂》。襄公既败于泓,而君子或以为多,伤中国阙礼义,褒之也,宋襄之有礼让也。"①从现实结果来看,由于宋襄公受到礼让精神的影响,导致在泓之战中宋国的失败,从功利的角度上来说,这当然是受到批评的。而且在军事战争中将自己的优势变为一种劣势,这是极为愚蠢的行为。但在一个礼让精神严重匮乏的状况下,这种谦让的精神反而得到了太史公的提升和揄扬,也表明了太史公对礼让精神推崇的鲜明态度。明代陈继儒曾说:"然《史记》不尊孔子于世家乎?世家不首太伯乎?列子不首伯夷乎?崇道也,亦崇让也。"②太史公将吴太伯列入"世家"之首,不也正是表明对"谦让"(吴太伯甚至可以将君位继承权都可以揖让)精神的推崇吗?!

在关于诸侯国的世家撰写中,《鲁周公世家》是文字较长的一篇,究其原因,主要因为鲁国是周公的后裔之国,是礼乐文明保持时间较长,也是礼法较为完备的一个国家。但在其他诸侯国的日益侵削与国内三桓势力的不断压制下,鲁国的公族势力日益衰减,礼制也渐趋消亡,对此司马迁在最后的论赞中这样写道:"余闻孔子称曰:'甚矣鲁道之衰也!洙泗之间龂龂如也。'观庆父及叔牙、闵公之际,何其乱也?隐桓之事;襄仲杀适立庶;三家北面为臣,亲攻昭公,昭公以奔。至其揖让之礼则从矣,而行事何其戾也?"③三桓在日常生活之中非常重视揖让之礼,而在君臣关系上又做了攻击鲁昭公这样违礼的事情,司马迁对此感到有点难以理解!究其本质,太史公之用意还是对鲁国礼让精神的缺失表示了隐忧和痛心,故而他在此深沉地感叹。明代杨慎说:"老少相让,几于争矣。孔子知鲁道之将微,叹之。太史公观庆父、叔牙之乱务以揖让相尚,而君臣之间,其戾若此,故亦叹之。"④所评甚是!

礼所要求的礼让精神在功利性的社会中未必符合世俗的要求,有时甚至会造成一种时代的悲剧,司马迁在《卫康叔世家》中这样写道:"余读世家言,至于宣公之太子以妇见诛,弟寿争死以相让,此与晋太

---

① 《史记》卷三十八,中华书局1982年版,第1633页。

② 陈继儒:《新刻史记定本序》,见《历代名家评史记》,北京师范大学出版社1986年版,第23页。

③ 《史记》卷三十三,中华书局1982年版,第1548页。

④ 杨慎:《史记题评》卷三二,明嘉靖十六年(1537年)胡有恒刻本。

子申生不敢明骊姬之过同,俱恶伤父之志。然卒死亡,何其悲也! 或父子相杀,兄弟相灭,亦独何哉?"①太史公一方面表现了对礼让精神的尊崇,另一方面对礼让精神造成个体毁灭的时代悲剧性表现出无限的痛惜与伤感之情! 故而司马迁认为,现实社会中的人们之所以不能够做到礼让,关键在于自我功利性追求在作祟。近人齐树楷在谈到太史公对礼让精神的推崇时认为:"尧舜之用人,为天下得人,让之者也。后人之用人,使为己用。使为己用,而用人又难用,遂多为之术以行之,则御之而已。曰驾驭人才,曰驱使群力,太史公所谓御其臣下者也。晋献公赐耿赐魏,文公之三赏,悼公之逐不臣、修旧功,赐魏绛采,皆御之者。始则托孤如荀息,继则迎君弑君如赵盾,或臣下相杀如胥童、三郤,如韩、赵、魏之于范中行,皆御之失其道者。失其道,虽欲御之,反复争攘,而终于失国。何若一让之为愈。天之立君,本以为民,岂其使一人肆于上以纵欲,此君民之常道,易之则非。全部《史记》,均发此意。特读者不注于此,则史公之意,无由显耳。故于晋末表而出之。"②尽管齐氏在此强调司马迁尊崇礼让精神的旨归似乎有点过度。但事实情况是,无论于君于民,如果一点礼让精神都没有,对于国家,对于个人,确实会造成不同程度的伤害。

对谦让思想的重视甚至还影响了司马迁对人物传记的排列。诚如上所言,司马迁在世家顺序的安排上之所以将《吴太伯世家》置于首位,就是为了推崇本传当中两个重要人物太伯与季札公子的礼让精神,特别是他们能够将天下揖让出去,可谓谦让之极。故而司马迁在最后的论赞中说:"孔子言'太伯可谓至德矣,三以天下让,民无得而称焉'。余读《春秋》古文,乃知中国之虞与荆蛮句吴兄弟也。延陵季子之仁心,慕义无穷,见微而知清浊。呜呼,又何其闳览博物君子也!"③明代杨慎曾云:"《尚书》首《尧典》《舜典》,《春秋》首隐公,世家首太伯。列传首伯夷,贵让也。"④点出了太史公史书章法与人物传记安排的潜在用意。

①《史记》卷三十七,中华书局1982年版,第1605页。

②齐树楷:《史记意·晋世家第九》,见《历代名家评史记》,北京师范大学出版社1986年版,第476-477页。

③《史记》卷三十一,中华书局1982年版,第1475页。

④杨慎:《史记题评》卷三一,明嘉靖十六年(1537年)胡有恒刻本。

（二）礼仪规范的要求

司马迁讲究"礼"的精神，不仅仅出乎形而上的内在德性的追求，同时也非常重视外在礼仪的规范，两者是相辅相成的。《鲁周公世家》记载："昭公年十九，犹有童心。穆叔不欲立，曰：'太子死，有母弟可立，不即立长。年钧择贤，义钧则卜之。今裯非适嗣，且又居丧意不在戚而有喜色，若果立，必为季氏忧。'季武子弗听，卒立之。比及葬，三易衰。"①对于这样不守礼仪规范而又喜怒无度的君主，司马迁借用了"君子曰：'是不终也。'"的书写，对其未来难以有好的结局作了预叙，后来人物命运的发展也确实如此！

而《鲁周公世家》则大书特书孔子严守礼仪规范的事宜，其载："十年，定公与齐景公会于夹谷，孔子行相事。齐欲袭鲁君，孔子以礼历阶，诛齐淫乐，齐侯惧，乃止，归鲁侵地而谢过。十二年，使仲由毁三桓城，收其甲兵。孟氏不肯堕城，伐之，不克而止。季桓子受齐女乐，孔子去。"②孔子执行礼仪规范震慑了齐君，而遇到三家氏违背朝礼的时候，孔子则以罢相离开鲁国而抗争，太史公之所以采用这些事件，目的还是表明了对礼仪规范的推崇。

（三）"法天则地"：尊"礼"的最高理想

前文所讨论的"法天则地"思想主要落实到具体的人事活动或社会演进过程中加以阐述。当上升到形而上的礼乐制度上，司马迁的思想更是沿袭了传统礼乐文化的精神因素，如《礼书》《乐书》一再表述了这样的思想内涵，所谓"大乐与天地同和，大礼与天地同节"，"乐者，天地之和也；礼者，天地之序也。和，故百物皆化；序，故群物皆别。乐由天作，礼以地制"，"故圣人作乐以应天，作礼以配地。礼乐明备，天地官矣"，"（及）夫礼乐之极乎天而蟠乎地，行乎阴阳而通乎鬼神，……一动一静者，天地之间也，故圣人曰'礼云乐云'"，"礼乐顺天地之诚，达神明之德"，"故乐者天地之齐，中和之纪，人情之所不能免也"③。说到底，礼乐本身就是"法天则地"精神的表现。

"法天则地"的思想在五帝治理天下的过程中得到了鲜明的体现。"法天则地"的思想首先表现在人和自然的和谐上。黄帝"顺天地

①《史记》卷三十三，中华书局1982年版，第1539页。

②《史记》卷三十三，中华书局1982年版，第1544页。

③《乐书》，《史记》卷二十四，中华书局1982年版，第1189-1220页。

之纪①,幽明之占,死生之说,存亡之难。时播百谷草木,淳化鸟兽虫蛾,旁罗日月星辰水波土石金玉,劳勤心力耳目,节用水火材物,有土德之瑞,故号黄帝"②。而颛顼能够"养材以任地,载时以象天,依鬼神以制义,治气以教化"。故而"动静之物,小大之神,日月所照,莫不砥属"③。他们和天地自然的变化相适应,治理天下也非常顺畅。故而他们的治国之举都鲜明地体现了"法天则地"的思想。高辛氏之所以能够令天下臣服,也是因为其治理国家能够做到"法天则地"的境界,《五帝本纪》载:"高辛生而神灵,自言其名。普施利物,不于其身。聪以知远,明以察微。顺天之义,知民之急。仁而威,惠而信,修身而天下服。取地之财而节用之,抚教万民而利诲之,历日月而迎送之,明鬼神而敬事之。其色郁郁,其德嶷嶷。其动也时,其服也士。帝喾溉执中而徧天下,日月所照,风雨所至,莫不从服。"④太史公同样认为帝喾能够按照天地运行的法则,顺应民心,去治理天下,因而天下能够得到顺畅的治理。尧治理天下不也是遵循着"法天则地"的理念?"乃命羲、和,敬顺昊天,数法日月星辰,敬授民时。……岁三百六十六日,以闰月正四时。信饬百官,众功皆兴。"⑤这是尧能够以历数之法来体察人间日月星辰运行的规律,从而达到敬授民时,这些举动本质上就是"法天则地"的具体表现。大舜也是沿着尧治国的方向行事,尧在禅让帝位于舜的时候,对舜进行了一系列的考察,其中重要的一项就是"尧使舜入山林川泽,暴风雷雨,舜行不迷"⑥。舜之所以没有为恶劣的大自然所困扰,从内在精神而言,就是他能够法天而则地,故而没有迷失方向。太史公将这一段材料书写进人物传记里,用意盖在乎此。后来舜"摄行天子之政"时确实也是按照此规则行事的,所以大舜最终承袭了帝位。从《太史公自序》对此篇带有叙录性质的文字中我们可以明显地看到司马迁著述《五帝本纪》的终极目的,其云:"维昔黄帝,法天则地,四圣遵序,各成法度;唐尧逊位,虞舜不台;厥美帝功,万世载之。

①对此,张守节《史记正义》解曰:"言黄帝顺天地阴阳四时之纪也。"(《史记》卷一之三家注文,中华书局1982年版,第8页)将之与阴阳观点联系在一起。

②《五帝本纪》,《史记》卷一,中华书局1982年版,第6页。

③《五帝本纪》,《史记》卷一,中华书局1982年版,第11-12页。

④《史记》卷一,中华书局1982年版,第13-14页。

⑤《五帝本纪》,《史记》卷一,中华书局1982年版,第16-17页。

⑥《五帝本纪》,《史记》卷一,中华书局1982年版,第22页。

作《五帝本纪》第一。"①以"法天则地"的字样题首,不难看出司马迁修撰《五帝本纪》的深意。传统儒家思想对五帝的认识也正是如此!《坤灵图》云:"德佩天地,在正不在私,曰帝。""五帝"之所以能够称为"帝",正是与其"法天则地"的思想发生了内在的关系。当然,"法天则地"的内在核心就是"天人合一"和"公心"的品质。尧之所以没有将天下直接承继给自己的孩子,就是为天下考虑,《五帝本纪》载:"尧知子丹朱之不肖,不足授天下,于是乃权授舜。授舜,则天下得其利而丹朱病;授丹朱,则天下病而丹朱得其利。尧曰'终不以天下之病而利一人',而卒授舜以天下。"老百姓拥戴帝尧,也由衷地拥护大舜,"讴歌者不讴歌丹朱而讴歌舜。舜曰'天也'"②,由此可以说大舜取得天下,也是"天意"的表现! 而《秦本纪》载秦人祖先大费"佐舜调驯鸟兽,鸟兽多驯服"③。书写的也是关涉"法天则地"精神的内容。

①《太史公自序》,《史记》卷一百三十,中华书局1982年版,第3301页。
②《史记》卷一,中华书局1982年版,第30页。
③《史记》卷五,中华书局1982年版,第173页。

# 第八章 从"辩是非,故长于治人" 到"述往事,思来者"
## ——《史记》对《春秋》著史动机的继承与发展

孔子编撰《春秋》的最终动机还是为现实政治服务的,司马迁对之有自己鲜明的认识,太史公曰:"《春秋》辩是非,故长于治人","故有国者不可以不知《春秋》"①。一言以蔽之,《春秋》的编撰是为国家治理和现实政治服务的。司马迁继承了孔子著《春秋》经世致用的特点,提出《史记》的修撰是为了"述往事,思来者",这种传承与发展主要表现为:

### 一、"劝善""惩恶"的思想

上文曾就《周易》对《史记》的思想影响问题,论析了"惩恶劝善"的思想。本节则主要是对司马迁效仿孔子作《春秋》而作《史记》的逻辑次序加以阐述。司马迁在《太史公自序》中就说《春秋》修史动机有"善善恶恶,贤贤贱不肖","拨乱世反之正,莫近于《春秋》"②。郭璞也认为:"《春秋》所以观成败,明善恶者。"③总而言之,《春秋》之义就有"惩恶劝善"之倾向。这对《史记》的修撰影响非常深刻。司马迁继承了这样的精神营养,《史记》是为后来者提供借鉴之意。

司马迁为何要主张"惩恶劝善"?因为人的善恶,在人的一生命运走向中有时会起到非常重要的作用。《秦本纪》曾载秦穆公十五年(645年),晋国与秦国发生战争:"晋君弃其军,与秦争利,还而马骘。缪公与麾下驰追之,不能得晋君,反为晋军所围。晋击缪公,缪公伤。"在这非常危急的情况下,秦缪公看起来几乎都要丧生了,不过出乎意料的事情却发生了,"于是岐下食善马者三百人驰冒晋军。晋军解围,遂脱

①《太史公自序》,《史记》卷一百三十,中华书局1982年版,第3297—3298页。
②《史记》卷一百三十,中华书局1982年版,第3297页。
③ 裴骃《史记集解》在对《司马相如列传》所引《上林赋》"骛乎仁义之涂,览观《春秋》之林"注解时引用了郭璞的看法,请参见《史记》卷一百一十七之三家注文,中华书局1982年版,第3042页。

缪公而反生得晋君"。这到底是什么原因?《史记》进行了追叙:"初,缪公亡善马,岐下野人共得而食之者三百余人,吏逐得,欲法之。缪公曰:'君子不以畜产害人。吾闻食善马肉不饮酒,伤人。'乃皆赐酒而赦之。三百人者闻秦击晋,皆求从,从而见缪公窘,亦皆推锋争死,以报食马之德。"①正是秦缪公施舍德性的缘故,被施德之人才最终挽救了他,这显然是"惩恶劝善"的结果体现。再如霍云被继立为冠军侯,完全是因为其祖上霍去病抗击匈奴的贡献所致。《建元以来侯者年表》写道:"霍云,以大将军兄骠骑将军适孙为侯。地节三年,天子下诏书曰:'骠骑将军去病击匈奴有功,封为冠军侯。薨卒,子侯代立,病死无后。《春秋》之义,善善及子孙,其以邑三千户封云为冠军侯。'"②后又因作恶谋反被蠲除了爵位。

同样,《春秋》"惩恶劝善"的教化之义对个人的品行也会产生深刻的影响。《建元以来侯者年表》又记载了这样的事情:"于定国,家在东海。本以治狱给事为廷尉史,稍迁御史中丞。上书谏昌邑王,迁为光禄大夫,为廷尉。乃师受《春秋》,变道行化,谨厚爱人。迁为御史大夫,代黄霸为丞相。"③于定国本来是一个酷吏的身份,行事本来更多的是以刑名之学为标准的,但在学习了《春秋》之后,人反而变得慈爱仁义了。细细体会,于定国人生行事的变化应当是受到了《春秋》"惩恶劝善"精神的濡染。

"惩恶劝善"在司马迁的人物传记中还时常与"恩怨分明""知恩图报"的思想联系在一起,除了著名的韩信"千金报漂母"故事之外,如《范雎蔡泽列传》中记载,后来到了秦国建立了伟业的范雎,面对魏国曾经羞辱过他的须贾时,首先是列数了须贾往昔对自己的不公之处,他说:"汝罪有三耳。昔者楚昭王时而申包胥为楚却吴军,楚王封之以荆五千户,包胥辞不受,为丘墓之寄于荆也。今雎之先人丘墓亦在魏,公前以雎为有外心于齐而恶雎于魏齐,公之罪一也。当魏齐辱我于厕中,公不止,罪二也。更醉而溺我,公其何忍乎?罪三矣。"但范雎又恩怨分明,因为后来入秦时已经贵显的他还故意以自己落魄的状态面见须贾,考察须贾对其的态度,须贾反而不以他落魄而冷落他,故而范雎

---

①《史记》卷五,中华书局1982年版,第188-189页。

②《史记》卷二十,中华书局1982年版,第1064页。

③《史记》卷二十,中华书局1982年版,第1068页。

说:"然公之所以得无死者,以绨袍恋恋,有故人之意,故释公。"①后来曾经对范雎有推荐之功的王稽也因范雎向秦王的竭力推举而被提升。但魏齐因和范雎以前个人的怨仇而被范雎借助秦国的兵力公报私仇,结果亡了性命,故而司马迁在文中以第三人称的叙述口吻这样写道:"范雎于是散家财物,尽以报所尝困厄者。一饭之德必偿,睚眦之怨必报。"②范雎对人事的态度充分说明了"恩怨分明""知恩图报"的思想内涵,也充分寄寓了太史公在"善"与"恶"、"恩"与"怨"之间关系处理上的态度。

但是"惩恶劝善"的良好愿望在这个纷扰的尘世中未必皆能得到印证。由此司马迁感到极为愤懑。这一不平情绪的流露在《伯夷列传》中得到了集中的爆发:"或曰:'天道无亲,常与善人。'若伯夷、叔齐,可谓善人者非耶? 积仁絜行如此而饿死! 且七十子之徒,仲尼独荐颜渊为好学。然回也屡空,糟糠不厌,而卒蚤夭。天之报施善人,其何如哉? 盗跖日杀不辜,肝人之肉,暴戾恣睢,聚党数千人横行天下,竟以寿终。是遵何德哉? 此其尤大彰明较著者也。若至近世,操行不轨,专犯忌讳,而终身逸乐,富厚累世不绝。或择地而蹈之,时然后出言,行不由径,非公正不发愤,而遇祸灾者,不可胜数也。余甚惑焉,倘所谓天道,是邪非邪?"③仁善公正之人不一定有好的结果,这就是残酷的历史与现实,司马迁感到何等的郁悒与孤愤! 遭遇"李陵之祸"后的太史公对此更有深切的亲身体验,故而他感慨尤其良多! 所以司马迁认为伯夷叔齐饿死时并非如孔子所云"又何怨乎?"而应当是非常愤懑的! 所以太史公特地征引了伯夷叔齐临死之时所吟咏的《采薇歌》:"登彼西山兮,采其薇矣。以暴易暴兮,不知其非矣。神农、虞、夏忽焉没兮,我安适归矣? 于嗟徂兮,命之衰矣!"司马迁自己甚至直接站出来慨叹道:"由此观之,怨邪非邪?"④细味诗情,司马迁认为伯夷叔齐对周王朝以暴制暴的行为是有怨恨情绪的,而自己最终也遭遇了不幸的命运。

尽管如此,总体上来说,司马迁还是坚持"惩恶劝善"的宗旨。他

①《史记》卷七十九,中华书局1982年版,第2414页。
②《史记》卷七十九,中华书局1982年版,第2415页。
③《史记》卷六十一,中华书局1982年版,第2124-2125页。
④《史记》卷六十一,中华书局1982年版,第2123页。

在《韩信卢绾列传》论赞中这样写道:"韩信、卢绾非素积德累善之世,徼一时权变,以诈力成功,遭汉初定,故得列地,南面称孤。内见疑强大,外倚蛮貊以为援,是以日疏自危,事穷智困,卒赴匈奴,岂不哀哉!陈豨,梁人,其少时数称慕魏公子;及将军守边,招致宾客而下士,名声过实。周昌疑之,疵瑕颇起,惧祸及身,邪人进说,遂陷无道。於戏悲夫!夫计之生孰成败于人也深矣!"①在"惩恶劝善"的背后,司马迁强调的当然是人应当积极为善。

"惩恶劝善"的需要甚至使《史记》的叙写或评判表现出一定的"血统论"的思想。如《越王句践世家》论赞写句践的功业时如此记载:"禹之功大矣,渐九川,定九州,至于今诸夏艾安。及苗裔句践,苦身焦思,终灭强吴,北观兵中国,以尊周室,号称霸王。句践可不谓贤哉!盖有禹之遗烈焉。"②越王句践的功业一方面归结于其隐忍勤勉的努力,另一方面司马迁又将其与中原文化系统中的圣人大禹联系在一起,将其认定为大禹的后代。又如《项羽本纪》论赞写道:"吾闻之周生曰'舜目盖重瞳子',又闻项羽亦重瞳子。羽岂其苗裔邪?何兴之暴也!"③司马迁从生理特征上来推想项羽是大舜的后代,不然那时无寸土之封的项羽是不可能建立起如此惊天动地的功业!再如司马迁对黥布的评价也鲜明地体现了太史公的这一倾向性。黥布本来是一个刑徒,然而他却能够在反秦的事业与楚汉之争中建立了一番轰轰烈烈的功业,司马迁本人对此表现了相当的惊讶,他认为这与其祖先的德性有关。《黥布列传》论赞写道:"英布者,其先岂《春秋》所见楚灭英、六,皋陶之后哉?身被刑法,何其拔兴之暴也!"④太史公认为他可能是商代贤人皋陶的后裔,其功业当然是先祖泽被后世的结果。

正是出于"惩恶劝善"的需要,《史记》在笔法上进行了多方面的处理。

首先,曲笔的运用。孔子作《春秋》本身就采用很多隐晦的笔法来暗示自己的倾向,司马迁对之有自己深刻的理解,"孔氏著《春秋》,隐桓之间则彰,至定哀之际则微,为其切当世之文而罔褒,忌讳之辞

---

① 《史记》卷九十三,中华书局1982年版,第2642页。
② 《史记》卷四十一,中华书局1982年版,第1756页。
③ 《史记》卷七,中华书局1982年版,第338页。
④ 《史记》卷九十一,中华书局1982年版,第2607页。

也"①。孔子因为生活在定、哀时代，处在当时的动乱漩涡之中，对于当时社会确实无功可歌、无德可颂，故而孔子关于当代史的评判更多的是采用了隐晦的笔法来书写的，甚至孔子对客观存在的春秋争霸的事况都很少记载，司马迁对之也有自己深刻的理解，《太史公自序》写到其作《十二诸侯年表》的动机时说："幽厉之后，周室衰微，诸侯专政，《春秋》有所不纪。而谱牒经略，五霸更盛衰，欲睹周世相先后之意，作《十二诸侯年表》第二。"②太史公认为周王室衰亡之时，"《春秋》有所不纪"，究其原因实则上就是采用了"惩恶劝善"的隐晦之笔。从"春秋笔法"的避讳精神来看，后世有人认为司马迁并未很好地继承孔子的这一手法。唐代刘知几曾说："至太史公著《史记》，始以天子为本纪，考其宗旨，如法《春秋》，自是为国史者，皆用斯法。然时移世异，体式不同。其所书之事也，皆言罕褒讳，事无黜陟，故马迁所谓整齐故事耳，安得比于《春秋》哉！"③刘氏认为司马迁无所隐晦，这是对"春秋笔法"的破坏。其实，一方面我们应当看到，司马迁确实是在很多时候采用了直笔书写的方式，"不虚美，不隐恶"④，对此学界多有所阐述；另一方面，司马迁还是采用了隐晦、曲笔等方式来叙述，当然最重要的表现就是"互见法"。宋人苏洵说过："迁、固史虽以事辞胜，然亦兼道与法而有之，故时得仲尼遗意焉。……迁之传廉颇也，议救阏与之失不载焉，见之《赵奢传》；传郦食其也，谋挠楚权之谬不载焉，见之《留侯传》。……夫颇、食其、勃、仲舒，皆功十而过一者也。苟列一以疵十，后之庸人必曰：'智如廉颇，辩如郦食其，……而十功不能赎一过。'则将苦其难而怠矣。是故本传晦之，而他传发之，则其与善也，不亦隐而彰乎！"又论曰："迁论苏秦，称其智过人，不使独蒙恶声；论北宫伯子，多其爱人长者。固赞张汤，与其推贤扬善，赞酷吏人有所褒，不独暴其恶。夫秦、伯子、汤酷吏皆过十而功一者也。苟举十以废一，后之凶人必曰：'苏秦、北宫伯子、张汤酷吏虽有善不录矣，吾复何望哉！'是窒其自新之路，而坚其肆恶之志者也。故于传详之，于论于赞复明之，则其

---

① 《匈奴列传》，《史记》卷一百十，中华书局1982年版，第2919页。

② 《史记》卷一百三十，中华书局1982年版，第3303页。

③ 刘知几：《六家》，《史通》卷一，参见《〈史通〉通释》，上海古籍出版社1978年版，第8页。

④ 明代何乔新说："伯夷古之贤人，则冠之于传首，晏婴善与人交，则愿为之执鞭，其不虚美可知。陈平之谋略，而不讳其盗嫂受金之奸，张汤之荐贤，而不略其文深意忌之酷，其不隐恶可见。"（《椒丘文集》卷二《史科》，文渊阁四库全书本）

惩恶也,不亦直而宽乎!"①这种隐晦褒贬的处理从内在精神上来说不也是司马迁"惩恶劝善"理想的体现吗?! 同样,在司马迁的心中还是有王夷之分的,苏洵谈到司马迁《十二诸侯年表》时说:"迁表十二诸侯,首鲁讫吴,实十三国,何也? 不数吴也。皆诸侯耳,独不数吴,……何也? 用夷礼也。……"②特别是司马迁在记载汉武帝的功与过,尤其是其缺失时,实际上是通过不同传记的组合与互见而形成的。清人高嵣谈到《封禅书》中汉武求得神仙长生不老之事,提出应当"并《平准》《酷吏》《大宛》数篇,合成《孝武》一篇本纪"③。再如司马迁对张汤的评价,除了《酷吏列传》记载他的本传外,太史公在《平准书》中又写道:"是岁也,张汤死,而民不思。"④通过记载老百姓对张汤之死的态度,太史公显然是对张汤有批判之意的。

又如司马迁对吕后是有讽刺之意的,他也是通过较为隐晦的曲笔方式来书写的。清代汪越曾说:"御史大夫周昌以贵强徙为赵王如意相,吕后酖王,昌愤以死,不书卒。吕后以非罪杀赵尧,书抵罪,不言所坐,皆刺高后也。御史大夫晁错诛,汉书表云:错有罪,腰斩。而太史公不书谋削七国,忠而受祸,为景帝讳,有微词矣。"⑤所论甚是!

再如现存《史记》中《孝武本纪》与《封禅书》基本上是一样的,其原因是什么? 历来探讨甚夥。明人茅坤曾说:"《武帝纪》并本《封禅书》。窃谓武帝雄才大略,又太史公所躬睹本末,何漫至此! 愚意:孔子修《春秋》,而当时卿大夫犹有欲害之者,岂腐刑以后,太史公多戒心,遂毁其书而不出耶!"⑥茅氏认为是司马迁有意识地拿掉了《武帝本纪》。明代另外一位学者郝敬则认为其中包含了"春秋笔法",郝氏论道:"孟子所以守尧、舜、仲尼之道,辞而辟之也。《封禅书》述武帝用方士祀鬼神,无一应验,终之曰'其效可睹',不言而《春秋》寓矣。褚生补

---

① 苏洵:《史论中》,参见曾枣庄、金成礼:《〈嘉佑集〉笺注》卷九,上海古籍出版社1993年版,第232-233页。

② 苏洵:《史论中》,参见曾枣庄、金成礼:《〈嘉佑集〉笺注》卷九,上海古籍出版社1993年版,第233页。

③ 高嵣:《史记钞》卷二《封禅书》,乾隆三十五年(1770年)刊本。

④《史记》卷三十,中华书局1983年版,第1434页。

⑤ 汪越:《读史记十表》卷一〇《汉兴以来将相名臣年表》,文渊阁四库全书本。

⑥ 茅坤:《史记钞》卷七,明西吴闵氏刻本。

《武纪》,遗其雄略,特取是书充之,亦知子长本意。"①郝敬认为褚少孙用《封禅书》来补《孝武本纪》,是揣摩了太史公的褒贬内涵②。究竟哪一家说法比较切近真实的状况?我们如果考察了《史记》的原文,也许郝敬的观点更准确一些。《封禅书》记载汉武帝求得神君,"舍之上林中蹏氏观。神君者,长陵女子,以子死,见神于先后宛若。宛若祠之其室,民多往祠。平原君往祠,其后子孙以尊显。及今上即位,则厚礼置祠之内中"。但司马迁在接下来的交代颇有深意,"闻其言,不见其人云"③,太史公潜在之意就是说明这种怪异之事是不可信的。后面说到汉武帝深信方术之士李少君本身就是荒唐、可笑的,因为李少君本人就是采取了欺骗、巧伪的态度,《封禅书》载:"少君者,故深泽侯舍人,主方。匿其年及其生长,常自谓七十,能使物,却老。……以为少君神,数百岁人也。"但可笑的是,"居久之,李少君病死"④。只是因为汉武帝对长生不老之术的过度追求,尽管常受蒙骗,他还是没有阻止方士求仙的举动。《封禅书》载:"今上封禅,其后十二岁而还,遍于五岳、四渎矣。而方士之候伺神人,入海求蓬莱,终无有验。而公孙卿之候神者,犹以大人之迹为解,无有效。天子益怠厌方士之怪迂语矣,然羁縻不绝,冀遇其真。自此之后,方上言神祠者弥众,然其效可睹矣。"⑤作为带有典政体形式的《封禅书》竟然用了不少曲笔的形式来表现汉武帝求仙的荒谬,可见太史公对汉武帝的评判态度。

其次,太史公的"惩恶劝善"之意有时还会通过一种超乎寻常的异常现象记载来加以透视。如吕太后一生杀戮无数,冤屈者甚夥!不过在其后半生中经常有一些奇怪的天象出现,《吕太后本纪》载:"三月中,吕后祓。还过轵道,见物如苍犬,据高后掖,忽弗复见。卜之,云赵王如意为祟。高后遂病掖伤。"⑥赵王如意的冤屈通过这种异象的记载

---

① 郝敬:《史汉愚按》卷二,明崇祯间郝氏刻山草堂集本。

② 黄震就曾说:"封禅之书起于求神仙狂侈之心,迁作《封禅书》,反复纤悉,皆以着求神仙之妄,善矣!"(《黄氏日钞》卷四六《史记》,文渊阁四库全书本)所论甚是。凌约言也曾说:"太史公作《封禅书》,其于祷祠百出,则随之以若有'符应'之言,于求仙无方,则随之以'终不可得'之言,迁之微文见意,往往如此,而武帝之无道昭昭矣。"(见于凌稚隆辑校:《史记评林》(第三册)卷二八,天津古籍出版社1998年版,第628页),也看到了其中的微言大义。

③《史记》卷二十八,中华书局1982年版,第1384页。

④《史记》卷二十八,中华书局1982年版,第1385-1386页。

⑤《史记》卷二十八,中华书局1982年版,第1403-1404页。

⑥《史记》卷九,中华书局1982年版,第405页。

得到了反映,也从侧面表现了太史公"惩恶劝善"的良好愿望!因前文已有所阐述,这里不再赘述。

最后,司马迁有时还采用一种反讽的方法来表现"惩恶劝善"的需要。如关于《建元已来王子侯者年表》,太史公说:"盛哉!天子之德!一人有庆,天下赖之。"[1]文字的表层看起来似乎是颂美之意,但实际上却是表达了司马迁讽刺的主旨。因为纵观年表,它反映的是汉武帝在采用了主父偃"推恩令"后逐渐削弱了多个诸侯国的势力与地域。清人汪越说:"诸王子之后失侯者,坐酎金凡五十五,无后四。此外则不朝不敬一,弃绶出国不敬一。其甚者则篡死罪一,奸人妻一,奸姊妹一,杀人坐弃市一,杀弟坐弃市一,有罪不明所坐十,而谋叛者无闻焉,岂非户邑分而势销弱故欤?然汉自是遂无大藩国,至于哀、平之际,王氏专政,一岁之中,无罪而免者数十,捽而去之如挥羊豕。其欲诛莽者,武平侯璜、陵乡侯会。翟义所立者严乡侯信,祗骈首就戮,无一人应,恶睹所谓百足不僵者乎?故观《王子侯表》合《汉兴以来诸侯表》,究其终始,此西京二百三十年之大势也。"[2]推恩的结果就是让侯者和王子丧失了权力和土地,推恩何谓?!因此汉武帝表面上是为善之事,实际上是潜藏着他个人的险恶意图的。故清人尚镕说:"王子侯一百二十人,虽推恩分邑,实因主父偃之策削弱诸侯也。然旋坐酎金失侯者多至五十五人,则是锡鞶带而终朝三褫矣。而迁反盛推天子之之德,岂所谓讳莫如深耶。"[3]太史公实际上是通过反讽的笔法对汉武帝的虚伪与失德提出了批评。

## 二、"刺讥"精神的继承

《太史公自序》云:"《春秋》采善贬恶,推三代之德,褒周室,非独刺讥而已也。"[4]尽管《春秋》褒贬功能兼具,但毫无疑问,从《春秋》所记事

---

① 《史记》卷二十一,中华书局1982年版,第1071页。

② 汪越:《建元已来王子侯者年表》,《读史记十表》卷九,文渊阁四库全书本。

③ 尚镕:《史记辨证》卷二,持雅堂全集写本。

④ 《史记》卷一百三十,中华书局1982年版,第3299页。

的时代来看，"刺讥"是其最为重要的一个方面①。可见《春秋》的修撰功能也是重在"刺讥"。而司马迁曾在《六国年表》中说："余于是因《秦记》，踵《春秋》之后，起周元王，表六国时事，讫二世，凡二百七十年，著诸所闻兴坏之端，后有君子，以览观焉。"②司马迁要效法孔子作《春秋》的精神，讨论历史进程中的兴坏之理，"刺讥"的目的大到为治国者实施政教提供借鉴，小到同样可以为后世个人的立身行事所借鉴。后人也看出司马迁在"刺讥"功能上对《春秋》的继承，宋人李廌说："司马迁作《史记》，大抵讥汉武帝所短为多，故其用意远，扬雄、班固之论不得其实。《秦始皇本纪》皆讥武帝也，可以推求凡《史记》其意深远，则其言愈缓，其事繁碎，则其言愈简，此是《春秋》之义也。"③班固曾对司马迁的评判有一段著名的言论，为后世所热议，班氏云："其是非颇缪于圣人，论大道则先黄老而后六经，序游侠则退处士而进奸雄，述货殖则崇势利而羞贱贫，此其所蔽也。"④宋代沈括对之发表了自己个人的看法，他说："余按后汉王允曰：'武帝不杀司马迁，使作谤书，流于后世。'班固所论，乃所谓谤也。此正是迁之微意。凡《史记》次序、说论，皆有所指，不徒为之。班固乃讥迁'是非颇谬于神仙，论甚不慊'。"⑤沈氏认为"刺讥"正是《史记》一个重要的灵魂。

司马迁"刺讥"的内容是多方面的。首先，是对暴政的"讥刺"。如司马迁为何将孔子列入世家，除了"太史公曰"所论尊崇孔子为至圣之外，《太史公自序》又说明了写此传记的另一层用意，其云："周室既衰，诸侯恣行。仲尼悼礼废乐崩，追修经术，以达王道。匡乱世反之于正，见其文辞，为天下制仪法，垂《六艺》之统纪于后世。作《孔子世家》第

①　上升到儒家的层面，儒家之学术大多有刺世之功能。司马迁在《游侠列传》中如此评价韩非子的一段言论。他说："韩子曰：'儒以文乱法，而侠以武犯禁。'二者皆讥。"（《史记》卷一百二十四，中华书局1982年版，第3181页）本质上儒生与游侠都对社会时事的阴暗面有所不满，故而皆有"讥刺"，只不过表现出来的手段有些差异而已。这种"刺讥"的精神不仅影响了司马迁修撰《史记》，其实也影响了其他的史家。孔子之后的修书同样接受了孔子《春秋》"刺讥"精神的沾溉，《史记·平原君虞卿列传》就曾说到虞卿修书的过程及其目的，其云："虞卿既以魏齐之故，不重万户侯卿相之印，与魏齐间行，卒去赵，困于梁。魏齐已死，不得意，乃著书，上采《春秋》，下观近世，曰《节义》《称号》《揣摩》《政谋》，凡八篇。以刺讥国家得失，世传之曰《虞氏春秋》。"（《史记》卷七十六，中华书局1982年版，第2375页）

②　《史记》卷十五，中华书局1982年版，第687页。

③　李廌：《师友读书记》，见《历代名家评史记》，北京师范大学出版社1986年版，第12页。

④　《汉书》卷六十二，中华书局1962年版，第2737-2738页。

⑤　沈括：《梦溪补笔谈》卷一，辽宁教育出版社1997年版，第162-163页，。

十七。"①清人姜宸英曾说:"其意以诸侯之得世其家者,以其知有天子
而能匡乱反正,以天子之权归之于周者,莫如孔子之功最大,故附孔子
于世家者,非尊孔子也,推孔子之心,以明其始终为周之意。曰,春秋
非孔,则周道几乎熄矣。以孔子为尊周,而尊周者诸侯之事也,故上不
得比乎本纪,而下亦不得夷为列传也。或谓称世家为尊孔子而两失
者,是未识迁之意者也。"②《太史公自序》关于《孔子世家》作意的说明
实际上也是对春秋时代诸侯暴政的"刺讥"。《太史公自序》在谈到修撰
《陈涉世家》的动机时说道:"桀、纣失其道而汤、武作,周失其道而《春
秋》作。秦失其政,而陈涉发迹,诸侯作难,风起云蒸,卒亡秦族。天下
之端,自涉发难。作《陈涉世家》第十八。"③我们不难推知,司马迁为陈
胜立传,除了为了记载这个历史上风云人物的人生经历外,也是为了
通过这个人物传记的记载,来"刺讥"秦王朝的暴政。

其次,司马迁的"刺讥"还关涉律历的设置。《史记·历书》记载:"天
下有道,则不失纪序;无道,则正朔不行于诸侯。幽、厉之后,周室微,
陪臣执政,史不记时,君不告朔,故畴人子弟分散,或在诸夏,或在夷
狄,是以其机祥废而不统。周襄王二十六年闰三月,而《春秋》非之。
先王之正时也,履端于始,举正于中,归邪于终。履端于始,序则不愆;
举正于中,民则不惑;归邪于终,事则不悖。"④司马迁之所以将律历设
置和政教上的治乱、盛衰勾连在一起,目的还是"刺讥"不良的政教。

最后,作为纪传体的史书,《史记》"刺讥"运用最多的还是对人物
的批评。毫无疑问,"刺讥"也是表现司马迁思想的一个重要手段,司
马迁对人物的善恶褒贬体现了司马迁内在的思想。清人尚镕认为:
"迁责王翦不能辅秦建德,固其根本;责李斯不补主阙,严威酷刑;责蒙
恬不能强谏,振急修和。且责翦以偷合取容,责斯以阿顺苟合,责恬以
阿意兴功。真古之良史,可为万世驭将相之明鉴矣。"⑤显然司马迁在
这些人物传记的书写中,通过这样的"刺讥",实是主张个人应当以国
家利益为重,而不能为了个人的私利,牺牲整体的利益。

---

① 《史记》卷一百三十,中华书局1982年版,第3310页。

② 姜宸英:《读孔子世家》,《湛园集》卷五,文渊阁四库全书本。

③ 《史记》卷一百三十,中华书局1982年版,第3310-3311页。

④ 《史记》卷二十六,中华书局1982年版,第1258-1259页。

⑤ 尚镕:《史记辨证》卷七《蒙恬列传》,持雅堂全集写本。

就"刺讥"的方式而言,太史公所采取的方式也是多元化的,除了直接的"刺讥"外,还有以下方式:

第一,刺讥的形成有时会采取对照或影射法。如《封禅书》叙写秦始皇求仙的主旨就在于此,清人牛运震认为:"封禅求仙,秦皇、汉武事迹略同,太史公叙二君事,多作遥对暗照之笔,盖武帝失德处,不便明加贬语,而借秦皇特特相形,正以见汉武无殊于秦皇也。……此中命意用笔之妙,真不可思议。"①太史公就是通过秦始皇沉迷于追求长生不老的事情来讽刺汉武帝的求仙之事。

第二,司马迁《史记》的"刺讥"有时又潜藏在文本的背后,尽管是客观的叙事,但通过事况的前后对照,造成意在言外的"刺讥"效果。司马迁在一个事件记载之后,时常用一个看似客观冷静的笔调实际上却是充满批评的口吻对人物加以"刺讥"。在《平准书》中,司马迁记载了这样一件事情,"而大农颜异诛。初,异为济南亭长,以廉直稍迁至九卿。上与张汤既造白鹿皮币,问异。异曰:'今王侯朝贺以苍璧,直数千,而其皮荐反四十万,本末不相称。'天子不说。张汤又与异有郤,及人有告异以它议,事下张汤治异。异与客语,客语初令下有不便者,异不应,微反唇。汤奏当异九卿见令不便,不入言而腹诽,论死"。司马迁在记载这个事件之后写道:"自是之后,有腹诽之法(以此)[比],而公卿大夫多谄谀取容矣。"②司马迁显然对汉武帝与张汤其人是有所批判的,因为所谓腹诽之法施行之后,敢于直谏者少之又少,阿谀奉承之徒反而增加了很多。如关于《建元以来侯者年表》,清人尚镕说:"惠景间侯者,或以继绝,或以补遗,或以有功。除吕后封诸吕外,可议者少。表以济纪传之穷,故使人观之不厌也。建元以来侯者,自平津、牧邱、周子南君之外,皆因武帝之开边而封。此表纯是刺讥,而使人领取于言外。"③《建元以来侯者年表》所记是汉武帝建元以来封侯的事情,汉武帝之所以大肆封侯赏爵,都是因为所封之人建立了开拓边疆的军功,但从另外一面来说,这实际上也是司马迁对汉武帝穷兵黩武的讽

---

① 牛运震:《史记评注》卷四,三秦出版社2011年版,第91页。清人高塘也这样认为:"此书有讽意,无贬词,将武帝当日希冀神仙长生,一种迷惑不解情事,倾写殆尽。故前人谓之谤书,然其用意深矣。"(高塘:《史记钞》卷二《封禅书》,乾隆三十五年(1770年)刊本)

②《史记》卷三十,中华书局1982年版,第1433-1434页。

③ 尚镕:《史记辨证》卷二,持雅堂全集写本。

刺。再如,所有"表"除了《汉兴以来将相名臣年表》之外皆有序论,是何原因?清人吴见思认为:"自古之待功臣者,每以汉高为口实,将如淮阴之钟室,布越之菹醢,相如萧相国之谨饬,而上林一请,不免于下吏。噫,亦薄其矣!故子孙习之,而申屠嘉不免于呕血,周亚夫不免于饿死。至孝武之世,丞相多至自杀,而将帅以坐法抵罪失侯者,往往而有。此史公《年表》之所以作也。史公生于此时,目击心慨,未免言之过甚,故后人削之,而序论之所以阙乎。呜呼,孔子《春秋》皆口授,而定、哀之间多微辞,岂无故哉!"①根据孔子所谓的"春秋笔法",此表没有序言很有可能也是太史公在年表中对汉高祖刘邦加以了潜在的"刺讥"。

第三,"刺讥"的功能有时还借助于传记中的人物之口而形成。如《平准书》写道:"初,式不愿为郎。上曰:'吾有羊上林中,欲令子牧之。'式乃拜为郎,布衣属而牧羊。岁余,羊肥息。上过见其羊,善之。式曰:'非独羊也,治民亦犹是也。以时起居,恶者辄斥去,毋令败群。'上以式为奇,拜为缑氏令试之,缑氏便之。"后又记载:"是岁小旱,上令官求雨。卜式言曰:'县官当食租衣税而已,今弘羊令吏坐市列肆,贩物求利。亨弘羊,天乃雨。'"②司马迁记载卜式的话语到此戛然而止,但潜在之意较为明显,就是借助卜式之口,表现了对汉武帝任用桑弘羊等品格较为恶劣官员的不满之情,从而形成了"刺讥"之意。

第四,《史记》之所以形成"刺讥",其重要的一个方法就是"陈古刺今"。如《乐书》基本上是沿袭了《乐记》③,原因何在?明人郝敬曾说:"汉武以李延年为协律都尉,兴乐府,作《郊庙》等歌。后世辞林递相祖

① 吴见思:《史记论文·汉兴以来将相名臣年表》,上海古籍出版社2008年版,第125页。

② 《史记》卷三十,中华书局1982年版,第1432,1442页。宋人黄震说:"平准者,桑弘羊笼天下货官自为商贾买卖于京师之名也。盖汉更文景恭俭,至武帝初,公私之富极矣。……呜呼!武帝五十年间,因兵革而财用耗,因财用而刑法酷,沸四海而为鼎,生民无所措手足。迨至末年,平准之置,则海内萧然,户口减半,阴夺于民之祸于斯为极。迁著书始终相应之变,特以平准名书,而终之曰:烹弘羊,天乃雨,呜呼,旨哉。"(《黄氏日钞》卷一六《史记》,文渊阁四库全书本)也说明了汉武帝在任用桑弘羊上的过失,实际上批评的矛头是直接指向汉武帝的。

③ 司马迁对汉代的礼乐制度基本上无一言涉及,可能就是认为汉代的礼乐制度不足言。《刘敬叔孙通列传》曾这样写道:"于是叔孙通使征鲁诸生三十余人。鲁有两生不肯行,曰:'公所事者且十主,皆面谀以得亲贵。今天下初定,死者未葬,伤者未起,又欲起礼乐。礼乐所由起,积德百年而后可兴也。吾不忍为公所为。公所为不合古,吾不行。公往矣,无汙我!'"(《史记》卷九十九,中华书局1982年版,第2722页)司马迁通过鲁地两个儒生行状的记载对汉代的礼乐制度提出了"刺讥"。

述,谓《雅》《颂》无以逾。子长为《乐书》,至取材于荀卿,而当时乐府诸辞不少及,其意可知。"①郝敬潜在之意就是认为司马氏用了"陈古刺今"之法。郝敬的依据是"余尝谓汉乐府兴,而诗道大坏,此难与俗人言也。千古而上,子长独识此意,作《外戚世家》云:'李延年,本武帝所幸李夫人兄也,以音乐幸,号协律。协律者,故倡也,兄弟皆坐奸,族诛。'此语大有斧钺,于《外戚传》见之"②。《乐书》应当是有讽刺之意的,汉武帝极意声色,并非雅乐,而《乐书》最后所用"魏文侯听新声"一段,实际上由古及今,借古讽今,太史公对汉武帝本人是有规讽之意的。《乐书》还引用了晋平公听乐致灾一段(其所听尚是黄帝之乐,况以德薄而致灾),而汉武帝听的更是俗乐,其结果可想而知。同样,《平准书》也有"刺讥"之意。明人杨慎在谈到《平准书》时说道:"是书先叙汉事,而赞乃述自古以来,而寓微辞于武帝,叙事之变体也。……《平准书》讥横敛之臣也,《货殖传》讥好货之君也。"③这是用古代的平准之事来对照汉武时期的平准事况,从而对汉武帝提出了讽刺,不难看出《平准书》带有"陈古刺今"的方法。

第五,司马迁"刺讥"的表现方式有时还呈现为"虽美实讽"的特点。如《万石张叔列传》,如果单纯从论赞的语言来看,褒奖的成分似乎多一点。"太史公曰:仲尼有言曰'君子欲讷于言而敏于行',其万石、建陵、张叔之谓邪? 是以其教不肃而成,不严而治。塞侯微巧,而周文处谄,君子讥之,为其近于佞也。然斯可谓笃行君子矣!"④司马迁对石奋、石建等人似乎是颂美的,但当我们认真体味传记正文时,可以看出司马迁对石氏家族还是有"刺讥"之意的,因为石氏家族除了谨慎之外,基本上是在其位不谋其政,很有明哲保身的意味,"万石君少子庆为太仆,御出,上问车中几马,庆以策数马毕,举手曰:'六马。'庆于诸子中最为简易矣,然犹如此"⑤。字里行间,太史公是有批评之意的。清代吴汝纶认为:"此篇以佞字为主。孝谨美德也,然近于巧佞,君子

---

① 郝敬:《史记愚按》卷二,明崇祯间郝氏刻山草堂集本。

② 郝敬:《史汉愚按》卷二,明崇祯间郝氏刻山草堂集本。郝氏所引《外戚世家》之语,与原文意思相同,文字略有出入,《外戚世家》曰:"李夫人蚤卒,其兄李延年以音幸,号协律。协律者,故倡也。兄弟皆坐奸,族。"(《史记》卷四十九,中华书局1982年版,第1980页)

③ 杨慎:《总纂升庵合集》卷一〇三,清光绪八年(1882年)刻本。

④《史记》一百三,中华书局1982年版,第2773—2774页。

⑤《史记》卷一百三,中华书局1982年版,第2767页。

慎之。曾文正公尝为余言:'太史公真知道,其去孔子不远。'观此等文,其辨于朱紫苗莠者,不其微哉!"①美而实刺!

第六,"刺讥"的思想也反映在司马迁对某些文学作品思想的判断与体悟上。司马迁在继承了孔子"春秋笔法"的褒贬精神内涵之外,其实还深刻地受到了《诗经》美刺精神的影响,所谓"周道缺,诗人本之衽席,《关雎》作。仁义陵迟,《鹿鸣》刺焉"②,就是说明《诗经》对事件的评判也有美刺的批评立场。故而司马迁认为诗歌不仅仅是用来美化的③,也是可以用来"刺讥"的,他在《周本纪》中所云"懿王之时,王室遂衰,诗人作刺"④,也为此意。再如关于屈原的作品,司马迁认为也是有"刺讥"之意的,《屈原贾生列传》写道:"屈平正道直行,竭忠尽智以事其君,谗人间之,可谓穷矣。信而见疑,忠而被谤,能无怨乎?屈平之作《离骚》,盖自怨生也。《国风》好色而不淫,《小雅》怨诽而不乱。若《离骚》者,可谓兼之矣!上称帝喾,下道齐桓,中述汤武,以刺世事。明道德之广崇,治乱之条贯,靡不毕见。"⑤太史公认为屈原的作品是由怨刺而生成的,其作品充分体现了屈原的美政理想,提升了屈原伟大的人格。

综上所述,因为司马迁受到了《春秋》"刺讥"褒贬精神的影响,故《史记》行文之中充满了"刺讥"的成分,使《史记》在后世获得了"谤书"⑥的评价。有人甚至还把司马迁的"刺讥"精神与其后来所遭受的身世遭际联系在一起。班固曾引汉章帝的诏书说:"司马迁著书成一家之言,扬名后世,至以身陷刑之故,反微文刺讥,贬损当世,非谊士

---

① 吴汝纶:《桐城先生点勘史记》卷一〇三,南宫邢氏刻本。

②《十二诸侯年表》,《史记》卷十四,中华书局1983年版,第509页。

③ 如司马迁谈到召公之德时这样写道:"召公之治西方,甚得兆民和。召公巡行乡邑,有棠树,决狱政事其下,自侯伯至庶人各得其所,无失职者。召公卒,而民人思召公之政,怀棠树不敢伐,哥咏之,作《甘棠》之诗。"(《史记》卷三十四,中华书局1982年版,第1550页)《甘棠》诗就是用来美化召公的,他将其放到传记的书写之中。

④《史记》卷四,中华书局1982年版,第140页。

⑤《史记》卷八十四,中华书局1982年版,第2482页。

⑥ 此语出自王允,王允曾说:"昔武帝不杀司马迁,使作谤书,流于后世。"(《蔡邕列传》,范晔撰,李贤等注:《后汉书》卷六十下,中华书局1965年版,第2006页)"谤书"之名从纪事的角度而言,说明司马迁能够保持"不虚美、不隐恶"的客观性,三国时期裴松之曾言:"史迁纪传,博有奇功于世,而云王允谓孝武应早杀迁,此非识者之言。但迁为不隐孝武之失,直书其事耳,何谤之有乎?"(裴松之《魏书》注,见于陈寿撰:《三国志》卷六之注文,中华书局1982年版,第180页)

也。"①班氏之所以引用汉章帝的诏书,意在认为司马迁的《史记》从创作初期的颂美主调到后来"刺讥"为主调的改变是受到了"李陵之祸"打击的影响。

## 三、"刺讥"之外:美化

当然,从辨证的角度来看,孔子作《春秋》的精神重在"刺讥",但这显然不是其唯一的目的,其也有美化的功用。上引《太史公自序》的文字就已表明了这一点。而《春秋》美化之功能,早在战国时期就有人认识到,乐毅就说过:"臣闻贤圣之君,功立而不废,故著于《春秋》;蚤知之士,名成而不毁,故称于后世。"②《史记》的表现同样如此,近人刘咸炘说:"自王允以是书为谤书,而后世沿之,说多泛滥,几无一篇非讥刺。不思此乃黄帝至武帝之通史,非为武帝而作之谏书也,述往思来,非陈古刺今也。是故全书有讥刺之篇,而非篇篇皆刺讥,《平准书》《匈奴传》以下则诚刺讥也,余则非也。何乃谓《皇帝本纪》《老子列传》为讥求仙邪? 一篇有刺讥之节,而非节节旨刺讥。《封禅书》《货殖传》中载武帝事者则诚刺讥也,余则非也。何乃谓述古封禅、郊祀、灾祥、货殖之事皆反映武帝耶?"③就是指责古人在批评上将《史记》"刺讥"精神过度强调的偏颇之处④。刘氏的认识毫无疑问有其合理之处。

比如司马迁对汉武帝的态度并不是一味地批评,《河渠书》的修撰其用意在太史公论赞中表现较为鲜明,司马迁慨叹道:"甚哉! 水之为利害也! 余从负薪塞宣房,悲《瓠子》之诗而作《河渠书》。"⑤这显然是对汉武帝关心民生的一次褒奖,太史公这里引用了汉武帝著

---

① 班固:《典引》,见于(梁)萧统编,(唐)李善注:《文选》卷四十八,上海古籍出版社1986年版,第2158页。

② 《乐毅列传》,《史记》卷八十,中华书局1982年版,第2432页。

③ 刘咸炘:《太史公书知意·序论》,《推十书》(增补全本),上海科学技术文献出版社2009年版,第6页。

④ 王夫之曾说:"司马迁之史,谤史也,无所不谤也。"(《读通鉴论》卷三,中华书局1975年版,第83页)这是他在批判司马迁所作《平准书》的基础上所感发的,不过将司马迁的"刺讥"之意涵盖到整部《史记》之上,难免有点以偏概全的嫌疑。王夫之并云:"司马迁挟私以成史,班固讥其不忠,亦允矣。"(《读通鉴论》卷三,中华书局1975年版,第83页)王氏没有考虑到太史公修撰《史记》时所受理性的节制,自己作了一些感性的批评,毫无疑问,也是有失偏颇的。

⑤ 《史记》卷二十九,中华书局1982年版,第1415页。

名的《瓠子歌》就是明证,河渠治理可以说是汉武帝政治上的一大功绩。清人牛运震说:"《河渠书》直书事情,无一贬词。盖汉自河决,瓠子屡塞辄坏,梁、楚之地屡受其害。武帝自临决河,率从官员薪填石,卒成宣房之绩,复禹旧迹,殆有不得已者。读《瓠子》二歌,犹恻然有忧世救民之思焉。太史公备著之,以为较贤于开边、封禅、求仙等事也。"①清人郭嵩焘也认为:"案《河渠》一书,叙武帝通渭,引汾,通褒斜之道,穿洛,而终之以塞决河复禹旧迹,其勤民至矣,而言水利者遂遍于天下,此两汉富强之业所由开也。儒者徒知《史记》为谤书,而瑕瑜固不相掩,在善读者究观而知其故耳。武帝雄才大略,秦、汉以来所未有也。"②所言文字尽管有过于抬高的嫌疑,但他们所论汉武帝之功有其合理性,也说明司马迁在评价历史人物时候能够保持客观的理性的控制力。

---

① 牛运震:《史记评注》卷四,三秦出版社2011年版,第91—92页。
② 郭嵩焘:《史记札记》卷三《河渠书》,商务印书馆1957年版,第154页。

# 第九章 从"微言大义"到"成一家之言"
## ——《史记》所潜藏的子书特性

我们认真考察《史记》的文本，再结合司马迁"究天人之际，通古今之变，成一家之言"的修史宗旨时，不难发现，太史公实际上是要通过史料的记载来传达自己独特的思想，《史记》某种程度上带有子书的性质，后人称司马迁为"司马子"是有一定道理的。如果考察《史记》与《春秋》的关系，《史记》子书的性质毫无疑问与对《春秋》笔法的沿袭有内在的联系，而且在此基础上还有所发展。

## 一、《史记》对于《春秋》"一字寓褒贬"的继承与发展

关于《春秋》"一字寓褒贬"的特点，司马迁在《史记》的文本中有多次揭橥。《秦始皇本纪》曾写道："俗传秦始皇起罪恶，胡亥极，得其理矣。复责小子，云秦地可全，所谓不通时变者也。纪季以酅，《春秋》不名。吾读《秦纪》，至于子婴车裂赵高，未尝不健其决，怜其志。婴死生之义备矣。"①在《晋世家》中又如此记载关于晋文公会盟的事情："冬，晋侯会诸侯于温，欲率之朝周。力未能，恐其有畔者，乃使人言周襄王狩于河阳。壬申，遂率诸侯朝王于践土。孔子读史记至文公，曰'诸侯无召王''王狩河阳'者，《春秋》讳之也。"②《赵世家》又载："孔子闻赵简子不请晋君而执邯郸午，保晋阳，故书《春秋》曰'赵鞅以晋阳畔。'"③《田敬仲完世家》又载："厉公既立，娶蔡女。蔡女淫于蔡人，数归，厉公亦数如蔡。桓公之少子林怨厉公杀其父与兄，乃令蔡人诱厉公而杀之。林自立，是为庄公。故陈完不得立，为陈大夫。厉公之杀，以淫出国，故《春秋》曰'蔡人杀陈他'，罪之也。"④孔子在编撰《春秋》时正是通过

---

① 《史记》卷六，中华书局1982年版，第293页。
② 《史记》卷三十九，中华书局1982年版，第1668页。
③ 《史记》卷四十三，中华书局1982年版，第1791页。
④ 《史记》卷四十六，中华书局1982年版，第1879–1880页。

避讳、用字之差异等方式来表明自己的思想立场与情感态度,其所包含的意蕴是非常丰富的。《孔子世家》载:"子曰:'弗乎弗乎,君子病没世而名不称焉。吾道不行矣,吾何以自见于后世哉?'乃因史记作《春秋》,上至隐公,下讫哀公十四年,十二公。据鲁,亲周,故殷,运之三代。约其文辞而指博。故吴楚之君自称王,而《春秋》贬之曰'子';践土之会实召周天子,而《春秋》讳之曰'天王狩于河阳':推此类以绳当世。贬损之义,后有王者举而开之。《春秋》之义行,则天下乱臣贼子惧焉。"①"春秋笔法"警戒了许多的从政者,一言以蔽之,"春秋笔法"的运用最终还是为了达到经世致用的政教效果。

从时代来看,也许可以说,司马迁是对"春秋笔法"的特点及其功用进行全面解说的第一人。其实"春秋笔法"是在守护"礼"的原则下的运用,它可以避讳,也可以无所避讳,直书其事,《晋世家》载:"盾遂奔,未出晋境。乙丑,盾昆弟将军赵穿袭杀灵公于桃园而迎赵盾。……晋太史董狐书曰'赵盾弑其君',以视于朝。盾曰:'弑者赵穿,我无罪。'太史曰:'子为正卿,而亡不出境,反不诛国乱,非子而谁?'孔子闻之,曰:'董狐,古之良史也,书法不隐。宣子,良大夫也,为法受恶。惜也,出疆乃免。'"②晋灵公"不君"的行为固然应当受到惩罚,但赵盾身在晋国却没有很好地平定国乱,可以说也是不守礼的③。孔子称赞"董狐笔法",也可以说明孔子并不是一味主张避讳的。

《史记》多次引用了孔子关于史事的评论,实际上是对"春秋笔法"的肯定。《史记》研究史上有诸多学者谈到了司马迁《史记》对孔子"春秋笔法"的继承。如清人汤谐在谈到司马迁修撰《秦始皇本纪》时说道:"其叙事虽极综核,而作意森,于兴作征戍两端,最为详悉。盖尤恶其残民以逞,自取灭亡也。秦以智力并兼天下,志得意满,自谓功高前代,把持万世而有余。于是蔑古乱常,淫昏贪戾之政,杂然并作。许多罪过本只一个病根,然就事论之,则民为邦本,而残民尤速亡之道,此

①《史记》卷四十七,中华书局1982年版,第1943页。

②《史记》卷三十九,中华书局1982年版,第1675页。

③《韩世家》载:"晋景公之三年,晋司寇屠岸贾将作乱,诛灵公之贼赵盾。"(《史记》卷四十五,中华书局1982年版,第1865页)这里用了"贼"这样的字眼,说明司马迁对赵盾还是保留了孔子曾经对赵盾所持有的批评之意。

史公所以特加详写而深切著明此理，为千秋炯戒也。《春秋》重民力，兴作必书，而传文曰：'辞之烦，言之复，其中必有大善恶焉。'史公绍述《春秋》之意，于此见之矣。"①汤氏之言意在说明史公是通过繁富的叙事手段来表现自己对历史的褒贬态度，是对孔子"春秋笔法"的继承与发展。再如关于《项羽本纪》的体例与写法，冯景认为："或谓项羽虽将五诸侯灭秦，而《项羽本纪》仍书汉之元年，是天下大统，史迁不与楚而与汉也，是固然。然《春秋》之法，有名与而实不与者。是放其人躬行弑逆而为君，则直书其弑君，而仍不设其为君之号，于是史迁作《项羽本纪》之权衡起矣。羽既灭秦而暴兴也，则登之本纪而不设其为君之文，羽惟放弑义帝而自立也。则以汉纪元，文与而实不与，所以彰其弑君之罪，是固《春秋》之遗法，而史迁用之，义并行而不悖也。"②冯氏则是从编年的体例考察了史迁修撰《项羽本纪》的意味，认为太史公还是继承了《春秋》"一字寓褒贬"笔法的用意，用"汉之元年"来纪年，是对项羽"放弑"义帝的批评。

　　显然，司马迁在评判的方法上首先是承继了孔子作《春秋》时"微言大义"的评判方式。明代陈子龙说："（然）其（笔者按："其"指司马迁）卓识远见，微言晦志，不拘牵于世俗之论，而自抒发其意，亦有得《春秋》之一端者。……盖君子之为史也，非独以纪其事，将以善善而恶恶也。夫善之已形，恶之已着，人皆能言之，惟其事在拟疑之间，幽隐之际，非君子不能知之。而不为明之，则难遵而易畔，是故《春秋》之所褒贬，或言近而指远，或文与而是非，或彼此异辞，或前后异旨，所谓别嫌疑明是非定犹豫也。"③如同《春秋》称"楚王"为"楚子"一样，司马迁在称谓上也表现了自己的思想指向。清人钱大昕说："史公著书，上继《春秋》，予夺称谓之间，具有深意，读者可于言外得之。即举《月表》一篇，寻其微旨，厥有三端：一曰抑秦，二曰尊汉，三曰纪实。何谓抑秦？秦之无道，史公所深恶也。秦虽并天下，附书于《六国表》之后，不以秦承周也。及陈涉起事，秦犹未亡也，而即侪诸楚、齐、燕、赵之列，则犹六国视之也。虽称皇帝者再世，与楚之称霸王等耳。《表》曰'秦楚'，言秦之与楚匹也。何谓尊汉？史公以汉继三代，不以汉继秦，若

　　①汤谐编纂，韦爱萍整理：《史记半解》卷一，商务印书馆2013年版，第24页。
　　②冯景：《书〈项羽本纪〉后二》，《解春集文钞》卷七，商务印书馆1935年版，第86页。
　　③陈子龙：《史记测议·序》，见《历代名家评史记》，北京师范大学出版社1986年版，第23-24页。

系汉于秦之下,是尊秦而贬汉也。《十二诸侯年表》不题周而周尊,《秦楚之际月表》不题汉而汉尊。秦、楚皆亡国之余,以汉承之,失立言之体矣。陆贾《楚汉春秋》,其命名不如《史》《表》之正也。何谓纪实?楚虽先亡,覆秦之社稷者楚也。汉高初兴,亲北面义帝,汉王之国,又项羽封之,秦亡之后,主天下命者,非楚而何?本纪既述其事,而《表》又以'秦楚之际'目之,言天下之大权在楚也,此亦实之不可没者也。"①钱氏所论就是从《表》的设置与叙述方式来探究其中的微言大义,所言甚是。《史记》在很多篇章的编修上可以说继承了《春秋》"微言大义"的叙述方式。

司马迁有时还通过不同叙事的比重来表达自己对事件的看法,如《律书》,按照篇体来说,《史记》记载的主体应当是关于音律设置的事宜,但传文开端记载更多的是关于战争的事宜。清人尚镕曾评论:"六律为万事根本,其于兵械尤所重。迁盖本易之师出以律,作此书以讽武帝之佳兵也。故言诛伐虽不可偃于天下,然如秦二世之结怨匈奴(二世当作始皇),缔结祸于越,势非寡也。及威尽势穷,间巷之人为敌国,咎生于穷武不知足,甘得之心不息也。未遂极称文帝之弭兵以为和乐,而律事仅附著于篇。"②清人汪之昌亦云:"梁玉绳《史记志疑》以《律书》上述历代用兵,而不详其制,又不及汉景武两朝,不知其溯黄帝、颛顼、成汤之用兵,则以讨强暴平乱世,见纪律之师,不及孝文以后事,盖用兵不以律,无足言也,然则此篇书不以兵名而以律名,史公之意微已。"③《律书》前文书写更多的是关于军事上的史事,潜在之意是对当世君王汉武帝的穷兵黩武提出了讽刺。

司马迁有时还通过人物传记的正文与论赞中的差异性来表现自己对历史的看法,这也是对《春秋》"微言大义"方式的发展。如《孝景本纪》,正文主要记载景帝执政期间的天象灾异事情与平定"七国之乱"事件,而在本传论赞中对汉景帝的功勋仅仅写道:"汉兴,孝文施大

① 钱大昕:《与梁耀北论史记书》,吕友仁标校,《潜研堂文集》卷三十四,上海古籍出版社1989年版,第623-624页。

② 尚镕:《史记辨证》卷三《律书》,持雅堂全集写本。

③ 汪之昌:《〈史记·律书〉即〈兵书〉论》,《青学斋集》卷十三,见《历代名家评史记》,北京师范大学出版社1986年版,第424页。

德,天下怀安。至孝景,不复忧异姓",更多的是讨论了晁错人生行迹及其反思,"而晁错刻削诸侯,遂使七国俱起,合从而西向"①。显然与正文不完全对称。这无疑也是一种笔法,潜在地对汉景帝是有讽刺之意的。清人王治皞说:"孔子作《春秋》,定哀之间则微。太史公岂能直道于当世之君乎?观《景帝本纪》,略载日月,只详七国反事,其余杂见于各传,岂非隐约畏咎故耶?"②面对当代史,这是司马迁评判历史人物尤其是君王的一个很重要的方法。

## 二、从"君子曰"等形式的沿袭到"太史公曰"形式的发展

因为深受孔子作《春秋》的影响,司马迁在形式上也继承了《春秋》以及《左传》其他评判方法的影响,如"君子曰""君子是以谓"等方式的沿袭,包括引用孔子的言论加以评价。这样的形式在《史记》正文中经常出现。如对季文子的评价,《鲁周公世家》载:"五年,季文子卒。家无衣帛之妾,厩无食粟之马,府无金玉,以相三君。君子曰:'季文子廉忠矣。'"③就是通过君子评判的口吻来表现对季文子德性的颂扬。实际状况是季文子忠廉的德性在他以后的人生命运中起到了很好的作用。《鲁周公世家》载:"十六年,宣伯告晋,欲诛季文子。文子有义,晋人弗许。"④若非德性,季文子很可能被杀。《宋微子世家》写到宋宣公让位给其弟和,是为穆公。而后来宋穆公病中也将自己的君位传给了宣公之子与夷,而不是交给自己的孩子公子冯,穆公曰:"毋立冯,吾不可以负宣公。"对此,司马迁记载:"君子闻之,曰:'宋宣公可谓知人矣,立其弟以成义,然卒其子复享之。'"⑤这里固然是延续了《左传》的记载,但是司马迁之所以沿袭这样的形式,也说明了太史公对"君子曰"评价方式的认可。再如:"九年,宋水,鲁使臧文仲往吊水。湣公自罪曰:'寡人以不能事鬼神,政不修,故水。'臧文仲善此言。此言乃公子子鱼教湣公也。"⑥这是通过臧文仲的评价来表现自己的看法。又《陈杞世

---

① 《史记》卷十一,中华书局1982年版,第449页。

② 王治皞:《史汉权参》卷之上《景帝》,见《历代名家评史记》,北京师范大学出版社1986年版,第365页。

③ 《史记》卷三十三,中华书局1982年版,第1538页。

④ 《史记》卷三十三,中华书局1982年版,第1537页。

⑤ 《史记》卷三十八,中华书局1982年版,第1623页。

⑥ 《史记》卷三十八,中华书局1982年版,第1624页。

家》记载夏征舒为了家丑杀了陈灵公,并自立为陈侯,这样大舜后裔之
国的陈国实际上就灭亡了,而楚庄王派兵诛灭了夏征舒,又恢复了陈
国,并且听取了申叔时的意见:"灵公太子午于晋而立之,复君陈如故,
是为成公。"对此,司马迁没有直接加以评论,而引用了孔子的言行潜
在地表达了自己的意见。《陈杞世家》载:"孔子读史记至楚复陈,曰:
'贤哉楚庄王!轻千乘之国而重一言。'"①这显然也是对《春秋》《左传》
"微言大义"评论方式的继承。又如《楚世家》载:"二十七年春,吴伐
陈,楚昭王救之,军城父。十月,昭王病于军中,有赤云如鸟,夹日而
蜚。昭王问周太史,太史曰:'是害于楚王,然可移于将相。'将相闻是
言,乃请自以身祷于神。昭王曰:'将相,孤之股肱也,今移祸,庸去是
身乎!'弗听。卜而河为祟,大夫请祷河。昭王曰:'自吾先王受封,望
不过江、汉,而河非所获罪也。'止不许。孔子在陈,闻是言,曰:'楚昭
王通大道矣。其不失国,宜哉!'"②太史公实际上是通过孔子的言语来
颂扬楚昭王的德性。再如"声公五年,郑相子产卒,郑人皆哭泣,悲之
如亡亲戚。子产者,郑成公少子也。为人仁爱人,事君忠厚。孔子尝
过郑,与子产如兄弟云。及闻子产死,孔子为泣曰:'古之遗爱也!'"③
同样是通过孔子的评论对子产的"仁爱"品质表达了赞美之意。

　　除正文之外,太史公在传记的论赞中也时而引用孔子之言加以评
判,如《鲁世家》论赞写道:"太史公曰:余闻孔子称曰'甚矣鲁道之衰
也!洙泗之间断断如也'。观庆父及叔牙、闵公之际,何其乱也? 隐桓
之事;襄仲杀适立庶;三家北面为臣,亲攻昭公,昭公以奔。至其揖让
之礼则从矣,而行事何其戾也?"④《田叔列传》论赞又写道:"太史公曰:
孔子称曰'居是国必闻其政',田叔之谓乎! 义不忘贤,明主之美以救
过。仁与余善,余故并论之。"⑤都潜在地继承了《春秋》《左传》褒贬人
物的方式。

　　另外比较特别的是,《史记》传文不仅仅是通过"君子曰""孔子曰"
等这样圣人的话语加以评论,自己偶尔也会走出来加以评述。如《魏

---

①《史记》卷三十六,中华书局1982年版,第1580页。

②《史记》卷四十,中华书局1982年版,第1717页。

③《郑世家》,《史记》卷四十二,中华书局1982年版,第1775页。

④《史记》卷三十三,中华书局1982年版,第1548页。

⑤《史记》卷一百四,中华书局1982年版,2779页

世家》写道："懿侯说,乃与赵成侯合军并兵以伐魏,战于浊泽,魏氏大败,魏君围。赵谓韩曰:'除魏君,立公中缓,割地而退,我且利。'韩曰:'不可。杀魏君,人必曰暴;割地而退,人必曰贪。不如两分之。魏分为两,不强于宋、卫,则我终无魏之患矣。'赵不听。韩不说,以其少卒夜去。惠王之所以身不死,国不分者,二家谋不和也。若从一家之谋,则魏必分矣。故曰:'君终无适子,其国可破也。'"①后文明显是司马迁用第三人称的叙述方式对韩、魏两国进行了评价,实际上是表明自己的立场态度!

更为重要的是,《史记》继承了《春秋》《左传》"君子曰"评判的形式,将其发展为"太史公曰"。在形式上将其由文中基本统一放在文末,更为重要的发展是将《春秋》《左传》"君子曰"的功能加以扩大。诚如上文所说,《春秋》《左传》的"君子曰"仅有表现褒贬这样一种功能,而《史记》的"太史公曰"则推陈出新,除了褒贬之外②,还有补缺事言去取,述经历等多种叙事作用。唐人司马贞对"太史公曰"论赞功能颇有微词,认为它们较为偏颇,故而另作《述赞》以补之。对此,清人牛运震说:"太史公论赞,或隐括全篇,或偏举一事,或考诸涉历所亲见,或证诸典记所参合,或于类传之中摘一人以例其余,或于正传之外摭轶事以补其漏,皆有深意远神,诚为千古绝笔。司马贞《索隐》讥其颇取偏引,以为首末不具,褒贬未称,别作一百三十篇述赞,缀于简末。其不知史法与文体殊甚,真所谓爝火于日月,浸灌于时雨者也。"③其实《史记》的论赞并不完全是用来概括正文的思想内容,有时也熔铸了史迁深刻的情感倾向或传达出自己的思想意旨。如"太史公曰"有时会表现出对传记正文某些评判的修正。《宋微子世家》载:"太史公曰:……《春秋》讥宋之乱自宣公废太子而立弟,国以不宁者十世。襄公之时,修行仁义,欲为盟主。其大夫正考父美之,故追道契、汤、高宗,殷所以兴,作《商颂》。襄公既败于泓,而君子或以为多,伤中国阙礼义,褒之也,宋襄之有礼让也。"这里就对传

---

① 《史记》卷四十四,中华书局1982年版,第1843页。

② 就褒贬功能而言,宋人郑樵说:"凡《左氏》之有'君子曰'者,皆经之新意;《史记》之有'太史公曰'者,皆史之外事,不为褒贬也。间有及褒贬者,褚先生之徒杂之耳。"(《通志·总叙》,中华书局1987年版,第1页)关于"太史公曰"的褒贬功能,上文我们多有引述。郑氏的判断显然有所偏误。

③ 牛运震:《史记评注》卷一,三秦出版社2011年版,第22页。

记正文两次记载进行了修正：一是正文对宋宣公是赞美的，这里却是讽刺的，主要是因为宋宣公将自己的君位传给了自己的弟弟，这是对宗法继承制度的破坏。二是正文对宋襄公秉持批判的态度："冬，十一月，襄公与楚成王战于泓。楚人未济，目夷曰：'彼众我寡，及其未济击之。'公不听。已济未陈，又曰：'可击。'公曰：'待其已陈。'陈成，宋人击之。宋师大败，襄公伤股。国人皆怨公。公曰：'君子不困人于厄，不鼓不成列。'子鱼曰：'兵以胜为功，何常言与！必如公言，即奴事之耳，又何战为？'"①子鱼的言语中是有批判意味的。但在"太史公曰"论赞的语言中，司马迁却在礼让精神匮乏的时代背景下对宋襄公重新进行了评判。宋襄公礼让精神放在攻城略地为主要目的的战争背景下固然有点迂腐，但是如果能够付诸日常生活的行为之中，对于功利的过度追求无疑会起到一定的疗救作用，从这样的角度来说，礼让精神却也是非常难能可贵的！

## 三、《史记》传中人物的安排带有子书所表现的思想因素

　　《史记》中的人物究竟应当置于何种体例中去书写？司马迁根据人物的行迹与品性作出自己的判断，人物传记体例的安排本身就总体上表现了他对人物及其行事的看法。明人柯维骐说："按《太史公自序》，于梁王云'七国叛逆，惟梁为扞'，于五宗云'五宗既王，亲属洽和'，他如楚元王云'为汉宗藩'，荆燕云'为汉藩辅'，齐悼惠王云'实镇东土'，此诸王有功于汉，不论亲疏，不论享国修短，俱得名世家。乃若吴王、淮南、衡山之属，既无藩辅之功，而其子孙又首倡叛逆，或犯奸恶，自取灭亡，故降为列传，不得与诸王比也。萧、曹、平、勃、张良列之世家，而彭、韩、黥、樊诸人，只列为传，意亦如此。若乃陈涉，亦名世家，天下亡秦，由涉首事，其功足多也。班彪讥其进黜失经，而固纂父书，通列为传，失之矣。"②柯氏所举人物入传体例的成因是比较契合《史记》文本实际状况的。

　　司马迁在人物传记的排列上注意前后次第上的逻辑关系，也借此表明自己对历史的认识，如《苏秦列传》《张仪列传》《樗里子甘茂列传》等排列主要是围绕策士为中心，连贯在一起又整体上表现了司马迁对

---

①《史记》卷三十八，中华书局1982年版，第1626页。
②柯维骐：《史记考要》卷七，明嘉靖二十年（1541年）刻本。

策士的看法,《苏秦列传》论赞曰:"苏秦兄弟三人,皆游说诸侯以显名,其术长于权变。"①《张仪列传》论赞曰:"三晋多权变之士,夫言从衡强秦者大抵皆三晋之人也。"②《樗里子甘茂列传》论赞曰:"甘茂起下蔡间阎,显名诸侯,重强齐楚。甘罗年少,然出一奇计,声称后世。虽非笃行之君子,然亦战国之策士也。方秦之强时,天下尤趋谋诈哉。"③可见策士的出现是时代发展的需要,对诸侯国的兴衰存亡发挥了非常重要的作用。

再如司马迁在《鲁仲连邹阳列传》论赞中谈到为何要将鲁邹选入到传记中时说道:"鲁连其指意虽不合大义,然余多其在布衣之位,荡然肆志,不诎于诸侯,谈说于当世,折卿相之权。邹阳辞虽不逊,然其比物连类,有足悲者,亦可谓抗直不桡矣。吾是以附之列传焉。"④太史公从亢言直辩精神的角度提出要对人物进行揄扬,从而为鲁仲连、邹阳立传,目的当然是为了颂美他们独立桀骜的人格。明代茅坤评论道:"邹阳本不足立传,太史公特爱其书之文词颇足观览,故采入为传。然予首尾按之,并只言断简,而其旨多呜咽,故爱之者易也。"⑤显然没有真切体味到太史公的真正用意,史迁之意当然不仅仅是以同情的笔调来书写的。

又如班固对司马迁"先黄老而后六经"的批评,其实在孔、老入传的方式上,就已经表明了司马迁的批判立场,并非班固所批评的那样尊老而黜孔。明人陈仁锡说:"史迁可谓知圣人之道矣,班氏谓其'先黄老而后六经',非也。观其作《史记》,于孔子则立《世家》,于老氏则立《传》。至论孔子,则曰'可谓至圣',论老氏,但曰'隐君子'。非知足以知圣人而能若是乎?或谓迁非知孔子之至者,必述其道德精微,然后谓之至,噫,道德精微,虽夫子亦自难言也,而欲责迁言之欤?"⑥陈氏所论甚是。其实孔子入世家本身就表现了司马迁对儒家的尊崇。而在《孟子荀卿列传》中又通过叙述性的语言表现了对道家的批评,其

①《史记》卷六十九,中华书局1982年版,第2277页。

②《史记》卷七十,中华书局1982年版,第2304页。

③《史记》卷七十一,中华书局1982年版,第2321页。

④《史记》卷八十三,中华书局1982年版,第2479页。

⑤茅坤:《史记钞》卷四九,明西吴闵氏刻本。

⑥陈仁锡:《陈评史记》卷四十七,见《历代名家评史记》,北京师范大学出版社1986年版,第491-492页。

云："荀卿嫉浊世之政，亡国乱君相属，不遂大道而营于巫祝，信机祥，鄙儒小拘，如庄周等又猾稽乱俗，于是推儒、墨、道德之行事兴坏，序列著数万言而卒。因葬兰陵。"①在对庄子评论的文字中显然可以看出司马迁对道家是有批判之意的。

又如司马迁强调人才在国家社会生活中的重要作用，在传主的安排上有时也能体现出太史公的这一观念。如《廉颇蔺相如列传》尽管是廉蔺二人的合传，但实际上写到了廉颇、蔺相如、赵奢、李牧等四个关键人物，为何如此？明人钟惺所论可以说一语中的，其云："以廉颇、蔺相如主名，中间赵奢、李牧周旋穿插，断续无痕，而赵之兴亡，节目全在于此。数人共一传，只如一人。贤才关系国家，从文字章法中错综写出，此史之识也。"②可见四人在赵国历史进程中的重要性。清人汤谐的总结更为精彩，他说："赵事为经，四人为纬。盖四人用舍，关赵国存亡，而其君暗而听谗，终至不振。史公深慨叹之，故作法如此变化。其结撰之微密，摹画之精彩，更令人游赏不尽也。"③可见人才在国家政治生活中的关键性作用。

又如司马迁有意突出人才应当对国家忠诚无二，在人物事件的安排上同样能够得到表现。如《田单列传》本来传主就是写田单一人，但其中却用了不少笔墨刻画了王蠋这个人物："燕之初入齐，闻画邑人王蠋贤，令军中曰'环画邑三十里无入'，以王蠋之故。已而使人谓蠋曰：'齐人多高子之义，吾以子为将，封子万家。'蠋固谢。燕人曰：'子不听，吾引三军而屠画邑。'王蠋曰：'忠臣不事二君，贞女不更二夫。齐王不听吾谏，故退而耕于野。国既破亡，吾不能存；今又劫之以兵为君将，是助桀为暴也。与其生而无义，固不如烹！'遂经其颈于树枝，自奋绝脰而死。齐亡大夫闻之，曰：'王蠋，布衣也，义不北面于燕，况在位食禄者乎！'"④所记文字目的就是为了突出王蠋的忠诚之意，表达出司马迁忠君爱国的观念。有人认为田单最终的复国也与王蠋的爱国有关系。宋人唐仲友认为："太史公之书，善乎其推本也。太史公书蠋事累数十百言，不失一辞，正使为

①《史记》卷七十四，中华书局1982年版，第2348页。
②转自葛氏《史记》卷八十一，见《历代名家评史记》，北京师范大学出版社1986年版，第604页。
③汤谐：《史记半解》卷二，商务印书馆2013年版，第188页。
④《史记》卷八十二，中华书局1982年版，第2457页。

蠋立传,能加一字乎? 传不传,于蠋无加损,据事迹直录,附之单传,则知蠋深矣! 太史公传韩非于老子之后,而书蠋于单传之末,则知刑名之学老子为之,复齐之功蠋实倡之也。皆推见至隐之意欤!"①明代董份则认为:"观听叙王蠋事,则是以齐存亡系一布衣,其推蠋至矣,孰谓太史公退节义耶!"②司马迁对王蠋人生行事的记载彰显了太史公对节义的重视,班固后来批评司马迁"崇势利而羞贱贫"的观点显然是错误的。

## 四、《史记》篇目的设置一定程度上也能体现出其思想的内涵

司马迁在《史记》人物传记具体题名的使用上有时也能够彰显太史公本人的思想内涵,这也可以说是承接了所谓"微言大义"的"春秋笔法"在《史记》中的另一表现。如周武王的弟弟管叔因谋反被杀,并且无后,按照体例是不能单列世家的,但司马迁在世家却安排了《管蔡世家》,对此,清人恽敬认为:"(且)管叔蔡叔均罪,而管叔无后,不得有世家,太史公不书曰《蔡世家》,而曰《管蔡世家》,盖圣人之处兄弟也,尽乎当然之仁义而已。使管叔有后如蔡仲,周公必言于成王如蔡仲之封,岂有异哉? 太史公之智,足以知圣如此,故曰'绍明世,正《易传》,继《春秋》,本《诗》《书》《礼》《乐》之际也'。"③恽氏从题目论司马迁设置这篇世家的潜在主旨主要是表现周公仁义思想的,这是有一定道理的。

又如《史记》中为何没有《惠帝本纪》? 清人何焯认为:"作《吕太后本纪》者,著其实。赞,以孝惠皇帝冠之,书法在其中矣。"④何氏为何持这种观点? 因为《吕太后本纪》论赞这样写道:"孝惠皇帝、高后之时,黎民得离战国之苦,君臣俱欲休息乎无为,故惠帝垂拱,高后女主称制,政不出房户,天下晏然。刑罚罕用,罪人是希。民务稼穑,衣食滋殖。"⑤太史公论赞文字将孝惠帝放在开首,并用了"惠帝垂拱"这样的

① 唐仲友:《悦斋文钞》卷九,金华丛书本。

② 凌稚隆辑校:《史记评林》(第五册)卷八十二,天津古籍出版社1998年版,第91页。

③ 恽敬:《读管蔡世家》,《大云山房文稿初集》卷二,商务印书馆1926年版,第34页。

④ 何焯著,崔高维点校:《义门读书记》卷十三《〈史记〉上·〈吕后本纪〉》,中华书局1987年版,第202页。

⑤ 《史记》卷九,中华书局1982年版,第412页。

话语,何氏认为是有深意的,是表彰孝惠帝"休息无为"政策的。《史记》缺少《孝惠本纪》,也许是从史家尊崇史书记载体例的客观性而为之①。但同时,史家有自己对历史批判的主观性。笔者认为《吕太后本纪》论赞起首用"孝惠皇帝"字样,主要是表现了司马迁对孝惠帝作为君主的权力实际被剥夺的同情。

---

① 宋人郑樵说:"汉吕唐武之后立纪,议者纷纭不已,殊不知纪者,编年之书也。若吕后之纪不立,则八年正朔所系何朝? 武后之纪不立,则二十年行事所著何君? 不察实义,徒事虚言,史家之大患也。"(《通志》卷五上《前汉纪五上》,中华书局1987年版,第76页)郑氏的观点即是我们通常所认识的,按照编年体的体制,如果不记载吕后主政的这一段历史,则历史的史事就可能出现断裂,处于不好记载的状态。事实上,孝惠帝在经过吕后一系列的压制与恐吓(尤其是观察了"人彘"之后),"孝惠以此日饮为淫乐,不听政"(《史记》卷九,中华书局1982年版,第397页)。政事已完全为吕氏所专擅。司马迁的记载也是对历史的尊重。故而清代郭嵩焘也认为:"案此《本纪》中明言'孝惠日饮,为饮乐,不听政',是惠帝初立后,吕后专杀自恣,政由己出,固已久矣。史公不为惠帝立纪,以纪实也。"(《史汉札记》卷一《吕后本纪》,商务印书馆1957年版,第73页)

# 第十章 从"我欲载之空言,不如见之于行事之深切著明也"到"于序事中寓论断"

## ——《史记》对《春秋》著史方法的传承与发展

其实孔子评判历史事件的最重要方法是通过历史事件的记载来完成的,所谓"一字寓褒贬"的"春秋笔法"只是一个辅助的手段。因为《春秋》从表层来看,首先也是一部史书。孔子所谓"我欲载之空言,不如见之于行事之深切著明也"①的方式,就是要求通过历史事件的记载来透露自己的观点(当然史事是要经过孔子的剪裁完成的,剪裁什么样的材料如《春秋》本身就代表了孔子的一种评判)。这种方式在后来的史学家身上或多或少被继承了下来。只是司马迁做得最为充实最为完美而已。宋代郑樵曾说过:"仲尼既没,百家诸子兴焉,各效《论语》,以空言著书。至于历代实迹,无所纪系。迨汉建元、元封之后,司马氏父子出焉。司马氏世司典籍,工于制作,故能上稽仲尼之意,会《诗》《书》《左传》《国语》《世本》《战国策》《楚汉春秋》之言,通黄帝、尧、舜,至于秦汉之世,勒成一书,分为五体:……六经之后,惟有此作。"②从子学发展的过程来看,郑氏的评判是有一定道理的,司马迁表达其"一家之言"的《史记》不同于一般的子书,他是通过史事的记载来传达自己的思想观点。至于朱熹批评司马迁"说得头势甚大,然下面亦空疏"③,显然不符合《史记》的真实状况。司马迁正是在史事的选择与记载之中表达了自己的思想内涵,何焯论道:"永嘉尊信《史记》亚于六经,真属强作解事,被朱子'史记有甚道理'一句扫倒。但其文章却有

---

① 《太史公自序》,参见《史记》卷一百三十,中华书局1982年版,第3297页。司马迁对孔子作《春秋》方式的理解实际上是受到了其师董仲舒的影响。董氏《春秋繁露·俞序》写道:"仲尼之作《春秋》也,上探正天端王公之位,万民之所欲,下明得失,起贤才,以待后圣,故引史记,理往事,正是非,见王公。史记十二公之间,皆衰世之事,故门人惑,孔子曰:'吾因其行事而加乎王心焉。'以为见之空言,不如行事博深切明。"(参见苏舆撰,钟哲点校:《春秋繁露义证》卷六,中华书局1992年版,第158–159页)太史公对《春秋》作法的认识和董氏是相吻合的。

② 郑樵:《通志·总叙》,中华书局1987年版,第1页。

③ 黎靖德编:《朱子语类》卷一百二十二,中华书局1986年版,第2951页。

微旨,宋儒硬将大话推排,又不识史法耳!"①何氏之语点出了史书阐发思想的特有之处。

　　当然,与《史记》相比,《春秋》因为纪事过于简单,类似一句话新闻或标题新闻,毫无疑问,在表达思想方面,纪事的基础就较为单薄。《史记》在事件的记载上则更为丰富、翔实,因此为自我思想的传达提供了更为厚实的材料基础。关于此点,清人章学诚所论极为深刻,他说:"史之大原,本乎《春秋》。《春秋》之义,昭乎笔削。笔削之义,不仅事具始末,文成规矩已也。以夫子'义则窃取之旨'观之,固将纲纪大人,推明大道。所以通古今之变,而成一家之言者,必有详人之所略,异人之所同,重人之所轻,而忽人之所谨,绳墨之所不可得而拘,类例之所不可得而泥,而后微茫杪忽之际,有以独断于一心。"②司马迁更多的则是将其发展成为通过人物形象的具体描写以及事件的选择与组合来潜在地表明自己的立场,作者的褒贬与爱憎主要不是依靠议论、判断表现出来的。即顾炎武所说的"于序事中寓论断"③。当然,《史记》是如何达到这样效果的,方式很多,笔者这里主要讨论以下几种。

## 一、叙小事,以见大处

　　《史记》非常善于利用典型细节和生动的小故事来刻画人物的心理及其性格特征,借此也表明了作者的评判。《李斯列传》写李斯:"年少时,为郡小吏,见吏舍厕中鼠食不洁,近人犬,数惊恐之。斯入仓,观仓中鼠,食积粟,居大庑之下,不见人犬之忧。于是李斯乃叹曰:'人之贤不肖譬如鼠矣,在所自处耳!'"④《史记》记载了"李斯观鼠"这样的小故事,如果按照史书一般要求选择影响人物人生历程的重要事件来看,这可能不是最佳的剪裁。但正是这样小故事的载录充分说明了李

---

①　何焯著,崔高维点校:《〈史记〉上·〈史记集解〉序》,《义门读书记》卷十三,中华书局1987年版,第197页。

②　章学诚:《答客问上》,《文史通义》卷五,见叶瑛:《〈文史通义〉校注》,中华书局1985年版,第470页。

③　《日知录》正文是这样写的:"古人作史,有不待论断,而于序事之中即见其指者,惟太史公能之。《平准书》末载卜式语,《王翦传》末载客语,《荆轲传》末载鲁句践语,《晁错传》末载邓公与景帝语,《武安侯田蚡传》末载武帝语,皆史家于序事中寓论断法也。"(顾炎武著,黄汝成集释:《〈日知录〉集释》卷二十六,中州古籍出版社1990年版,第590页)顾氏所举数例,概而言之,只是说明在人物的言语之中寄寓了作者的评判这样一个类型。

④　《史记》卷八十七,中华书局1982年版,第2539页。

斯从年轻开始就对功利非常重视，可以说，功名是左右李斯后来人生活动的重要因素。由此我们不难推理李斯后来为何毒杀韩非，又为何屈从赵高和二世。传文写道："李斯恐惧，重爵禄，不知所出，乃阿二世意，欲求容，以书对曰：……"①可见李斯一生对功名是非常难以舍弃的。明人钟惺曾评价说："李斯古今第一热中富贵人也，其学问功业佐秦兼天下者皆其取富贵之资，而其种种罪过，能使秦亡天下者，即其守富之道。究竟斯之富贵仅足以致族灭，盖其起念结想，尽于仓鼠一叹。太史公言秦用李斯，二十年竟并天下，而于秦亡关目紧要处皆系之《李斯传》，若作《秦本纪》者。而结之曰'遂以亡天下'，见人重富贵之念，其效足以亡天下。罪斯已极，而垂戒亦深矣。"②所论甚是！太史公也借此表明了功利富贵对人心的侵蚀。

再如《淮阴侯列传》写韩信幼贫："信钓于城下，诸母漂，有一母见信饥，饭信，竟漂数十日。信喜，谓漂母曰：'吾必有以重报母。'母怒曰：'大丈夫不能自食，吾哀王孙而进食，岂望报乎！'"③漂母虽然不求回报，但韩信言而有信，他在得势之后，果然能够以千金报漂母一饭之恩。《史记》记载这样的一件小事情，意在说明韩信是一个知恩图报的人，正因刘邦重用了韩信，韩信才有机会成就了自己的事业，刘邦对于韩信有识才之恩，韩信是不会轻易背叛刘邦的。实际状况是，在天下未定，刘邦尚未称帝时，韩信确实没有谋反之心。《淮阴侯列传》载项羽曾经希望韩信率齐军与自己联合抗汉。"韩信谢曰：'臣事项王，官不过郎中，位不过执戟，言不听，画不用，故倍楚而归汉。汉王授我上将军印，予我数万众，解衣衣我，推食食我，言听计用，故吾得以至于此。夫人深亲信我，我倍之不祥，虽死不易。幸为信谢项王！'"④知恩图报的心理使韩信根本没有造反之心。后来蒯通多次劝说韩信谋反，韩信也屡次拒绝。"韩信曰：'汉王遇我甚厚，载我以其车，衣我以其衣，食我以其食。吾闻之，乘人之车者载人之患，衣人之衣者怀人之忧，食人之食者死人之事，吾岂可以向利背义乎！'""韩信谢曰：'先生且休矣，吾将念之。'"并且司马迁也用了第三人称的叙述方式加以评论："韩信犹

①《史记》卷八十七，中华书局1982年版，第2554页。
②转录自葛氏《史记》卷八十七，见《历代名家评史记》，北京师范大学出版社1986年版，第627页。
③《史记》卷九十二，中华书局1982年版，第2609页。
④《史记》卷九十二，中华书局1982年版，第2622页。

豫不忍倍汉,又自以为功多,汉终不夺我齐,遂谢蒯通。"①由此可见,韩信确实是一个知恩图报、忠心耿耿的人。司马迁通过韩信早年的这一个小故事已经让我们了解到韩信内在敦厚的品质。只是后来,"项羽已破,高祖袭夺齐王军"后,韩信才慢慢有了造反之意②。司马迁方会有这样的评价:"不务出此,而天下已集,乃谋畔逆,夷灭宗族,不亦宜乎!"③显然是暗示韩信造反的时机不对。明人郝敬看到了淮阴侯后期的变化,郝敬说:"淮阴人品功业,始非不端悫,而后渐靡也。《诗》曰'靡不有初,鲜克有终',淮阴之谓也。向使晚节砥砺,不变生平,高帝虽猜恨,何至此极?子长以与彭、黥皆不为立世家,两人书名,淮阴书爵,用汉儒说《春秋》例,此善于彼,亦衡论也。"④同时,郝敬也体会到了司马迁将韩信、彭越、黥布(汉初,他们已经被封为侯爵)降入列传的原因。

黑格尔曾说:"细节描写是显示人物灵魂的眼睛。"⑤诚如其言,小故事确实能够透视出人物的内在精神。《酷吏列传》写到张汤儿时的一个小故事:"其父为长安丞,出,汤为儿守舍。还而鼠盗肉,其父怒,笞汤。汤掘窟得盗鼠及余肉,劾鼠掠治,传爰书,讯鞫论报,并取鼠与肉,具狱磔堂下。其父见之,视其文辞如老狱吏,大惊,遂使书狱。"⑥《史记》通过这样小故事的记载,一方面说明张汤具有从事狱吏工作的先天性禀赋,另一方面太史公也借此透露张汤残酷的性格,从而潜在地批评酷吏以酷虐为主的本性。

## 二、实录其言行,以见其人

司马迁还善于运用符合人物身份的口语来表现人物的内在神情、人生态度与性格特点,从中也可以看出司马迁对人物的褒贬爱憎。《萧相国世家》写到天下初定,刘邦"论功行封","高祖以萧何功最盛",有

---

①《史记》卷九十二,中华书局1982年版,第2624-2626页。

②唐人刘知几认为:"如淮阴初在仄微,堕业无行,后居荣贵,满盈速祸;躬为逆上,名隶恶徒。周身之防廉闻,知足之情安在? 美其善将,呼为才略则可矣,必以贤为目,不其谬乎?"(《史通》卷六《浮词》,《〈史通〉通释》,上海古籍出版社1978年版,第159页)刘氏的评价有失公允,他没有论及淮阴侯韩信最终意欲造反的根本原因。

③《史记》卷九十二,中华书局1982年版,第2630页。

④郝敬:《史汉愚按》卷四,明崇祯间郝氏刻山草堂集本。

⑤黑格尔:《美学》第一卷,商务印书馆1996年版,第193页。

⑥《史记》卷一百二十二,中华书局1982年版,第3137页。

人认为:"萧何未尝有汗马之劳,徒持文墨议论,不战,顾反居臣等上,何也?"刘邦却说:"诸君知猎乎?""夫猎,追杀兽兔者狗也,而发踪指示兽处者人也。今诸君徒能得走兽耳,功狗也。至如萧何,发踪指示,功人也。且诸君独以身随我,多者两三人。今萧何举宗数十人皆随我,功不可忘也。"①刘邦将大臣比作猎狗,《史记》通过这样言语的记载,一方面可以表明刘邦是一个极其粗俗的人,另一方面也可以透视出,作为一个君王,刘邦是一个有独立主见的人。而后刘邦又曾以怀疑猜忌的心理"下相国廷尉,械系之"。后来在王卫尉的劝说下,刘邦释放了萧何,并且还说:"相国为民请苑,吾不许,我不过为桀纣主,而相国为贤相。吾故系相国,欲令百姓闻吾过也!"②《史记》又通过这样言行的记录,表现出刘邦的奸诈、阴险、虚伪。

再如《张仪列传》写道:"张仪已学而游说诸侯。尝从楚相饮,已而楚相亡璧,门下意张仪,曰:'仪贫无行,必此盗相君之璧。'共执张仪,掠笞数百,不服,醳之。其妻曰:'嘻!子毋读书游说,安得此辱乎?'张仪谓其妻曰:'视吾舌尚在不?'其妻笑曰:'舌在也。'仪曰:'足矣。'"③通过对张仪夫妇二人之间的对话记载反映了策士们对自己逞口舌之辩才能的自傲自负,也流露了张仪强烈的复仇心机。

又如《汲郑列传》曾写到汲黯对汉武帝说:"陛下内多欲而外施仁义,奈何欲效唐虞之治乎!"结果"上默然,怒,变色而罢朝"④。司马迁则通过对汉武帝当时羞愧、恼怒动作状态的书写,暗含太史公对汉武帝的讥讽之意。

又如司马迁重视国家对个人事业成败的意义及其影响,有时也通过人物语言的方式寄寓自己的评判。如廉颇一生为赵国征战无数,胜利也无数,而到了晚年楚国人重视其军事指挥才能,"楚闻廉颇在魏,阴使人迎之。廉颇一为楚将,无功,曰:'我思用赵人。'廉颇卒死于寿春"⑤。最让人惊讶的是,廉颇一旦处在异国他乡时竟然一事无成,从"我思用赵人"的言语固然可以看到廉颇的爱国之心,但也可见出国家

①《史记》卷五十三,中华书局1982年版,第2015页。

②《史记》卷五十三,中华书局1982年版,第2018-2019页。

③《史记》卷七十,中华书局1982年版,第2279页。

④《史记》卷一百二十,中华书局1982年版,第3106页。

⑤《廉颇蔺相如列传》,《史记》卷八十一,中华书局1982年版,第2449页。

对个人的重要性。

又如司马迁对汉代吏治是有所批评的,而这种批评的意见往往又是通过借助传中人物之言语的记载而达成的。绛侯周勃曾经被人诬蔑上告以造反,后"文帝既见绛侯狱辞,乃谢曰:'吏(事)方验而出之。'于是使使持节赦绛侯,复爵邑。绛侯既出,曰:'吾尝将百万军,然安知狱吏之贵乎!'"①一个攻城无数的大将军最后竟然为酷吏所困,而且还是发生在文帝时期,是多么令人慨叹!吴汝纶认为:"此篇以功臣遭祸为主,'吾尝将百万军,然安知狱吏之贵乎!'语绝沈痛,与条侯下狱事相影响,亦借以自寓感叹。"②诚如其言,司马迁在这里有借他人之酒杯浇自我心中之块垒的意味。

不仅是静态的描摹,《史记》还擅长通过人物行动的动态进展来刻画人物的性格特点,也借此表现作者对人物的评判。如《匈奴列传》写到冒顿射杀其父单于头曼时是这样书写的:"冒顿乃作为鸣镝,习勒其骑射,令曰:'鸣镝所射而不悉射者,斩之。'行猎鸟兽,有不射鸣镝所射者,辄斩之。已而冒顿以鸣镝自射其善马,左右或不敢射者,冒顿立斩不射善马者。居顷之,复以鸣镝自射其爱妻,左右或颇恐,不敢射,冒顿又复斩之。居顷之,冒顿出猎,以鸣镝射单于善马,左右皆射之。于是冒顿知其左右皆可用。从其父单于头曼猎,以鸣镝射头曼,其左右亦皆随鸣镝而射杀单于头曼,遂尽诛其后母与弟及大臣不听从者。冒顿自立为单于。"③冒顿通过"行猎鸟兽""射其善马""射其爱妻""射单于善马""射头曼"等一步一步行动的实施,最终实现了自己的愿望,从这些行动的记载之中也可以看出冒顿的心机之重及其残忍冷酷,对此太史公当然是有所批判的。

## 三、以事例对比,彰显其旨

太史公有时还通过人物行事的对比来彰显人物的性格与品质,从而寄寓自己的思想情感。如《李将军列传》写到李广治军"极简易",而与李广同在北方守边的程不识治军则"烦扰",结果是"士卒亦多乐从李广而苦程不识",两者对比说明李广是非常爱护士卒的,司马迁通过

---

① 《绛侯周勃世家》,《史记》卷五十七,第2072-2073页。

② 吴汝纶:《桐城先生点勘史记》卷五十七,南宫邢氏刻本。

③ 《史记》卷一百十,中华书局1982年版,第2888页。

对比的手法表现了李广宽厚的品质。这也是为何李广自刭后,"广军士大夫一军皆哭。百姓闻之,知与不知,无老壮皆为垂涕。"①的重要原因,从而寄寓了太史公对李广的深深同情之意。

再如《魏公子列传》写道:"公子与魏王博,而北境传举烽,言'赵寇至,且入界'。魏王释博,欲召大臣谋。公子止王曰:'赵王田猎耳,非为寇也。'复博如故。王恐,心不在博。居顷,复从北方来传言曰:'赵王猎耳,非为寇也。'魏王大惊,曰:'公子何以知之?'公子曰:'臣之客有能深得赵王阴事者,赵王所为,客辄以报臣,臣以此知之。'"②通过这样博弈之中遇到突发事件不同反应的对比就将魏王的无能和信陵君的镇定自如、料事如神表现了出来。对比的背后实际上是表现了司马迁对信陵君礼贤下士、故而士子云集的颂美。

司马迁作《惠景间侯者年表》的用意是什么?明人郝敬认为:"高祖约非刘氏不王,非军功不侯。初年,异姓以功王者八国,内七王皆以罪废,而独长沙得延及五世。高祖约非亲不王,而吕后王诸吕,非功不侯,而景帝侯薄昭、窦广国。至武帝以后,丞相皆封侯,田蚡、田胜以外戚专政,恩泽渝盟,竟以亡汉。"郝氏于是认为:"太史公作《惠景间侯者年表》,已见其然。"③郝氏的分析有一定的道理,司马迁作《惠景间侯者年表》的目的之一就是将汉高祖、吕后、武帝期间封侯状况进行对比,潜在之意是表现了司马迁对景帝、武帝时期滥封诸侯的讽刺。

司马迁《史记》有时还通过不同传记之间同样身份的人物或事件的对比传达出自己的评判立场。如同样记载君王行事的,《孝文本纪》中汉文帝明确在制诏中反对封禅或过度祭祀对老百姓所带来的烦扰,而《封禅书》(或《孝武本纪》)中则记载了大量的封禅或祭祀鬼神的事情,前后一对照,其中对汉文帝的美化或对汉武帝的讽刺之意,司马迁尽管没有明示一词,但其褒贬的意味已在其中。宋人沈作喆说:"读史者但知《武纪》《封禅书》为讥也,不知子长赞文帝汉兴四十余载,德至盛,廪廪乡改正服封禅,谦让未成于今,而孝武初即位,未有德惠及民,便修鬼神之祀,公卿草巡禅,则为不仁矣,此盖子长之微意也。"④沈氏

---

① 《史记》卷一百九,中华书局1982年版,第2876页。

② 《史记》卷七十七,中华书局1982年版,第2377页。

③ 郝敬:《史汉愚按》卷二,明崇祯间郝氏刻山草堂集本。

④ 沈作喆:《寓简》卷三,文渊阁四库全书本。

的评说阐释了司马迁运用对比寄托其对人物的臧否。司马迁对汉景帝的行事可以说是褒贬兼有,《孝景本纪》正文主要是记载其执政期间的天象灾异事况与平定"七国之乱"事件,余多不记述,而《孝景本纪》是紧接在《孝文本纪》之后,同为汉代号称"文景之治"的两位皇帝,其自然形成的对比当然是有深刻意味的。董份认为:"《孝文纪》备载诏令德泽,而《景纪》止书年月,赞中亦止及七国一事,盖景帝不及文帝远甚,意固有在也。"①所言也甚是。《封禅书》在记载汉文帝关于祭祀的态度时这样写道:"其后十八年,孝文帝即位。即位十三年,下诏曰:'今秘祝移过于下,朕甚不取。自今除之。'"又曰:"是岁,制曰:'朕即位十三年于今,赖宗庙之灵,社稷之福,方内艾安,民人靡疾。间者比年登,朕之不德,何以飨此? 皆上帝诸神之赐也。盖闻古者飨其德必报其功,欲有增诸神祠。有司议增雍五畤路车各一乘,驾被具;西畤畦畤禺车各一乘,禺马四匹,驾被具;其河、湫、汉水加玉各二;及诸祠,各增广坛场,珪币俎豆以差加之。而祝釐者归福于朕,百姓不与焉。自今祝致敬,毋有所祈。'"②在祭祀与德性的问题上,汉文帝更加注重的是德性,这也是司马迁所称扬的。黄震对此曾发表评论:"《文纪》所载皆恭俭爱民之事,一制诏必具,以其皆由恻怛之言也。《景帝》特载其政事之常、灾异之变,制诏不录之矣。至《武帝》则始终备具著方士之欺谩,他不及焉。"③黄氏所言极是。《孝文本纪》主要记载的是汉文帝发布德政的制诏,通观诏书,非一般的应制之文,而是出自文帝的肺腑之言,言之切切,感人至深;而《孝景本纪》主要记载了景帝执政期间的天象灾异事情;《武帝本纪》则大多记载武帝和方士之间的事情。这三个君王之间所记事件潜在是有对比之意的,内含对景帝与武帝的"刺讥"之旨,不言而明。故而,对具有同样身份的人物采取不同的记事内容与方式,通过对比表现了司马迁自己的"微言大义"。难怪吴见思会说:"此纪(笔者按:此纪指《孝文本纪》)通篇与武帝事对照,昔人所谓《鱼藻》之义也。"④

又如司马迁在写"战国四公子"的时候,都写了他们"好客"的特

---

① 转自凌稚隆辑校:《史记评林》(第二册)卷十一,天津古籍出版社1998年版,第245页。

② 《史记》卷二十八,中华书局1983年版,第1380-1381页。

③ 黄震:《黄氏日钞》卷四六《史记》,文渊阁四库全书本。

④ 吴见思:《史记论文·孝文本纪》,上海古籍出版社2008年版,第96页。

性,但司马迁在具体叙写的时候实际上是有潜在对比的。在"战国四公子"中,他们虽然都以"好客"为名,但孟尝君品性最为低劣。陈仁锡说:"太史公作四君传,具见好客意,孟尝则曰'以故倾天下之士',平原则曰'故争相倾以待士',信陵则曰'倾平原君客',春申则曰'招致宾客以相倾夺'。'孟尝君客无所择',此句乃孟尝千古断案,传中只以好客一事自始至终详序之,此史家秘法也。"①司马迁对孟尝君的讽刺之意一方面是《孟尝君列传》本传自身的书写所致,另一方面也是通过孟尝君与其他三位公子"好客"的横向对比造成的。孟尝君本人对门客品性才能不加取舍,尽揽门中,实是以"好客"来沽名钓誉。高嵣说:"孟尝君号称得士,然狗盗鸡鸣出其中,品类错杂,谓之任侠奸人,洵不诬矣。太史公殆意有所讽云。"②故而司马迁在《孟尝君列传》论赞中写道:"吾尝过薛,其俗闾里率多暴桀子弟,与邹、鲁殊。问其故,曰:'孟尝君招致天下任侠,奸人入薛中盖六万余家矣。'世之传孟尝君好客自喜,名不虚矣!"③孟尝君田文的门客虽然大多有一技之长,但总体来说品性不端,由此可见其领导者的品格也不可能好到什么地步,故而司马迁对田文是有强烈的批评之意的。明人唐顺之认为:"赞其好客,美刺并显,太史公断之曰'自喜',盖斥其非公好云。"④

## 四、重点人物或事件的不断关注,以明太史公之立场

司马迁非常注重的一些人物或事件,除了本传中书写之外,在其他传记中也会反复出现,从而表明了自己的评判态度。如孔子就其本人在春秋战国期间影响并不是很大,但司马迁在《史记》的编撰过程中对其地位加以极大的提升,除了将其传记列为世家之外,在其他传记中多处加以点示,频繁关注孔子人生行事,如《鲁周公世家》记载了孔子的生卒:"(鲁襄公)二十二年,孔丘生。"⑤"(鲁哀公)十六年,孔子

---

① 陈仁锡:《陈评史记》卷七十五,见《历代名家评史记》,北京师范大学出版社1986年版,第593页。
② 高嵣:《史记钞》卷三,乾隆三十五年(1770年)刊本。
③《史记》卷七十五,中华书局1982年版,第2363页。
④ 唐顺之:《荆州先生精选批点史记》卷三,明万历五年(1577年)浙人双童子刻本。
⑤《史记》卷三十三,中华书局1982年版,第1538页。

卒。"①而在《燕召公世家》再次提到:"十四年,孔子卒。"②《郑世家》又加以了点示:"二十二年,楚惠王灭陈。孔子卒。"③《陈杞世家》又交待了孔子其他的行事:"湣公六年,孔子适陈。""十三年,吴复来伐陈,⋯⋯是年,楚昭王卒于城父。时孔子在陈。""二十四年,楚惠王复国,⋯⋯是岁,孔子卒。"④《晋世家》又载:"定公十一年,鲁阳虎奔晋,赵鞅简子舍之。十二年,孔子相鲁。""(定公)三十三年,孔子卒。"⑤《楚世家》载:"(昭王)十六年,孔子相鲁。"⑥《伍子胥列传》又载:"其后四年,孔子相鲁。"⑦孔子从权位上来看并不是太重要的一个人物,《史记》之所以如此反复记载,还是因为司马迁的批判立场提升了孔子的地位。清人金俶基说:"史有定例,有创例。凡公侯传国者曰世家,定例也,置孔子于世家,创例也。此正子长史例之精。⋯⋯又按赵瓯北《陔余丛考》云,孔子无公侯之位,而《史记》独列于世家,尊孔子也。凡列国世家,与孔子毫无相涉者,亦皆书是岁孔子相鲁,孔子卒,以其系天下之重轻也。此则深得史公之微旨,是订王氏、李氏之谬矣。"⑧司马迁在修撰春秋时期列国世家的史事时确实多次穿插介绍了孔子的行迹,也显示了司马迁对孔子地位提升的用意,金氏的认识确实不无道理。

另外,司马迁还多次强调秦在历史发展过程中的重要意义,在不同传记的记载中多次加以点示,《六国年表》云:"至犬戎败幽王,周东徙洛邑,秦襄公始封为诸侯,作西畤用事上帝,僭端见矣。"⑨《晋世家》载:"文侯十年,周幽王无道,犬戎杀幽王,周东徙。而秦襄公始列为诸侯。"⑩《楚世家》载:"若敖二十年,周幽王为犬戎所弑,周东徙,而秦襄公始列为诸侯。"⑪对秦襄公始被封为诸侯国君屡次的书写也反映了司

①《史记》卷三十三,中华书局1982年版,第1545页。

②《史记》卷三十四,中华书局1982年版,第1553页。

③《郑世家》,《史记》卷四十二,中华书局1982年版,第1775页。

④《史记》卷三十六,中华书局1982年版,第1583页。

⑤《史记》卷三十九,中华书局1982年版,第1685页。

⑥《史记》卷四十,中华书局1982年版,第1717页。

⑦《史记》卷六十六,中华书局1982年版,第2178页。

⑧ 金俶基:《读〈史记·孔子世家〉书后》,《学海堂四集》卷十七,清光绪十二年(1886年)启秀山房刊本。

⑨《史记》卷十五,中华书局1982年版,第685页。

⑩《史记》卷三十九,中华书局1982年版,第1638页。

⑪《史记》卷四十,中华书局1982年版,第1694页。

马迁非常看重秦在春秋战国时期的地位演变,这也是其将作为诸侯国的秦国提升为本纪的重要原因。进而言之,秦王嬴政最后能够统一天下,号称皇帝,与前代祖先所积累的功业有紧密的关系,故而将秦列为本纪,与《秦始皇本纪》之间也保持了一贯性。清人牛运震对此认识较为深刻,牛氏曾说:"按《索隐》云:'秦本西戎附庸之君,不宜与五帝三王同称本纪,可降为《秦世家》。'刘知几《史通》亦云:'姬自后稷至于西伯,嬴自伯翳至于庄王,爵乃诸侯而名隶本纪。应以西伯、庄王以上,别作周、秦世家。'二说似皆近理,然以《史记》之编次条理考之,则有不得不纪秦者。盖秦伯王之业,章于缪、孝,成于昭、襄,此始皇因之,所以并吞混一而称帝号也。故太史公于《秦本纪》末,详载秦取蜀及南阳郡,又北定太原、上党,又初置三川、太原等郡,而于《始皇本纪》开端复作提挈云:'秦地已并巴、蜀、汉中,越宛有郢,置南郡矣……'此正与《秦纪》末联合照应。"[1]所论甚是!

## 五、"重言"的频繁使用,藉以彰显自己的思想情感

所谓"重言",指的是同样一个词、句或相近、相似意义的词、句反复出现在作品之中。"重言"一词来源于孔颖达的《春秋左传正义·僖公四年》。《左传》云:"一薰一莸,十年尚犹有臭。"《正义》云:"'尚犹有臭','犹'则'尚'义,重言之耳;犹《尚书》云:'弗遑暇食','遑'则'暇'也。"[2]"重言"并非骈拇枝指之语,不是语病,也不是语言的简单相加。《史记》运用"重言"的一个重要功用就是寄托太史公的思想倾向或褒贬主旨。

《史记》中的"重言"可以是叙述者即太史公的语言,藉以表露作者对事件的看法。如在周天子的面前,诸侯国之间的地位应当是平等的。但是春秋后期的鲁国已经沦落为一个非常贫弱的诸侯国,面对霸主的诸侯国要行使朝拜之礼,本身就是一件丧失尊严的事件,也是不符合礼的等级次序的事情。被大国召之即来、挥之即去更可谓是耻上加辱,又何况是不止一次的发生。《鲁周公世家》这样记载道:"昭公三年,朝晋至河,晋平公谢还之,鲁耻焉。……十二年,朝晋至河,晋平公

---

① 牛运震:《史记评注》卷一,三秦出版社 2011 年版,第 19—20 页。

② 晋杜预注,唐孔颖达等正义:《春秋左传正义》卷二(僖公四年),《十三经注疏》,浙江古籍出版社 1998 年版,第 1793 页。

谢还之。……十五年,朝晋,晋留之葬晋昭公,鲁耻之。……二十一年,朝晋至河,晋谢还之。"①数年之中不停地被召唤,又不停地被退却,实在是羞辱之极! 司马迁通过看似冷静的反复叙述,实际上表达了对鲁国这样礼义大国丧失斯文状况的悲伤与无奈!

《越王句践世家》在称颂范蠡作为商人的行迹时是这样叙写范蠡行事的:"(而)怀其重宝,间行以去,止于陶。以为此天下之中,交易有无之路通,为生可以致富矣。于是自谓陶朱公。复约要父子耕畜,废居,候时转物,逐什一之利。居无何,则致赀累巨万。天下称陶朱公。"②后又载:"故范蠡三徙,成名于天下,非苟去而已,所止必成名。卒老死于陶,故世传曰陶朱公。"③从"自谓陶朱公"到"天下称陶朱公",至"世传曰陶朱公",说明"陶朱公"这个名字在广阔的时空中已经声名远扬,潜在地表现了司马迁对范蠡功成身退却又能成就新的事业的颂扬之情。按常理来说,《越王句践世家》的论赞应当是评论越王国的事宜,但是司马迁在论赞的最后还是忍不住感叹:"范蠡三迁皆有荣名,名垂后世!"④仰慕之情溢于言表,也可以说是对前面"重言"的呼应。

《赵世家》记载赵(鞅)简子相关事件时,叙述者"重言"的运用也很有特色。"赵简子疾,五日不知人,大夫皆惧。医扁鹊视之,出。董安于问。扁鹊曰:'血脉治也,而何怪! 在昔秦缪公尝如此,七日而寤。寤之日,告公孙支与子舆曰:"我之帝所甚乐。吾所以久者,适有学也。帝告我:'晋国将大乱,五世不安。其后将霸,未老而死;霸者之子且令而国男女无别。'"公孙支书而藏之,秦谶于是出矣。"后又记载:"居二日半,简子寤。语大夫曰:'我之帝所甚乐,与百神游于钧天,广乐九奏万舞,不类三代之乐,其声动人心。有一熊欲来援我,帝命我射之,中熊,熊死。又有一罴来,我又射之,中罴,罴死。帝甚喜,赐我二笥,皆有副。吾见儿在帝侧,帝属我以翟犬,曰:'及而子之壮也,以赐之。'帝告我:'晋国且世衰,七世而亡。嬴姓将大败周人于范魁之西,而亦不能有也。今余思舜之勋,适余将以其胄女孟姚配而七世之孙。'董安于

①《史记》卷三十三,中华书局1982年版,第1539页。

②《史记》卷四十一,中华书局1982年版,第1752-1753页。

③《史记》卷四十一,中华书局1982年版,第1755页。

④《史记》卷四十一,中华书局1982年版,第1756页。

受言而书藏之。以扁鹊言告简子,简子赐扁鹊田四万亩。"后又载:"他日,简子出,有人当道,辟之不去,从者怒,将刃之。当道者曰:'吾欲有谒于主君。'从者以闻。简子召之,曰:'嘻!吾有所见子晰也。'当道者曰:'屏左右,愿有谒。'简子屏人。当道者曰:'主君之疾,臣在帝侧。'简子曰:'然,有之。子之见我,我何为?'当道者曰:'帝令主君射熊与罴,皆死。'简子曰:'是,且何也?'当道者曰:'晋国且有大难,主君首之。帝令主君灭二卿,夫熊与罴皆其祖也。'简子曰:'帝赐我二笥皆有副,何也?'当道者曰:'主君之子将克二国于翟,皆子姓也。'简子曰:'吾见儿在帝侧,帝属我一翟犬,曰:'及而子之长以赐之。'夫儿何谓以赐翟犬?'当道者曰:'儿,主君之子也。翟犬者,代之先也。主君之子且必有代。及主君之后嗣,且有革政而胡服,并二国于翟。'简子问其姓而延之以官。当道者曰:'臣野人,致帝命耳。'遂不见。简子书藏之府。"①这里三个"书而藏之"相似重言的书写,放在司马迁的评判角度而言,显然是太史公有意突出赵家能够建立国家似乎是有天意而为之。

再如《孔子世家》孔子"不用""重言"的反复运用,也很有特色。《孔子世家》写到孔子本人不能受到任用,其政治理想不能实现时,多次运用了"不用"的文字,这其中是潜藏了司马迁对孔子的情感及其时世的评判。对此,清代丁晏曾评价:"案世家通篇以'不用'二字为眼目:曰'弗能用',曰'莫能己用',曰'不用',曰'既不能用于卫',曰'鲁终不能用'。史公于世家三致意焉。深慨圣道之不行也。"②说明了太史公对孔圣人不能为当世所用的惋惜与悲叹,丁氏的体味是比较深刻的。

上文所论是"重言"的正常形式。《史记》有时候还对"重言"的语言形式稍作变化,但意旨是一样的。如《萧相国世家》写到刘邦面对萧何三次作为的心理状态,第一次:"汉三年,汉王与项羽相距京索之间,上数使使劳苦丞相。鲍生谓丞相曰:'王暴衣露盖,数使使劳苦君者,有疑君心也。为君计,莫若遣君子孙昆弟能胜兵者悉诣军所,上必益信君。'于是何从其计,汉王大说。"第二次:"汉十一年,……上已闻淮阴侯诛,使使拜丞相何为相国,益封五千户,令卒五百人一都尉为相国卫。诸君皆贺,召平独吊。……召平谓相国曰:'祸自此始矣。上暴露

①以上引文见《史记》卷四十三,中华书局1982年版,第1786-1788页。

②丁晏:《史记余论·孔子世家》,见《历代名家评史记》,北京师范大学出版社1986年版,第495页。

于外而君守于中,非被矢石之事而益君封置卫者,以今者淮阴侯新反于中,疑君心矣。夫置卫卫君,非以宠君也。愿君让封勿受,悉以家私财佐军,则上心说。'相国从其计,高帝乃大喜。"第三次:"汉十二年秋,黥布反,上自将击之,数使使问相国何为。相国为上在军,乃拊循勉力百姓,悉以所有佐军,如陈豨时。客有说相国曰:'君灭族不久矣。夫君位为相国,功第一,可复加哉?然君初入关中,得百姓心,十余年矣,皆附君,常复孳孳得民和。上所为数问君者,畏君倾动关中。今君胡不多买田地,贱贳贷以自污?上心乃安。'于是相国从其计,上乃大说。"①太史公通过对刘邦这三次极度高兴心理状态的"重言"描写,实际上表现了对刘邦猜忌、压抑属下的行为的反讽。毫无疑问,萧何对刘邦是忠心耿耿的,并无威慑刘邦利益的用意,"至其所以自免,皆自他人发之"②。明代董份曾评点道:"既以田宅自污,上喜矣,而复为民请田,是失本计也,上盖惧其得民,故系之,非以利贾人之金也。太史公下'大喜'、'大悦'、'大怒'字,而高帝之忌心自见。"③明代唐顺之的讨论更为到位,其云:"汉高之狙诈猜忌,鲍生知之,召平知之,又一客知之,史公又从而反复著明之,而读者不察,犹谓其豁达大度,何哉?"④王治皞也说:"下记进说何者三,而皆以上大喜、上大悦结之,见三人之言有益于相国,而帝猜忌之心无一日忘何者矣。"⑤《史记》能够达到如此深刻的揭露与"重言"的使用不无关系。

尤其值得注意的是《魏公子列传》,传中司马迁很少称信陵君,而是多次反复地称其为公子,实际上是表示了对信陵君的无限赞扬、思念与向往之意。清代徐与乔曾说:"平原君,亦赵公子,传首,则称平原君赵胜。《信陵君传》不称信陵君,而曰魏公子。又云,魏昭王少子,而魏安釐王异母弟也。既冠以魏,若曰,无公子,是无魏也,此与传尾公子死,而秦遂攻魏,系以魏亡,首尾一线相引。凡传中称'公子'一百四十七,无限唱叹,无限低徊。曰魏王公子,又曰魏安釐王异母弟,止见公子以异母弟而一心魏王,一身存魏,魏王始也畏其贤能而不任,终也

---

① 《史记》卷五十三,中华书局1982年版,第2015,2017,2018页。

② 方苞:《书萧相国世家后》,《望溪先生文集》卷二,上海古籍出版社1983年版,第55页。

③ 转自唐顺之:《荆川先生精选批点史记》卷二,明万历五年(1577年)浙人双童子刻本。

④ 唐顺之:《荆川先生精选批点史记》卷二,明万历五年(1577年)浙人双童子刻本。

⑤ 王治皞:《史汉权参》卷之上《萧相国》,见《历代名家评史记》,北京师范大学出版社1986年版,第513页。

听秦间而废弃不用,可叹也。"①何焯也说:"《魏公子列传》于四君之中,独书之曰魏公子者,以为国之存亡所系也。"②指出司马迁多次称信陵君为魏公子的深刻意味,难怪茅坤感叹:"信陵君是太史公胸中得意人,故本传亦太史公得意文。"③一言以蔽之,《魏公子列传》之所以反复称信陵君为"公子",正是寄寓了太史公对信陵君本人的正面评判。

当然,"重言"也可以是传中人物的语言,借此能够反映出人物的性格特征,寄托作者对人物的评判意旨。《李斯列传》在完整记载了李斯所献的《上督责书》文字后这样写道:"书奏,二世悦。于是行督责益严,税民深者为明吏,二世曰:'若此则可谓能督责矣。'刑者相半于道,而死人日成积于市,杀人众者为忠臣,二世曰:'若此则可谓能督责矣。'"④督责之后的社会状态就是上层统治者劳役百姓甚严,刑徒陡增,忠奸不分,社会处于无序的状态,而二世竟然两次都能够说出督责效果甚佳的话语。司马迁通过秦二世"若此则可谓能督责矣"的重言,一方面是对李斯为了名利竭尽阿谀奉承之事的讽刺,另一方面也是对秦二世恣意享乐、严刑峻法的抨击。

再如《鲁仲连邹阳列传》载:"此时鲁仲连适游赵,会秦围赵,闻魏将欲令赵尊秦为帝,乃见平原君曰:'事将奈何?'平原君曰:'胜也何敢言事!前亡四十万之众于外,今又内围邯郸而不能去。魏王使客将军新垣衍令赵帝秦,今其人在是。胜也何敢言事!'"⑤"胜也何敢言事"的两次重言,生动地反映出平原君赵胜在强秦围赵和魏国强迫赵国尊秦为帝时手足无措的无奈窘态⑥。不难看出,太史公对平原君的才能是

①徐与乔:《经史辨体》史部《信陵君列传》,见于《历代名家评史记》,北京师范大学出版社1986年版,第596页。

②何焯:《义门读书记》卷十四《〈史记〉下·魏公子列传》,崔高维点校,中华书局1987年版,第218页。

③茅坤:《史记钞》卷四五,明西吴闵氏刻本。

④《史记》卷八十七,中华书局1982年版,第2557页。

⑤《史记》卷八十三,中华书局1982年版,第2460页。

⑥《史记》中的"重言"有时还能反映出故事情节的进展,如《刺客列传》写到燕太子丹和荆轲相见的过程,首先是太子丹让其傅鞠武引荐燕处士田光,《史记》写道:"太子曰:'愿因太傅而得交于田先生,可乎?'鞠武曰:'敬诺。'出见田先生,道:'太子愿图国事于先生也。'田光曰:'敬奉教。'乃造焉。"后因田光年老而推荐了荆轲,又写道:"太子曰:'愿因先生得结交于荆卿,可乎?'田光曰:'敬诺。'即起,趋出。"(《史记》卷八十六,中华书局1982年版,第2529~2530页)"愿因……而得交于……"两次相同句式的使用,"敬诺"三次重言的叙写递进式地将荆轲引出,而将荆轲放在田光之后,田光本已一伟人,那么由田光引荐的荆轲更是一位奇人!

非常有质疑的。

"重言"既可以在同一篇传记中出现，也可以在不同的人物传记中相互映照。如司马迁非常讲究人格修养，无论成功者，还是失败者，只要具有独立人格的，司马迁在言语之间流露的是同情甚至是赞扬之情。有时，司马迁通过"重言"的方式强化了这种观念。如《史记》在写到两个人自刎之前的话语几乎是相同的。一个是项羽，其在乌江自刎之前所言："且籍与江东子弟八千人渡江而西，今无一人还，纵江东父兄怜而王我，我何面目见之？纵彼不言，籍独不愧于心乎？"二是田横，《田儋列传》记载其最后接受汉高祖招降接近洛阳时的举动："未至三十里，至尸乡厩置，横谢使者曰：'人臣见天子当洗沐。'止留，谓其客曰：'横始与汉王俱南面称孤，今汉王为天子，而横乃为亡虏而北面事之，其耻固已甚矣。且吾烹人之兄，与其弟并肩而事其主，纵彼畏天子之诏，不敢动我，我独不愧于心乎？'……"①两个人物"独不愧于心乎？"同样的呼告，带有"重言"的性质，其中表现出的羞耻之心、是非之心、恻隐之心，回声相应，很能打动人的心灵。

另外，司马迁在"太史公曰"论赞式的语言中时而也通过"重言"的方式来表达自己的观念。《张释之冯唐列传》载："太史公曰：张季之言长者，守法不阿意；冯公之论将率，有味哉！有味哉！《语》曰'不知其人，视其友'。二君之所称诵，可著廊庙。《书》曰'不偏不党，王道荡荡；不党不偏，王道便便'。张季、冯公近之矣。"②这里除了运用《论语》《尚书》这样经典著作的言语对人物行事或品格进行评论之外，其中"有味哉"的两次重言，也表达了司马迁对公平、公正乃至公心的追求！

## 六、借助传中其他人物的言语来评价人物

《史记》除了继承《春秋》《左传》中"君子曰""孔子曰"等评价方式之外，延伸出来一个重要的辅助手段就是借助传中其他人的言行来潜在地表现对人物的看法，如《留侯世家》中就借助了"商山四皓"来表达了对刘邦品行的认识。"叔孙太傅称说引古今，以死争太子。上详许之，犹欲易之。及燕，置酒，太子侍。四人从太子，年皆八十有余，须眉皓白，衣冠甚伟。上怪之，问曰：'彼何为者？'四人前对，

①《史记》卷九十四，中华书局1982年版，第2648页。
②《史记》卷一百二，中华书局1982年版，第2761页。

各言名姓,曰东园公,角里先生,绮里季,夏黄公。上乃大惊,曰:'吾求公数岁,公辟逃我,今公何自从吾儿游乎?'四人皆曰:'陛下轻士善骂,臣等义不受辱,故恐而亡匿。窃闻太子为人仁孝,恭敬爱士,天下莫不延颈欲为太子死者,故臣等来耳。'"①这里司马迁显然是借他人之口来表现自己对汉高祖刘邦的认识,虽不出自己口,但潜在之意甚明!因为对刘邦谩待士子的看法在陈平的口中也得到了印证。《陈丞相世家》穿插了陈平对刘邦的评价:"汉王谓陈平曰:'天下纷纷,何时定乎?'陈平曰:'项王为人,恭敬爱人,士之廉节好礼者多归之。……今大王慢而少礼,士廉节者不来;然大王能饶人以爵邑,士之顽钝嗜利无耻者亦多归汉。诚各去其两短,袭其两长,天下指麾则定矣。然大王恣侮人,不能得廉节之士。……'"②再如对于刘邦的粗俗,甚至带有一点流氓的习气,除了其自身的行为就多次表现出来之外,《史记》还借助于传中其他人物的认识屡次彰显了刘氏的这一品性。《郦生陆贾列传》载:"沛公时时问邑中贤士豪俊。骑士归,郦生见谓之曰:'吾闻沛公慢而易人,多大略,此真吾所愿从游,莫为我先。若见沛公,谓曰:"臣里中有郦生。年六十余,长八尺,人皆谓之狂生,生自谓我非狂生。"'骑士曰:'沛公不好儒,诸客冠儒冠来者,沛公辄解其冠,溲溺其中。与人言,常大骂。未可以儒生说也。'"③可以说传中人物的言语立见刘邦粗俗无礼的流氓姿态。后来刘邦初见郦食其时的行为也充分说明了这一点。"郦生至入谒,沛公方倨床使两女子洗足,而见郦生。郦生入,则长揖不拜,曰:'足下欲助秦攻诸侯乎?且欲率诸侯破秦也?'沛公骂曰:'竖儒!夫天下同苦秦久矣,故诸侯相率而攻秦,何谓助秦攻诸侯乎?'"④言语之中不难看出刘邦为人的低俗!刘邦在面对儒生陆贾时候的态度也是如此。"陆生时时前说称《诗》《书》。高帝骂之曰:'乃公居马上而得

①《史记》卷五十五,中华书局1982年版,第2046—2047页。
②《史记》卷五十六,中华书局1982年版,第2055页。
③《史记》卷九十七,中华书局1982年版,第2692页。刘邦在日常生活中的举动确实如此,《张丞相列传》载周昌入见刘邦时的状况:"昌尝燕时入奏事,高帝方拥戚姬,昌还走。高帝逐得,骑周昌项,问曰:'我何如主也?'昌仰曰:'陛下即桀纣之主也。'于是上笑之。"(《史记》卷九十六,中华书局1982年版,第2677页)
④《史记》卷九十七,中华书局1982年版,第2692页。

之,安事《诗》《书》!'"①通过商山四皓、陈平、郦食其、骑士等多人的评判,司马迁让读者对刘邦有了一个重新的认识。

又如《魏公子列传》中太史公借助赵王的言语及平原君赵胜的反映来突出信陵君的品行,在信陵君夺了晋鄙兵权而挽救了赵国的危机之后,传载:"秦军解去,遂救邯郸,存赵。赵王及平原君自迎公子于界,平原君负韊矢为公子先引。赵王再拜曰:'自古贤人未有及公子者也。'当此之时,平原君不敢自比于人。"②信陵君连同为"战国四公子"之一的平原君也自叹弗如,由此信陵君的品行、声名可以推知! 这在传文中得到了印证。信陵君能够以极其真诚的态度从博徒毛公、卖浆者薛公游,引起了轰动效应。"平原君门下闻之,半去平原君归公子,天下士复往归公子,公子倾平原君客。"③信陵君礼贤下士与其他三公子最大的区别就是在于他能够以出自内心的真诚礼遇人才,而其他三位公子很大程度上是为了自己外在的名声,甚至可以说是沽名钓誉! 故而司马迁在太史公论赞中说:"吾过大梁之墟,求问其所谓夷门。夷门者,城之东门也。天下诸公子亦有喜士者矣,然信陵君之接岩穴隐者,不耻下交,有以也。名冠诸侯,不虚耳。高祖每过之而令民奉祠不绝也。"④太史公给予信陵君以极高的揄扬,正如前文所说,其本传中一直以魏公子名之,既显得很亲切,又传达出了自己的仰慕之情!

司马迁在友道上讲究真诚乃至忠诚,有时甚至不关涉政治观念的是非、人品道德的善恶!《樊郦滕灌列传》写到郦商之子郦寄在汉朝诸侯诛灭诸吕的过程之中出卖了自己的好友吕禄,尽管司马迁对吕氏家族的政治专权以及日常生活中的飞扬跋扈行为是非常反感的,但郦寄以朋友吕禄为诱饵的举动毫无疑问也是令人唾弃的,故而本传以"天下称郦况卖交也"⑤(按:郦寄,字况)加以暗讽,表明司马迁对出卖友朋的卑劣行为的批评态度!

正因为有了具体事件的穿插,《史记》的笔法相对于《春秋》而言,

①《史记》卷九十七,中华书局1982年版,第2699页。
②《史记》卷七十七,中华书局1982年版,第2381页。
③《史记》卷七十七,中华书局1982年版,第2383页。
④《史记》卷七十七,中华书局1982年版,第2385页。
⑤《史记》卷九十五,中华书局1982年版,第2663页。

就要繁富了很多,《春秋》笔法则显得较为简约,正如司马迁在《孔子世家》里所说:"孔子在位听讼,文辞有可与人共者,弗独有也。至于为《春秋》,笔则笔,削则削,子夏之徒不能赞一辞。弟子受《春秋》,孔子曰:'后世知丘者以《春秋》,而罪丘者亦以《春秋》。'"《春秋》以简洁隐晦的笔法传达了孔子的褒贬之见,而司马迁则是以五十二万余言洋洋巨著《史记》提供给我们丰富的精神营养,丰满地寄寓了太史公的"一家之言",一简一繁,异曲同工!

# 第十一章 《史记》对《春秋》其他方面的发展

## 一、"发愤以抒情"的渗透

司马迁在《太史公自序》中写道："七年而太史公遭李陵之祸,幽于缧绁。乃喟然而叹曰:'是余之罪也夫! 是余之罪也夫! 身毁不用矣。'退而深惟曰:'夫《诗》《书》隐约者,欲遂其志之思也。昔西伯拘羑里,演《周易》;孔子厄陈蔡,作《春秋》;屈原放逐,著《离骚》;左丘失明,厥有《国语》;孙子膑脚,而论兵法;不韦迁蜀,世传《吕览》;韩非囚秦,《说难》《孤愤》;《诗》三百篇,大抵贤圣发愤之所为作也。此人皆意有所郁结,不得通其道也,故述往事,思来者。'于是卒述陶唐以来,至于麟止,自黄帝始。"①这里太史公谈到了自己修撰《史记》时候的心理状态。从史学史的角度上来说,和孔子在困顿之中修撰《春秋》相通;而从文学史的角度上来说,这显然又是对屈原"发愤以抒情"②创作精神的继承。当然,受到《史记》作为一部史书的影响,司马迁一般在正文中对传中人物不直接加以评论,但偶尔也会因喜怒哀乐情感的生成而在正文中会转变为抒情式议论的感慨,这是孔子作《春秋》时很少有的。如《赵世家》在写到赵武灵王(主父)的悲剧命运时这样写道:"是时王少,成、兑专政,畏诛,故围主父。主父初以长子章为太子,后得吴娃,爱之,为不出者数岁。生子何,乃废太子章而立何为王。吴娃死,爱弛,怜故太子,欲两王之,犹豫未决,故乱起,以至父子俱死,为天下笑,岂不痛乎!"③司马迁情不自禁地对主父饿死的悲剧性结局发出了感慨。也许从史书的修撰者而言,不应表露出如此强烈的主观性感

---

① 《史记》卷一百三十,中华书局1982年版,第3300页。
② 屈原:《九章·惜诵》,参见陈子展:《楚辞直解》,江苏古籍出版社1988年版,第169页。
③ 《史记》卷四十三,中华书局1982年版,第1815–1816页。

慨①，但这样的书写无疑增强了《史记》的情感性与思想性，对于读者而言易于受到强烈的感染！ 在《孟子荀卿列传》中司马迁看到邹衍在诸国非常得势时又感慨道："其游诸侯见尊礼如此，岂与仲尼菜色陈蔡，孟轲困于齐梁同乎哉！ 故武王以仁义伐纣而王，伯夷饿不食周粟；卫灵公问陈，而孔子不答；梁惠王谋欲攻赵，孟轲称大王去邠。此岂有意阿世俗苟合而已哉！ 持方枘欲内圆凿，其能入乎？"②司马迁于此又以愤慨反诘的语气表现了对阴阳家阿谀奉承缺少人格的讽刺。再如司马迁在《屈原贾生列传》写到屈原放流，"终无可奈何，故不可以反，卒以此见怀王之终不悟也"。太史公终于又忍耐不住自己就直接站出来对君臣关系发表了感喟："人君无愚智贤不肖，莫不欲求忠以自为，举贤以自佐。然亡国破家相随属，而圣君治国累世而不见者，其所谓忠者不忠，而所谓贤者不贤也。怀王以不知忠臣之分，故内惑于郑袖，外欺于张仪，疏屈平而信上官大夫、令尹子兰。兵挫地削，亡其六郡，身客死于秦，为天下笑。此不知人之祸也。《易》曰：'井泄不食，为我心恻，可以汲。王明，并受其福。'王之不明，岂是福哉！"③司马迁显然是通过这样议论式的抒情表达了对屈原不幸人生遭际的同情。难怪司马迁要在论赞中这样感叹："余读《离骚》《天问》《招魂》《哀郢》，悲其志。适长沙，观屈原所自沉渊，未尝不垂涕，想见其为人！"④对屈原的被放与自沉寄寓了无限的悲哀之情。

在谈到司马迁主张以"礼"防"利"的思想时，有学者同样认为其中包含了司马迁个人人生遭际的感慨。宋人秦观认为："方汉武用法刻深，急于功利，大臣一言不合，辄下吏就诛；有罪当刑，得以货自赎，因而补官者有焉。于是，朝廷皆以偷合苟免为事，而天下皆以窃资殖货为风。迁之遭李陵祸也，家贫无财贿自赎，交游莫救，左右亲近不为一

① 司马贞的《史记索隐》就引用了徐广的话，写道："或无此十四字。"（即上述引文的最后十四个字，参见《史记》卷四十三，中华书局1982年版，第1816页）司马贞是否是因为这十四个字情感太强烈而作的揣测？

② 《史记》卷七十四，中华书局1982年版，第2345页。

③ 《史记》卷八十四，中华书局1982年版，第2485页。

④ 《史记》卷八十四，中华书局1982年版，第2503页。司马迁在文学上对屈原同情最多，在思想上对孔子仰慕最深。在《孔子世家》论赞中又写道："《诗》有之：'高山仰止，景行行止。'虽不能至，然心乡往之。余读孔氏书，想见其为人。"抒写了同样倾心的感慨！（《史记》卷四十七，中华书局1982年版，第1947页）

言，以陷腐刑，其愤懑不平之气无所发泄，乃一切寓之于书。故其序游侠也，称昔虞舜窘于井廪、伊尹负于鼎俎、傅说匿于傅岩、吕尚困于棘津、夷吾桎梏、百里饭牛、仲尼阨于陈蔡，盖迁自况也。又曰：'士穷窘得委命，此岂非人所谓贤豪者耶？诚使乡曲之侠与季次、原宪比权量力，效功于当世，不同日而论矣。'盖言当世号为修行仁义者，皆畏避自保，莫肯急于人之难，曾匹夫之不若也。其述货殖也，称秦始皇令乌氏倮比封君，与列臣朝请，以巴寡妇清为正妇而客之，为筑女怀清台：盖以讥孝武也。又云：'谚曰"千金之子，不死于市"非空言也。'盖迁自伤砥节砺行，特以贫故不免于刑戮也。以此言退处士而进奸雄，崇势利而羞贫贱，岂非有激而云哉！"①其实我们不能就此把《史记》当为泄个人私愤的作品。司马迁本人实际上对冤冤相报的情感是反对的，他在《伍子胥列传》论赞这样写道："怨毒之于人甚矣哉！王者尚不能行之于臣下，况同列乎！"②王若虚说："班固讥迁论游侠述货殖之非，世称其当，而秦少游辨之，以为迁被腐刑，家贫不能自赎，而交游莫救，故发愤而云。此诚得其本意，然信史将为法于万世，非一己之书也，岂所以发其私愤者哉！"③其实作者在创作作品的时候融入创作者自己的情感，是符合文学(其实史学也如此)创作的规律。此说引起了其后晁公武的共鸣④。司马迁在作品中还是包含着善善恶恶的评判，表现出自己的思想观念，如此的方法从内在的精神上是延续了孔子作《春秋》的精神。同时秦观认为司马迁批判立场的偏颇是受到了其"好奇"个性的影响："(然)迁为人，多爱不忍，虽刺客、滑稽、佞幸之类，犹屑屑焉称其所长，况扵黄老、游侠、货殖之事有见而发、有激而言者？其所称道，不能无溢美之言也。若以《春秋》之法'明善恶、定邪正'责之，则非矣。扬子曰：'太史公，圣人，将有取焉。'又曰：'多爱不忍，子长也。仲尼多爱，爱义也。子长多爱，爱奇也。'夫惟所爱，不主于义，而主于奇，则迁不为无过。若以是非颇谬于圣人，曷为乎有取也！"⑤然而，太史公"好

① 秦观：《司马迁论》，见徐培均：《〈淮海集〉笺注》卷二十，上海古籍出版社1994年版，第700-701页。

②《史记》卷六十六，中华书局1982年版，第2183页。

③ 王若虚：《〈史记〉辨惑》，胡传志、李定乾校注，《滹南遗老集》卷十九，辽海出版社2006年版，第209页。

④ 详见晁公武撰，孙猛校证：《〈郡斋读书志〉校证》卷二上，上海古籍出版社1990年版，第62页。

⑤ 秦观：《司马迁论》，见徐培均：《〈淮海集〉笺注》卷二十，上海古籍出版社1994年版，第701页。

奇",并不能说明司马迁的评判是随意的,实际上是有自己的评判标准的。司马迁在评判时还是能够保持客观的理性节制。

甚至太史公在《史记》少量的人物传记中不是以叙事为主,而直接转换为议论,《伯夷列传》即是如此,全篇基本上都是由司马迁的议论或抒情的文字组成的。近人高燮在谈到《伯夷列传》时说:"历详事实不加案论,此史家之正例也。而或于叙述中附见己意,则为变例矣。至通篇皆以论议为主,而反以叙事为常见者,则我惟于《史记·伯夷列传》见之。"①

有人认为司马迁这种带有抒情意味的议论方式受到了其"发愤以抒情"观念的影响,渗透到传记撰写的过程中,进而对司马迁的批判立场产生了直接的影响。明代黄淳耀说:"大抵太史公于英雄贫困失路无门之日,皆极力摹写,发其孤愤,如苏秦、张仪皆见笑于其妻,陈涉见笑于耕者,陈平见笑于其嫂,黥布见笑于时人,此类甚多。至漂母饭信而不望报,是以信为沟壑也,其意益深痛不忍读矣。"②将人物传记的多数篇章皆认为有司马氏自托的意味,显然有失公允。我们可以认为司马迁"孤愤"的情感在传记的撰写之中有所渗透,但全篇都是司马迁宣泄孤愤之情的,显然是臆想之词。也有人认为这种带有个人情感性质的议论使司马迁的评判有失公允。清人李晚芳说:"司马迁作《史记》,志在上继麟经,其识甚高,其学甚博,而其才又足以济之,故其文峻洁雄伟,自成一家。而属辞比事,亦深得《春秋》大意……独惜其立意措词,多有愤忿不平之过,或谓其遇使然,亦由其立心褊蔽,未闻圣人之大道也。……尝观其《报任少卿》一书,怼君者十之六七,忿朝臣朋友者十之二三,全无一言反己内咎,所谓自是而不知其过者,非欤!其褊蔽也甚矣。操是心而修国史,大本已失,故《平准》《封禅》,尽属谤书,诸传诸赞半借以抒其愤忿不平之气。如是而欲上继知我罪我之心法,愚未敢轻信也。"③尽管论者结合司马氏的《报任安书》讨论了太史公作史的情感,有一定道理,但毫无疑问论者还是站在正统儒学的角度所作的评判,难免失之于偏颇,没有注意到司马迁在对人物品评时是受

①高燮:《吹万楼文集》卷二《书〈史记·伯夷列传〉后》,见《历代名家评史记》,北京师范大学出版社1986年版,第550页。

②黄淳耀:《〈史记〉评论》,《陶庵全集》卷四,文渊阁四库全书本。

③李晚芳:《读史摘微》,《读史管见》卷一,见《李菉猗女史全书》,齐鲁书社2014年版,第10页。

到理性节制的,如司马迁对项羽是充满了同情的,但在《项羽本纪》的论赞中还是对项羽的过失提出了严正的批评,所谓"及羽背关怀楚,放逐义帝而自立,怨王侯叛己,难矣。自矜功伐,奋其私智而不师古,谓霸王之业,欲以力征经营天下,五年卒亡其国,身死东城,尚不觉寤而不自责,过矣。乃引'天亡我,非用兵之罪也。'岂不谬哉!"①,显然对项羽并不是一味地祖护!

《史记》因为带有子家的性质,创作的意味浓厚,毫无疑问,文字上自然会深深打上创作主体思想情感的烙印。太史公在《平原君虞卿列传》论赞中写道:"虞卿料事揣情,为赵画策,何其工也!及不忍魏齐,卒困于大梁,庸夫且知其不可,况贤人乎?然虞卿非穷愁,亦不能著书以自见于后世云。"②人生的困厄所造成的心灵苦闷能够在著述中得到一定的宣泄,这也是文学创作的一般机制,但这并不能影响《史记》主要是阐发作者思想的著作,子家的特性非常明显。章学诚说:"史迁百三十篇,《报任安书》所谓'究天地之际,通古今之变,成一家之言'。《自序》以谓'绍名世,正《易传》,本《诗》《书》《礼》《乐》之际',其本旨也。所云'发愤著书',不过叙述穷愁,而假以为辞耳。后人泥于发愤之说,遂谓百三十篇皆为怨诽所激发,王允亦斥其言为谤书。于是后世论文,以史迁为讥谤之能事。"③章氏的认识是公允的。清人曾国藩在谈到《绛侯周勃世家》时也说:"太史公于不平事多借以发抒,以自鸣其郁抑。此于绛侯父子下狱事,却不代鸣冤苦,而以'足已不学,守节不逊'二语责条侯,故知子长自闻大道,或以'谤书'讥之,非也。"④所评也较为折中。

今人范文澜先生曾说:"史迁为纪传之祖,发愤著书,辞多寄托。景、武之世,尤著微旨,彼本自成一家之言,体史而义《诗》,贵能言志云尔。"⑤可以说,上古时代"诗言志"观念深刻影响了司马迁的修史动机,换而言之,太史公将"诗言志"转化成了"史言志",史书也成了史家"言志"的一个重要载体。就语言的表达形式而言,司马迁确实是采取了

①《史记》卷七,中华书局1982年版,第339页。
②《史记》卷七十六,中华书局1982年版,第2376页。
③章学诚:《史德》,《文史通义》卷三,见叶瑛:《〈文史通义〉校注》,中华书局1985年版,第221页。
④曾国藩:《读书录》,岳麓书社1989年版,第74页。
⑤范文澜:《文心雕龙注》卷四,人民文学出版社1958年版,第304页。

文学的相关处理方法，清代程余庆曾说："良由《史记》一书，有言所及而意亦及者，有言所不及而意已及者；有正言之而意实反者，有反言之而意实正者；又有言在此而意则起于彼，言已尽而意仍缠绵而无穷者。错综迷离之中而神理寓焉，是非求诸言语文字之外，而欲寻章摘句以得之，难矣！"①《史记》诸多篇章达到了诗歌意在言外的艺术效果，我们确实需要在《史记》的语言表层之下体味其真意。王又朴说："史公盖多恢宏谲诡之词，不肯显言正论，又时以他事间文，自掩其笔墨之迹，且文辞浩瀚，读之者目炫神骇，往往一篇不能尽，故能得其旨者绝少。史公亦尝曰：'非好学深思，心知其意，固难为浅见寡闻者道也。'"②如司马迁尊奉孔子为"至圣"，但对于孟子的尊奉，主要还是潜藏在语言表层之下，孟子的传记虽然与荀卿、邹忌属于同一个等列，但司马迁在叙述邹衍得志时写道："其游诸侯见尊礼如此，岂与仲尼菜色陈蔡，孟轲困于齐梁同乎哉！"同时又说："故武王以仁义伐纣而王，伯夷饿不食周粟；卫灵公问陈，而孔子不答；梁惠王谋欲攻赵，孟轲称大王去邠。此岂有意阿世俗苟合而已哉！"③实际上是拿孔子、孟子并称，可见尊奉孟子是从司马迁开始的。

总而言之，由于"发愤以抒情"的渗透，《史记》本身相对于《春秋》而言个人的主体意识更强，情感更为深沉，也更能打动人。

## 二、五体架构：修史体例的改变

《春秋》采用按照时间顺序纪事的编年体例，到了司马迁的手里，则是汲取了之前史书诸多体例的优长。史书对史料剪裁编排的方式，无非有记时、记人、记事等方式，但这几种方式各有长处与不足。按照时间顺序即为编年体，依照年、月、日的先后记事，可把史事的时间顺序交待得很清楚，但叙事可能会因为涉及不同的国家，事件则分散、间断而欠连贯；写人也只限某一时日，不能前后连续性地记载人物的一生行事。按照人物一生的行事来记载为纪传体，可将人物事迹叙述完整，但不能详备某一历史事件的首尾始末，也不能对某一历史时期进

---

① 程余庆：《〈史记集说〉序》，见《历代名家评史记》，北京师范大学出版社1986年版，第34页。。
② 王又朴撰，凌朝栋整理：《〈项羽本纪〉读法题词》，《史记七篇读法》卷一，商务印书馆2013年版，第3页。
③《史记》卷七十四，中华书局1982年版，第2345页。

行全方位的展示。按照事件来记载的为纪事本末体，其重心在叙事，可以让读者了事件的来龙去脉，但不能完整地记载人物的一生，也不能完整地再现某一时期所发生事件的完整过程。

司马迁的《史记》改变了《春秋》单纯编年的形式，司马迁的《史记》则在前人的基础上进行了融合和发展。从主体上来看，《史记》确实开创了以人物为中心的纪传体通史的先河，目的也许是彰显人物在历史发展过程中所起到的重要作用。但《史记》的实际状况并不仅仅局限于纪传体，它能够通过五种分体的相互补充配合，弥补了纪传体的不足，从而构筑了完整详备的、纵横交错的叙事网络。它包括此前的记时、记人、记事三种基本方法，合其所长，避其所短，为保存历史全貌可以说奉献出最佳的体例。宋代郑樵曾说："本纪纪年，世家传代，表以正历，书以类事，传以著人，使百代而下，史官不能易其法，学者不能舍其书。"①诚如此言，《汉书》以下各朝断代正史，在体制方面虽然有所损益，但基本上是仿效《史记》的。可以说《史记》体大虑周，后人无法出其右。清人章学诚赞之甚高，其云："夫史迁绝学，《春秋》之后一人而已；其范围千古，牢笼百家者，惟创例发凡，卓见绝识，有以追古作者之原，自具《春秋》家学耳。"②

不过，尽管《史记》是分五体安排的，但如此的布置也是紧紧围绕国家治理这一核心层面的。元代马端临说："纪、传以述理乱兴衰，八书以述典章经制。"③《史记》之所以用五体架构的方式很重要的目的就是用以彰显太史公所要表现出的思想内涵。清人赵翼曾说："古者左史记言，右史记事，言为《尚书》，事为《春秋》。其后沿为编年、记事二种。记事者，以一篇记一事，而不能统贯一代之全。编年者，又不能即一人而各见其本末。司马迁参酌古今，发凡起例，创为全史。本纪以序帝王，世家以记侯国，十表以系时事，八书以详制度，列传以志人物，然后一代君臣政事，贤否得失，总汇于一篇之中。自此例一定，历代作史者，遂不能出其范围，信史家之极则也。"④总体来看，体例的安排主要还是为考察王朝政治的得失服务的。

---

① 郑樵：《通志·总叙》，中华书局1987年版，第1页。
② 章学诚：《申郑》，《文史通义》卷五，见叶瑛：《〈文史通义〉校注》，中华书局1985年版，第464页。
③ 马端临：《文献通考·自序》，《文献通考》，中华书局1986年版，第3页。
④ 赵翼著，王树民校证：《〈廿二史劄记〉校证》卷一，中华书局1984年版，第2—3页。

梁启超曾评价说:"太史公诚史界之造物主也,其书亦常有国民思想,如项羽而列诸本纪,孔子、陈涉而列诸世家,儒林、游侠、刺客、货殖而为之列传,皆有深意存焉。其为立传者,大率皆于时代极有关系之人也,而后世之效颦者则胡为也。"①梁氏的看法是非常深刻的,比如《史记》本纪从尧舜写起,世家从太伯写起,列传从伯夷写起,尊崇的是为国以让的礼治精神。宋人叶适评价说:"迁本意取高让不受利禄者为列传首,是也。"②当然后世有一些史学家对此也表示了质疑,如唐代刘知几对《伯夷列传》的安排甚为不满:"(又)子长著《史记》也,驰骛穷古今,上下数千载。至如皋陶、伊尹、傅说、仲山甫之流,并列经诰,名存子史,功烈尤显,事迹居多。盖各采而编之,以为列传之始,而断以夷、齐居首,何龌龊之甚乎!"③刘氏显然未能理解司马迁的深刻用意。至于项羽列于本纪,陈涉列于世家,显然是尊崇其革命之功绩,而非以成败论英雄。对此,司马迁关于体例与人物传记设置的原因有时在人物传记中是有所表露的,如在《陈涉世家》中太史公写道:"陈胜虽已死,其所置遣侯王将相竟亡秦,由涉首事也。高祖时为陈涉置守冢三十家砀,至今血食。"④潜在之意实际上是为了说明陈涉入世家的缘由,一方面是陈胜为反秦第一人,另一方面由他起事开始,其他诸侯王合力最终灭掉了秦王朝,故而《陈涉世家》主要写了陈胜的行动历程,但同时也勾画了其他诸侯兵反秦的简要状况,茅瓒曾说:"涉虽发难,而当时诸侯起兵者皆备载于此,故称世家而首之,不略不冗,叙事之妙也。"⑤清人李景星在谈到陈涉入《世家》的叙述功能也论道:"(且)涉虽一起即蹶,所遣之王侯将相,卒能亡秦,既不能一一为之传,又不能一概抹杀,摈而不录。即云有各'纪'、'传'在,无妨带叙互见;然其事有可以隶属者,亦有不能强为隶属者,此中安置,颇觉棘手。惟斟酌'纪'、'传'之间,将涉列为'世家',将其余与涉俱起不能遍为立传之人皆纳入涉世家中,则一时之草泽英雄皆有归宿矣。故通篇除吴广外,牵连而书者至有二十余人之多。千头万绪,五花八门,却自一丝不乱,

①梁启超:《中国史界革命案》,《饮冰室合集》第二册《饮冰室文集》,中华书局1989年版,第32页。
②叶适:《习学记言序目》卷二十,中华书局1977年版,第281页。
③刘知几:《史通》卷八《人物》,《〈史通〉通释》,上海古籍出版社1978年版,第238页。
④《史记》卷四十八,中华书局1982年版,第1961页。
⑤凌稚隆辑校:《史记评林》(第四册)卷四十八,天津古籍出版社1998年版,第525页。

非大手笔何能为此!"①由陈涉一人而关联到其他多路反秦人物的书写,太史公有条不紊地加以了记载,其修史的才能非一般人之所能及。其他如把孔子列于世家,把其诸弟子一一陈述于列传,这显然是为了尊崇孔门的学统。而将老子、韩非放在同一传记,潜在的是暗示道、法两家的渊源关系。

再如《史记》表的设置也很有特色。明人钟惺曾说:"《史记》诸表,一图谱也,而文章间架,一经一纬,一纵一横,亦自可得之,是无言之文也。序最古,感慨往往在微言之内。"②司马迁在《史记》中所设置的表是有深刻内涵的,它不仅仅是一个谱牒而已。它实际上和司马迁"通古今之变"的修史宗旨追求是相通的。明人陈仁锡曾说过:"《十二诸侯》《六国》《汉兴诸侯表》,年为经,国为纬,所以纪列国之盛衰兴坏损益也。《高祖》《惠景》《建元侯表》,国为经,年为纬,所以纪传世之始故也,故其例不同。若序所谓'表见盛衰','著诸兴坏之端','谱其损益之时','谨其终始','盛衰','始终'数句,大概尽之矣。"③司马迁通过表格的形式让我们对历史的演进有了一个整体的观照,更易于让我们理解他的"通古今之变"的修史宗旨。

---

① 李景星:《史记评议·陈涉世家》,韩兆琦、俞樟华校点:《四史评议》,岳麓书社1986年版,第49页。当然,陈涉入世家可能与汉高祖给予他能够享受世代祭祀的待遇也有一定关系。

② 转录自葛氏《史记》卷二一,见《历代名家评史记》,北京师范大学出版社1986年版,第125页。

③ 陈仁锡:《陈评史记》卷一八,见《历代名家评史记》,北京师范大学出版社1986年版,第474页。

# 结　语

　　从司马迁"绍明世,正《易传》,继《春秋》"的作史目的来看,《史记》的精神主要是受了儒家思想的影响,从文献的角度上来说,可以说受儒家典籍《周易》与《春秋》之影响最为深刻。后世有人指责司马迁思想的核心不是儒家的,如柳冕说:"(且)迁之过在不本于儒教以一王法,使杨朱、墨子得非圣人,此(儒)[迁]之罪也,不在于叙远古示将来也。"①这种认识放置于司马迁所接受前代典籍的影响而言应当说是错误的。平心而论,《史记》修撰一方面是司马迁要尊重历史现实,作为史家,必须对历史上有功业或声名的人物作传,不能完全根据个人的偏爱或喜怒进行选择,这当然不能等同于子家一般意义上的著述;另一方面,司马迁在行文的时候还是可以通过史料的剪裁与书写的方式来表现自己的思想倾向。明代王鏊说:"太史公作《宋世家》,而首叙三仁,所以宗孔孟,故赞首亦明言之。箕子、比干传俱附见《微子世家》,正见其迹异而心同,宜牵连书也。"②他认为司马迁所作《宋微子世家》就充分表现了儒家的思想倾向。再如《孔子世家》论赞写道:"《诗》有之:'高山仰止,景行行止。'虽不能至,然心乡往之。余读孔氏书,想见其为人。适鲁,观仲尼庙堂车服礼器,诸生以时习礼其家,余祗回留之不能去云。天下君王至于贤人众矣,当时则荣,没则已焉。孔子布衣,传十余世,学者宗之。自天子王侯,中国言《六艺》者折中于夫子,可谓至圣矣!"③文字充满对孔子的赞赏与仰慕之情,誉孔子为"至圣"的称

---

　　① 姚铉:《唐文粹》卷八十二,浙江人民出版社1986年影印版。

　　② 转录自蒋善:《史记汇评》卷三十八,见《历代名家评史记》,北京师范大学出版社1986年版,第474页。

　　③《史记》卷四十七,中华书局1983年版,第1947页。

呼也自此始①。清人储欣说："余读太史公书，其间考信《六艺》，推尊孔子，可谓至矣。先黄老者谈也，非迁也。谈习道论，以虚无为宗，迁博极群书，又与董生辈往来究切，师友渊源，超出其父。"②从学术渊源讨论司马迁的思想倾向，所下结论妥帖。上文已述，司马迁在人物传记中多次引用孔子之语来论证自己的观点和抒发自己的情感，就是一明证。如《伯夷列传》一篇之中就多次引用："孔子曰：'伯夷、叔齐，不念旧恶，怨是用希。''求仁得仁，又何怨乎？'余悲伯夷之意，睹轶诗可异焉。""子曰'道不同不相为谋'，亦各从其志也。故曰'富贵如可求，虽执鞭之士，吾亦为之。如不可求，从吾所好'。'岁寒，然后知松柏之后凋'。举世混浊，清士乃见。"③皆能说明司马迁对孔子的敬慕之情。

　　从评判的思想立场来看，司马迁对诸多历史人物或事件评判的思想基础还是儒家的。后世学者们会枚举许多例证加以说明。如清人袁文典曾论司马迁："观《史记》于王翦则其不能辅秦建德固其根本；论韩信倘能学道谦让不矜不伐，当比周召后世血食；又言申屠嘉刚毅守节然无学术；斥蒙恬不能强谏振百姓之急，养老存孤修众庶之利，而阿意兴功，其兄弟遇诛宜矣。略举数端其是非果谬于圣人否耶！"④所论甚是。而从家学渊源来看，司马迁固然受到了家学渊源的影响，但也有所改变与发展，宋人陈傅良曾说："太史谈有意焉，然六家之论犹崇老抑儒。迁卒家学，乃尽百家之精而断以六艺，《易》本田何，《春秋》本董仲舒，《书》本孔安国，《礼》本河间，独恨不见《毛氏诗》耳。盖其融液九流，萃为一篇，罢黜杂论，自《五帝纪》以下咸有依据，荀卿之后，仅见此书尔。"⑤尽管司马迁继承了其父某些思想因素，不过司马氏父子两代的思想宗旨仍然是有差别的。冯班同样持类似的观点，他说："史迁极重仲尼，史谈乃重老子，父子异

---

　　①清人王治皞谈到司马迁这种认识的时代价值时说："太史公虽未深知孔子之道，而能尊孔子于黄老纷纭之日，其识盖卓矣。昌黎之前，知尊孔子，此其首也。"（《记史权参》卷之上，见《历代名家评史记》，北京师范大学出版社1986年版，第493页）虽不是很准确，但王氏能够意识到黄老之学盛行之下司马迁思想取向的个性，非常深刻。上文说过，司马迁提到"想见其为人"的历史人物除了文学家屈原之外，也只有思想家孔子了，可见孔子在太史公心目中的地位。

　　②储欣：《〈孔子世家〉赞》，《史记选》卷三，嘉庆静远堂本。

　　③《史记》卷六十一，中华书局1982年版，第2126页。

　　④袁文典：《永昌府文征》卷十二《读史记》，见《历代名家评史记》，北京师范大学出版社1986年版，第28页。

　　⑤陈傅良：《止斋先生文集》卷三十五《答贾端老五》，文渊阁四库全书本。

论。"①司马迁一生主要生活在汉武时代,毫无疑问也受到了这一时期"独尊儒术"主流思想的影响。从学术思想所生存的时代背景,冯班谈到了司马父子思想差异的原因:"儒者以《六艺》为法,经传以千万数,不如《老子》之约,司马谈之言也。司马迁之书,继《春秋》而作,子长盖儒者也,子云言之不分别,班固亦然,何也? 谈生汉景之世,时尚黄老,故其言如此;子长在武帝时,则不然矣。"②当然更重要的原因是与司马迁自我取舍有着更为密切的关系! 近人孙德谦认为:"本纪者,记天子也,而项羽、吕后则入之。世家者所以记诸侯也,而孔子、陈涉则入之。无识者莫不疑其为例之不纯矣。不知彼以天下人民为重,非第为一姓记存亡也。至孔子则以为万世师道之所在,又明其尊圣之心,史官予夺之权操在己,故若此也。"③人物所入体例的自我选择本身就反映了史公崇尚儒家的思想意旨和价值取向。

可以说司马迁的《史记》兼有经史子集四部各自的性质,实为集大成著作。清人钱大昕说:"太史公修《史记》以继《春秋》,成一家言,其述作依乎经,其议论兼乎子。"④所论尚不够全面。从《史记》与《春秋》《周易》的关系来看,司马迁修撰《史记》的用意之根本不是来编撰历史史料,而是通过历史史料的剪裁来阐释自己的思想理念。他的"究天人之际,通古今之变,成一家之言"的修史宗旨即是明证。再者,从书名的流变来看,司马迁的著作原来并非称《史记》,而是名曰《太史公书》,如同《墨子》《孟子》《韩非子》等子书的著作,应当说作者的主观意旨是一致的。当然,司马迁的《史记》毕竟从基础来看首先是史书,因此《史记》并没有像墨翟、孟轲、韩非等人的著作那样主要通过议论的方式来阐发自己的思想。徐浩曾说:"史公《史记》非徒事实纪录之史,其主旨在'就天人之际,通古今之变,成一家之言'。盖欲完成其史学系统,奠定历史哲学基础。夫子不以空言说经,史公亦有载之空言不

---

① 冯班:《钝吟杂录》卷六,中华书局2013年版,第106页。

② 冯班:《钝吟杂录》卷八,中华书局2013年版,第122页。冯班并从关于孔老之传的排列暗示了司马迁的思想倾向,其云:"孔子作世家,老子与韩非同传,列国世家书孔子卒,不'先黄老而后六经',明甚。"(《钝吟杂录》卷八,中华书局2013年版,第122页)

③ 孙德谦:《行权》,《〈太史公书〉义法》卷上,见《历代名家评史记》,北京师范大学出版社1986年版,第119页。

④ 钱大昕:《序二·〈史记志疑〉序》,《潜研堂文集》卷二十四,上海古籍出版社1989年版,第396页。

如见诸行事深切著明之论,藉史实而成一家之学,较周秦诸子实高出一筹,后之史家,只知模仿其体例而修正史,以昧于'就天人之际,成一家之学'之义矣。"①徐先生的把握与批评是非常到位的,尽管没有将《史记》与其他子书在表达思想方式上一比高下的必要。清人周济说:"昔人称《史记》为《太史公书》,以人名其书者,明此人欲自发舒,知空言不如实事,故取旧文自证,明古立则今悟,著见则微表,文成则指达。孟子曰:'其事则齐桓晋文,其文则史。'孔子曰:'其义则丘窃取之矣。'此之谓也。故论《春秋》之未作也,有事然后有文,有文然后有义;而论孔子之作《春秋》也,则欲申其义,始寓之文,欲成其文,始寓之事,自黄帝至于麟止,皆太史所寓焉耳。"②对《史记》作为子书或经书的性质有自己深刻的理解。

括而言之,《史记》实际上是一部特殊形态的思想著作(经书),它秉承先秦的学术传统,整合百家思想,自铸伟辞,以演变的历史和人物的活动为载体,以文学的样式为表现手段,阐明关于治乱规律的认识和对天人之际的反思。

司马迁也是第一次对先秦文献进行综合整理的集大成者。顾颉刚曾说:"窃谓《史记》一书,'厥协六经异传,整齐百家杂语',实为吾国史事第一次有系统之整理,司马迁既自道之矣。"③毋庸置疑,以一人之力完成爬梳、整合诸多文献之功,非后世史家之可比。

司马迁在给某些思想家立传的时候本身就带有学术史研究的性质。如《老子韩非列传》起码在学术史上有以下方面呈现:

首先,法家的根源是道家。传曰:"申子之学本于黄老而主刑名";"韩非者,韩之诸公子也。喜刑名法术之学,而其归本于黄老"。论赞部分也重点爬梳了道家与法家之间的源流关系。"太史公曰:老子所贵道,虚无,因应变化于无为,故著书辞称微妙难识。庄子散道德,放论,要亦归之自然。申子卑卑,施之于名实。韩子引绳墨,切事情,明是非,其极惨礉少恩。皆原于道德之意,而老子深远矣。"④司马迁的认识

---

①徐浩:《廿五史论纲》,上海书店(影印本)1989年版,第43页。

②周济:《味隽斋史义·自序》,《求志堂存稿汇编》,见《历代名家评史记》,北京师范大学出版社1986年版,第79—80页。

③顾颉刚:《〈史记〉校点本序文》,见贺次君:《〈史记〉书录》,商务印书馆1958年版,第232页。

④《史记》卷六十三,中华书局1982年版,第2156页。

是深刻的,事实情况是,《韩非子》中就有《解老》《喻老》篇,实际上是借助道家的思想来阐发法家的理念。明人何良俊说:"太史公作史,以老子与韩非同传,世或疑之。今观韩非书中,有《解老》《喻老》二卷,皆所以明老子也。故太史公于论赞中曰:申韩苛察惨刻,'皆源于道德之意,而老子深远矣',则知韩非原出于老子。"①陈柱也认为:"老庄道家,申韩法家。以老庄申韩合传,以见法家源于道家也。此史公洞悉学术之源流处。后人不解,反以老韩同传为卑老,谬矣。"②

其次,道家思想的精髓在于"无为"。司马迁在《老韩列传》中写道:"李耳无为自化,清静自正。"③

最后,儒道之争的问题。司马迁写道:"世之学老子者则绌儒学,儒学亦绌老子","庄子者,……其学无所不窥,然其要本归于老子之言。故其著书十余万言,大抵率寓言也。作《渔父》《盗跖》《胠箧》,以诋讹孔子之徒,以明老子之术。《畏累虚》《亢桑子》之属,皆空语无事实。然善属书离辞,指事类情,用剽剥儒、墨,虽当世宿学不能自解免也。其言洸洋自恣以适己,故自王公大人不能器之"④。从后文的评价来看,太史公对老庄之学还是有所批评的,尤其是对于庄子之学,司马迁认为其不切时事,故也不能为当世所用。

再如《孟子荀卿列传》谈到了太史公自我对以邹衍为代表的阴阳家的看法,司马迁说:"驺衍睹有国者益淫侈,不能尚德,若《大雅》整之于身,施及黎庶矣。乃深观阴阳消息而作怪迂之变,《终始》《大圣》之篇十余万言。其语闳大不经,必先验小物,推而大之,至于无垠。……然要其归,必止乎仁义节俭,君臣上下六亲之施始也滥耳。"⑤后又谈到了其对名家等流派的看法,其云:"而赵亦有公孙龙为坚白同异之辩,剧子之言,魏有李悝,尽地力之教;楚有尸子、长卢;阿之吁子焉。……盖墨翟,宋之大夫,善守御,为节用。"⑥这些看法对后来学术史研究产生了深刻影响⑦。

---

① 何良俊:《子二》,《四友斋丛说》卷二十,中华书局1959年版,第182页。

② 陈柱:《老庄申韩列传讲记》,《学术世界》1936年第一卷第十二期。

③《史记》卷六十三,中华书局1982年版,第2143页。

④《史记》卷六十三,中华书局1982年版,第2143-2144页。

⑤《史记》卷七十四,中华书局1982年版,第2344页。

⑥《史记》卷七十四,中华书局1982年版,第2349-2350页。

⑦ 明人茅坤说:"太史公传诸子多草草,以不得于诸子所自为之说故也。"(《史记钞》卷四二,明西吴闵氏刻本)茅氏所论有失允当。

　　而在某些人物传记中，尽管没有全面评价其思想学术的特点，但在片言只语中还是点出了思想的内核。如《苏秦列传》论赞中说："苏秦兄弟三人，皆游说诸侯以显名，其术长于权变。"[1]论及纵横家的思想核心是根据时势的不同能够变化自己的应对策略，是为"权变"，一语中的！在《乐毅列传》中谈到了河上公的学术源流，他写道："乐臣公学黄帝、老子，其本师号曰河上丈人，不知其所出。河上丈人教安期生，安期生教毛翕公，毛翕公教乐瑕公，乐瑕公教乐臣公，乐臣公教盖公。盖公教于齐高密、胶西，为曹相国师。"[2]对学术传承关系交待得非常清晰。

　　如果将《史记》中这些关于学术的讨论集中在一起，可以说这是一篇对先秦时期学术状况深刻讨论的论文，不亚于其父的《论六家之要旨》，反映了司马迁深邃的学术史眼光。

　　进而言之，司马迁承续了深厚的家学渊源，接受了多位良师的教益，《周易》和《春秋》所包孕的思想对他修撰《史记》产生了重要的影响，这是毋庸置疑的，孔子作《春秋》所给予太史公修史的精神动力自不待言，就是《周易》本身经过儒者的努力业已成为儒家重要的经典之一。儒家的思想在司马迁的心中占有很高的地位[3]。当然，应该指出的是司马迁尊敬儒家，并不代表他迷信儒家，他对儒术也有批判的地方，这一点其他学者已有所阐释，此处不再赘述。纵观整部《史记》所反映出的思想因素，我们可以看到司马迁转益多师，兼容并蓄，吸收了其他诸家的一些长处，根据时代的发展作了具体的分析。

　　首先，道家对他产生了非常深刻的影响。《汉书·艺文志》云："道家者流，盖出于史官，历记成败存亡祸福古今之道。"道、史原本同源，老子就曾做过史官。而在司马迁所生活的"黜黄老、刑名百家之言"[4]的时代里，他居然能够把《老子韩非列传》放在第三位，不能不说具有非

---

　　①《史记》卷六十九，中华书局1982年版，第2277页。

　　②《史记》卷八十，中华书局1982年版，第2436页。

　　③ 如司马迁在《吴太伯世家》中本来应该正常地记载吴国的事件，但《世家》在中间突然插入了这样一句话："十五年，孔子相鲁。"（《史记》卷三十一，中华书局1982年版，第1467页）显然是为了尊崇孔子，根底上还是尊崇儒家，所以他把孔子在鲁国当相国看作是一件非常重要的大事。凌约言说："'孔子相鲁'，太史公每于世家俱特书，以其出处系天下之兴衰，非特关鲁国已也。"（转自凌稚隆辑校：《史记评林》（第四册）卷四〇，天津古籍出版社1998年版，第162页）

　　④《儒林传》，《汉书》卷八十八，中华书局1962年版，第3593页。

常过人的勇气与魄力,论赞也给予了很高的揄扬:"老子所贵道,虚无,因应变化于无为,故著书辞称微妙难识。"①司马迁治国思想中的顺应民俗、"无为"安民的思想,很大程度上是吸收了道家的"因循为用""无为"的思想。这种思想也影响了司马迁对人物的评价,如他对吕后本人并无好感,但是他对吕后执政期间的治国政策还是非常欣赏的,"孝惠皇帝、高后之时,黎民得离战国之苦,君臣俱欲休息乎无为,故惠帝垂拱,高后女主称制,政不出房户,天下晏然。刑罚罕用,罪人是希。民务稼穑,衣食滋殖"②。这是吕后无为政治给国家经济人民生活带来的益处。《曹相国世家》引用歌谣云:"萧何为法,顜若画一。曹参代之,守而勿失。载其清净,民以宁一。"司马迁引用童谣的用意实际上是称扬了曹参的治国政策,曹参当上相国之后,基本上是采取了不积极干预的政策,是实行"无为而治"的典型人物,故而论赞写道:"参为汉相国,清静极言合道。然百姓离秦之酷后,参与休息无为,故天下俱称其美矣。"③颂美备至,这在本质上是对道家无为政治的肯定。再如《扁鹊仓公列传》论赞写道:"女无美恶,居宫见妒;士无贤不肖,入朝见疑。故扁鹊以其伎见殃,仓公乃匿迹自隐而当刑。缇萦通尺牍,父得以后宁。故老子曰'美好者不祥之器',岂谓扁鹊等邪?若仓公者,可谓近之矣。"④扁鹊被杀就是因为其医术太过高明,能够根据不同状况采取不同的治疗方向,"扁鹊名闻天下。过邯郸,闻贵妇人,即为带下医;过洛阳,闻周人爱老人,即为耳目痹医;来入咸阳,闻秦人爱小儿,即为小儿医,随俗为变。秦太医令李醯自知伎不如扁鹊也,使人刺杀之"⑤。扁鹊才能超群,声名远播,因此受人嫉妒而不能存身。司马迁引用了《老子》的文字加以评论,也许带有愤激之情,但从现实的层面上来看,却也不无道理。

其次,司马迁对法家的态度也一分为二。他不赞成法家"严而少恩"的残酷性。《商君列传》论赞认为商鞅是"天资刻薄人也","卒受恶名于秦,有以也夫"。不过,司马迁反对的只是严刑峻法,并不是要求

---

① 《史记》卷六十三,中华书局1982年版,第2156页。

② 《吕太后本纪》,《史记》卷九,中华书局1982年版,第412页。

③ 《史记》卷五十四,中华书局1982年版,第2031页。

④ 《史记》卷一百五,中华书局1982年版,第2817页。

⑤ 《史记》卷一百五,中华书局1982年版,第2794页。

取消法律，"法令所以导民也，刑罚所以禁奸也。文武不备，良民惧然身修者，官未曾乱也"[1]。尤其对法家那种"守法不阿意"的精神给予了特别推崇（这是对其父司马谈所认同法家的"明分职不得相踰越"[2]思想的具体发挥）。《张释之冯唐列传》论赞云："张季之言长者，守法不阿意。冯公之论将率，有味哉！有味哉！《语》曰：'不知其人，视其友。'二君之所称诵，可著廊庙。《书》曰：'不偏不党，王道荡荡；不党不偏，王道便便。'张季、冯公近之矣。"[3]根据已定的法律法规，而不是随意凭借个人的主观臆断来行事，人们乃至上层统治者才不会为所欲为，这个社会才不至于陷入混乱的状态，对此司马迁毫无疑问是推崇的。

最后，从司马迁所处的时代来看，由于声势赫赫的秦帝国已经成为一个早夭的孩儿，这对汉王朝来说是一个很大的触动。汉初许多思想家从不同的角度出发，或从秦王朝灭亡中总结教训，或在政治上提出各种思想或对策，形成了一个思想相当活跃的时期。到了汉武帝时，"罢黜百家，独尊儒术"政策的实行，又使思想渐趋统一。生活在这一特殊历史时期的司马迁无疑也受到了比他稍前或同时期一些哲人思想的影响，尤其像贾谊的"改正朔，易服色，法制度，定官名，兴礼乐"[4]的思想，董仲舒的"大一统"思想对司马迁的影响非常之大。

括而言之，笔者认为《周易》和《春秋》所彰显的文化精神对司马迁"究天人之际，通古今之变，成一家之言"宏观思想的建构与修史的笔法无疑是一个决定性的影响，从《周易》与《春秋》中吸收营养，形成自己的独特史观，司马迁的史学思想是深厚的，《史记》也成为中国史学史上一个重要的里程碑。

---

① 《循吏列传》，《史记》卷一百一十九，中华书局1982年版，第3099页。
② 《太史公自序》，《史记》卷一百三十，中华书局1982年版，第3291页。
③ 《史记》卷一百二，中华书局1982年版，第2761页。
④ 《屈原贾生列传》，《史记》卷八十四，中华书局1982年版，第2492页。

# 主要参考文献

[1]包世臣.包世臣全集[M].李星,点校.吴孟复,贾文昭,审订.合肥：黄山书社,1993.

[2]洪兴祖.楚辞补注[M].北京,中华书局,1983.

[3]陈子展.楚辞直解[M].南京：江苏古籍出版社,1988.

[4]董仲舒,苏舆.春秋繁露义证[M].钟哲,点校.北京：中华书局,1992.

[5]恽敬.大云山房文稿初集[M].上海：商务印书馆,1926.

[6]牛运震.读史纠谬[M].济南：齐鲁书社,1989.

[7]曾国藩.读书录[M].长沙：岳麓书社,1989.

[8]王夫之.读通鉴论[M].北京：中华书局,1975.

[9]冯班.钝吟杂录[M].北京：中华书局,2013.

[10]蒋庆.公羊学引论[M].沈阳：辽宁教育出版社,1995.

[11]王国维.观堂集林[M].北京：中华书局,2004.

[12]赵翼.陔余丛考[M].北京：商务印书馆,1957.

[13]国语[M].上海：上海古籍出版社,1978.

[14]金春峰.汉代思想史[M].北京：中国社会科学出版社,1987.

[15]班固.汉书[M].颜师古,注.北京：中华书局,1962.

[16]王先谦.汉书补注[M].北京：中华书局,1983.

[17]杨海峥.汉唐《史记》研究论稿[M].济南：齐鲁书社,2003.

[18]袁宏,周天游.后汉纪校注[M].天津：天津古籍出版社,1987.

[19]范晔.后汉书[M].李贤,等,注.北京：中华书局,1965.

[20]王葆玹.今古文经学新论[M].北京：中国社会科学出版社,1997.

[21]皮锡瑞.经学通论[M].北京：中华书局,1954.

[22]皮锡瑞.经学历史[M].北京：中华书局,1959.

[23]晁公武,孙猛.郡斋读书志校证[M].上海：上海古籍出版社,1990.

[24]陈士珂.《孔子家语》疏证[M].北京：商务印书馆,1959.

［25］王应麟.困学纪闻［M］.北京:商务印书馆,1959.

［26］陈鼓应.老子注译及评介［M］.北京:中华书局,1983.

［27］李晚芳.李菉猗女史全书［M］.济南:齐鲁书社,2014.

［28］姚永朴.历史研究法［M］.上海:商务印书馆,1914.

［29］唐晏.两汉三国学案［M］.北京:中华书局,1986.

［30］徐复观.两汉思想史［M］.上海:华东师范大学出版社,2001.

［31］王充.论衡［M］.上海:上海人民出版社,1974.

［32］沈括.梦溪笔谈［M］.沈阳:辽宁教育出版社,1997.

［33］赵翼,王树民.《廿二史劄记》校证［M］.北京:中华书局,1984.

［34］钱大昕.廿二史考异［M］.南京:凤凰出版社,2008.

［35］徐浩.廿五史论纲［M］.上海:上海书店,1989.

［36］严可均.全上古三代秦汉三国六朝文［M］.北京:中华书局,1958.

［37］顾炎武,黄汝成.《日知录》集释［M］.郑州:中州古籍出版社,1990.

［38］陈寿.三国志［M］.裴松之,注.北京:中华书局,1982.

［39］陈三立.散原精舍文集［M］.钱文忠,校点.沈阳:辽宁教育出版社,1998.

［40］姚永概.慎宜轩笔记［M］.民国丙寅活字木刻本,1925.

［41］姚永概.慎宜轩日记［M］.合肥:黄山书社,2010.

［42］郝敬.史汉愚按［M］.明崇祯间郝氏刻山草堂集本.

［43］钟惺.史怀［M］.上海:商务印书馆,1939.

［44］刘熙,王先谦.《释名疏证》补［M］.上海:上海古籍出版社,1984.

［45］司马迁.史记［M］.裴骃,集解.司马贞,索隐.张守节,正义.北京:中华书局,1982.

［46］汤谐.史记半解［M］.韦爱萍,整理.北京:商务印书馆,2013.

［47］尚镕.史记辨证［M］.持雅堂全集写本.

［48］茅坤.史记钞［M］.明西吴闵氏刻本.

［49］高嶙.史记钞［M］.乾隆三十五(1770年)年刊本.

［50］泷川资言.史记会注考证［M］.北京:文学古籍刊行社,1955.

［51］杭世骏.史记考证［M］.北京:国家图书馆出版社,2009.

［52］朱东润.史记考索［M］.武汉:武汉大学出版社,2009.

［53］柯维骐.史记考要［M］.明嘉靖二十年(1541年)刻本.

［54］吴见思.史记论文［M］.上海:上海古籍出版社,2008.

[55]王又朴.史记七篇读法[M].凌朝栋,整理.北京:商务印书馆,2013.

[56]崔适.史记探源[M].北京:中华书局,1986.

[57]杨慎.史记题评[M].明嘉靖十六年(1537年)胡有恒刻本.

[58]杨启高.史记通论[M].清山阁,1926.

[59]储欣.史记选[M].嘉庆静远堂本.

[60]陈直.史记新证[M].天津:天津人民出版社,1979.

[61]陈桐生.史记与今古文经学[M].西安:陕西人民教育出版社,1995.

[62]张新科,俞樟华.史记研究史略[M].西安:三秦出版社,1990.

[63]郭嵩焘.史记札记[M].北京:商务印书馆,1957.

[64]梁玉绳.史志疑[M].北京:中华书局,1981.

[65]陈桐生.史记与诗经[M].北京:人民文学出版社,2000.

[66]方苞.史记注补正[M].长沙:岳麓书社,1996.

[67]牛运震.史记评注[M].西安:三秦出版社,2011.

[68]凌稚隆.史记评林[M].天津:天津古籍出版社,1998.

[69]王鸣盛.十七史商榷[M].上海:上海书店,2005.

[70]十三经注疏[M].阮元,校刻.杭州:浙江古籍出版社,1998.

[71]蒋伯潜.十三经概论[M].上海:上海古籍出版社,1983.

[72]刘知己,浦起龙.《史通》通释[M].上海:上海古籍出版社,1978.

[73]魏徵,令狐德棻.隋书[M].北京:中华书局,1973.

[74]刘乃和.司马迁和史记[M].北京:北京出版社,1987.

[75]郑鹤声.司马迁年谱[M].北京:商务印书馆,1956.

[76]金德建.司马迁所见书考[M].上海:上海人民出版社,1963.

[77]李长之.司马迁之人格与风格[M].北京:人民文学出版社,1984.

[78]永瑢,纪昀,等.四库全书总目[M].北京:中华书局,1965.

[79]李景星.四史评议[M].韩兆琦,俞樟华,校点.长沙:岳麓书社,1986.

[80]朱熹.四书章句集注[M].北京:中华书局,1983.

[81]何良俊.四友斋丛说[M].北京:中华书局,1959.

[82]吴汝纶.桐城吴先生点勘史记[M].南宫邢氏刊本.

[83]郑樵.通志[M].北京:中华书局,1987.

[84]刘咸炘.推十书(增补全本)[M].上海:上海科学技术文献出版社,2009.

[85]方苞.望溪先生文集[M].上海:上海古籍出版社,1983.

[86]章学诚,叶瑛.《文史通义》校注[M].北京:中华书局,1985.

[87]马端临.文献通考[M].北京:中华书局,1986.

[88]范文澜.文心雕龙注[M].北京:人民文学出版社,1958.

[89]萧统.文选[M].李善,注.上海:上海古籍出版社,1986.

[90]真德秀.文章正宗[M].文渊阁四库全书本.

[91]吴汝纶.吴汝纶全集[M].施培毅,徐寿凯,校点.合肥:黄山书社,
    2002.

[92]姚鼐.惜抱轩笔记[M].上海:上海古籍出版社,1995.

[93]叶适.习学记言序目[M].北京:中华书局,1977.

[94]钱逊.先秦儒学[M].沈阳:辽宁教育出版社,1991.

[95]吕思勉.先秦学术概论[M].上海:东方出版中心,1985.

[96]康有为.新学伪经考[M].北京:中华书局,1988.

[97]何焯.义门读书记[M].北京:中华书局,1987.

[98]梁启超.饮冰室合集[M].北京:中华书局,1989.

[99]朱狄.原始文化研究[M].北京:三联书店,1988.

[100]袁康.越绝书[M].上海:上海古籍出版社,1985.

[101]何建章.战国策注释[M].北京:中华书局,1990.

[102]陈振孙.直斋书录解题[M].徐小蛮,顾小美,等,校点.上海:上
    海古籍出版社,1987.

[103]夏曾佑.中国古代史[M].上海:商务印书馆,1935.

[104]梁启超.中国历史研究法[M].北京:人民出版社,2006.

[105]陈桐生.中国史官文化与《史记》[M].汕头:汕头大学出版社,
    1993.

[106]侯外庐,赵纪彬,杜国庠.中国思想通史[M].北京:人民出版社,
    1957.

[107]冯友兰.中国哲学史新编[M].北京:人民出版社,1982.

[108]任继愈.中国哲学发展史[M].北京:人民出版社,1983.

[109]罗根泽.周秦两汉文学批评史[M].上海:商务印书馆,1943.

[110]李镜池.周易探源[M].北京:中华书局,1978.

[111]诸子集成[M].上海:上海书店,1986.

[112]黎德靖.朱子语类[M].北京:中华书局,1986.

# 后　记

　　本书的写作其实在20世纪90年代中期就已经开始了,一直延续到现在,期间或断或续。课题实际上是在攻读硕士学位时由袁传璋教授指导我研读《史记》萌发的。司马迁在《太史公自序》和《报任少卿书》里一再表明,太史公是效法孔子作《春秋》而修《史记》的,这是太史公修史内在的创作心理机制。从学术思想渊源上来看,司马迁本人则是跟从董仲舒而习《春秋》,《春秋》学思想影响至为深刻。而从家学氛围观照,司马迁又受到其父司马谈的影响,是汉代《易》学思想的重要传人之一。司马迁同时在《司马相如列传》论赞中也阐述了自己关于《春秋》与《周易》之间关系的认识,"《春秋》推见至隐,《易》本隐之以显",两者在天道与人事上互为表里。故而当我去体味司马迁"究天人之际,通古今之变,成一家之言"修史宗旨时,不由自主地让我和上面诸多的文字表述产生了关联性的想象。太史公本人没有留下专门的学术著作,于是我竭力在《史记》文本细读的基础上展开了对《史记》与《周易》《春秋》之间内在关系的探讨。换而言之,我是把《史记》等同于儒家《易》《春秋》经学著作去解读的,毫无疑问,《史记》不能简单地视为史学著作,它外显的是史学的躯壳,深含的却是经学的内核!

　　这是一次落寞而又充满愉悦的学术之旅,如同行进在沙漠之中虽感孤独却也能欣赏到别样的大漠景致,甚至时而遇到海市蜃楼的景象。倍感落寞者,一是由于人文研究在功利性社会语境下寂寥的遭际;二是由于本书诸多文字是我在夜阑人静的时候写就的,时感语言的苍白无力,所谓"言不尽意",难免就有了深陷语言牢笼的痛苦! 深感愉悦者,一是我始终认为,学术研究本质上应是"自娱"的,只不过是自我表情达意、言思述虑的一种方式而已。人生从事了自己喜爱的职业,沉醉于自己所钟爱的研究,兴趣使然! 何等愉悦! 二是著述草就之后,陡生了豁然开朗、别有洞天的快感!

　　曾有师云,学问者乃聪明人之所为。我虽非愚笨,然也非绝顶颖慧之人。但愿学术的旅行能够逐渐使自己进入"聪明人"的行列! 读者于此徒作一哂!

　　人生于世,不过一瞬一隅! 所谓"逍遥游"的艺术人生与所谓"济天下"的社会人生终难谐和,于是现世之中我们多是戴着一副面具走完自我的人生,体味着纠结的苦痛! 连黛玉(实为曹雪芹)都能感喟现实人生的无奈:"有了人,便有了无数的烦恼生出来;恐怖,颠倒,梦想,更有许多缠碍!"但愿自己在学术的旅行之中能够得到刹那间的精神栖居!

　　在碎片化的时间里之所以能够完成这部拙著,与南京大学文学院的巩师本栋先生,历史学院的颜师世安先生,安徽师范大学文学院的袁师传璋先生、蒋师立甫先生、潘师啸龙先生的倾心支持与指导是分不开的,诸师奖掖后进之意让我永铭于心。同时,安徽师范大学文学院的储泰松院长、余大芹书记、王昊副院长对我给予了有力的支持,他们所创造的自由的、宽松的学术氛围,让我感到极其的舒心! 无以言谢,只有以实绩酬答之。

　　本书的出版得到了安徽省高校省级学科(安徽师范大学中国语言文学)建设重点项目的资助。责任编辑潘安老师在本书出版过程中费思良多,细心认真的校核也使本书避免了不少疏误。于此谨致最恳切的谢意!

　　温馨的家庭是慰藉我困顿心灵的避风港! 女儿撄宁而真性的笑声永远是我前进的动力!

　　陆九渊诗云:"涓流积至沧溟水,拳石崇成泰华岑。"所论虽是心学的工夫,为学之道不也如此吗?"虽谓河广? 一苇杭之!"日积月累者必能有气象。希望自己以后能够更加勤勉!

文　举

散记于文津花园一苇居

二〇一四年九月